세·계·화·시·대·의·국·제·감·각

글로벌에티켓 & 글로벌매너

이형철 지음

에디터

글로벌 에티켓 글로벌 매너

초판 7쇄 발행 2005년 9월 15일

지은이 | 이형철
펴낸이 | 김태진
표지디자인 | 여상우
펴낸곳 | 에디터
주소 | 서울시 중구 정동 11-3 두비빌딩 703호 (우)100-120
전화 | 02_753_2700, 2778
팩스 | 02_753_2779
인쇄 | 삼성인쇄주식회사
등록 | 1991년 6월 18일 등록 제1-1220호

값 10,000원
ISBN 89-85145-26-6(03380)

*저작권법에 의해 한국 내에서 보호를 받는 저작물이므로
본사의 승낙 없이 무단전재 및 복제를 금합니다.

세·계·화·시·대·의·국·제·감·각

글로벌에티켓 & 글로벌매너

이형철 지음

에디터

책머리에
● ● ●
세계인으로 태어나려는 사람들에게

우리는 세계가 한 지붕인 이른바 지구촌 시대에 살고 있다. 세계화 시대의 국경은 글로벌 스탠더드라는 말을 타고 넘나든다. 상품은 물론이거니와 생각까지도 글로벌 스탠더드를 바탕으로 거래되고 교류된다.

이같은 세계화 즉 글로벌라이제이션은 정치, 경제, 사회, 문화 등 전인류의 일상생활에 혁명적인 변화를 몰고 오고 있다. 생존경쟁은 구멍가게조차도 지역공동체를 무대로 벌어지는 샅바싸움이 아니라 세계를 상대로 벌어지는 국제경쟁력에 의해서 승부가 난다. 이 모든 것의 기본 바탕에는 글로벌 스탠더드가 자리잡고 있다. 세계가 통하는 표준 개념에 딱 들어맞는 고품질과 생각이 국제경쟁력을 좌우한다는 말이다.

공장의 제품은 글로벌 스탠더드에 맞추지 않으면 세계로 나가기 어렵고, 사람들의 매너나 에티켓 역시 글로벌 에티켓, 글로벌 매너에 맞추지 않으면 세계 무대에서 행세하기 어렵다. 한 지붕 아래 사는 사람들의 삶을 지배하는 것은 한 지붕 아래에서 통하는 매너와 에티켓이다. 이것이 결여되어 있으면 무례한 사람으로 취급받는다. 그런 사람은 따돌림을 당하고 경쟁력을 상실한다. 우리가 세계로 통하는 글로벌 매너와 글로벌 에티켓을 익혀야 하는 것은 세계인으로서 살아가기 위한 필수적인 상식이다. 우리는 다른 나라와 다른 민족들과 이(異)문화 커뮤니케이션을 통하여 문화마찰을 해소하고, 상호 이해를 넓혀가야 한다.

우리는 세계화, 국제화 시대에 살고 있지만 이문화 커뮤니케이션에 익숙하지 못하고, 글로벌 에티켓, 글로벌 매너에도 모자람이 많다. 단일 민족의 우애와 협력을 중시하는 민족 공동체적 범주 안에서 살아온 탓인지 모르지만 세계 무대에서의 세계인으로서의 삶에는 부족함이 많은 것이 현실이다. 이문화의 경험이 많지 않은 탓으로 생각된다.

사람은 무엇을 생각하느냐로 그 사람됨의 평가를 받는다. 그런데 무엇을 생각하느냐의 바깥 모습은 어떻게 행동하느냐로 드러난다. 곧 일상생활에서의 매너와 에티켓이 그 사람됨을 평가받게 한다.

이 책은 국제화시대의 세계인으로서 반드시 알아야 할 국제감각, 국제관행, 국제상식을 국제에티켓, 국제 매너라는 범주에서 가다듬어 놓았다. 특히 동서양 간의 이문화의 접근을 통해서 그 이해의 폭을 넓히는 데 많은 관심을 두었다. 따라서 이 책은 비즈니스맨들의 일선 국제업무상에서 벌어지는 관행, 사교, 매너, 에티켓, 국제감각을 상세히 안내하고, 학생들을 위한 국제화 교육과 영어 학습에 도움이 되도록 배려했다. 이문화 커뮤니케이션에 대한 보조교재로서 또는 동서양의 매너와 에티켓을 익히는 교양서로도 손색이 없을 것이다.

하나를 보면 열을 안다는 말이 있다. 한 마디의 말, 한 가지의 행동이 그 사람 전체를 평가하는 경우가 많다. 특히 오늘 날 같은 국제화 시대에는 그 한 마디 말, 한 가지 행동이 국제규격에 맞는 것이어야 함은 두말할 나위가 없다. 나들이 갈 때 외출복을 입듯이 세계로 나가기 위해서는 글로벌 에티켓과 글로벌 매너라는 옷으로 갈아 입고 나가야 한다. 이것이 세계인의 표준이다.

이제 한국인으로 태어난 우리는 세계인으로 다시 태어나야 한다. 이 책이 세계인이 되려는 사람들에게 작은 도움이 되었으면 한다.

이영철

차례
글로벌 에티켓 글로벌 매너

책머리에 ·········· 4

제1장 이문화(異文化) 커뮤니케이션과 국제감각

1. 이문화 커뮤니케이션이란 무엇인가 ·········· 12
   국제화 시대와 이문화 커뮤니케이션 / 이문화 커뮤니케이션은 어떻게 일어나는가 / 국제 매너는 이문화 커뮤니케이션 / 문화 충격 / 동화와 적응의 타입
2. 이문화 커뮤니케이션 갭 ·········· 20
   한국의 경우 / 미국의 경우
3. 글로벌 시대의 비즈니스 매너 ·········· 35
   구미인의 매너 / 아시아인의 매너 / 라틴 아메리카인의 매너 / 아프리카인의 매너
4. 비즈니스 프로토콜 ·········· 44
   지역별 비즈니스 교섭 / 주요 국가별 비즈니스 교섭 / 한국인의 비즈니스 성공 조건

제2장 국제화 시대의 비즈니스 매너

1. 해외 인사의 초청 매너 ·········· 58
   초청 비용 부담을 분명히 밝힌다 / 공항 영접은 격을 맞춰 맞는다 / 차안에서 첫 인상을 묻는 것은 넌센스 / 호텔을 유용하게 활용하려면 / 호텔에서 지켜야 할 매너
2. 사무실 방문 예의 ·········· 64
   사전 약속 없는 방문은 실례 / 비서실의 이용 / 공식 방문 매너 / 사무실 방문 6가지 체크 포인트 / 사무실 방문 영어 표현
3. 국제 비즈니스 감각 ·········· 72

같은 직함이라도 나라에 따라 다르다 / 사인은 한 가지 형태로만 사용한다 / 영문 이름 배열은 통일한다 / 시차의 적응 / 팁 관행
4. 상대국의 특성을 알자 ············ 82
중국인의 체면치레 / 일본의 '혼네'와 '다데마에' / 해당 국명은 정확히 알아야
5. 시간지키기 에티켓 ············ 89
모노크로매틱과 폴리크로매틱 / 각 국의 시간 관념 차이 / 비즈니스 런치 매너 / 효과적인 접대법 / 테이블 대화를 이끄는 요령
6. 종교를 통해 본 국제 감각 ············ 94
문화적 배경에는 종교가 큰 영향을 준다 / 주요 종교별 특성 / 종교별 계율에 따른 식습관
7. 세계로 가는 지름길, 언어 구사 감각 ············ 102
영어에도 경어가 있다 / 경어 사용의 10가지 요건 / 꼭 기억해야 할 '한 마디' 영어

제3장 국제화 시대의 에티켓

1. 에티켓이란 무엇인가 ············ 110
에티켓의 기원 / 프랑스의 '살롱' 문화 / 영국의 젠틀맨 / 에티켓과 매너 / 동양의 예절
2. 인사와 소개 ············ 120
인사의 효과 / 악수는 우정과 신뢰의 표현 / 소개의 에티켓 / 명함 교환의 예의
3. 호칭 에티켓 ············ 135
호칭의 중요성 / 서양 이름의 호칭 / 경칭 / 국제 회의장에서의 사용
4. 일상 생활 에티켓 ············ 150

차례
글로벌 에티켓 글로벌 매너

가족 관념의 차이 — 서양의 경우 / 남편에 대한 아내의 역할 / 동서양의 가옥 구조로 본 가정 생활 형태 / 이웃집 방문 / 음식 습관 / 차와 커피 / 화장실 사용 문화 / 목욕탕 이용법 / 축하 인사 / 생일 축하 / 인사 카드는 되도록 친필로 안부 몇 마디를 써 보낸다 / 신년 인사는 크리스마스 카드로 대신한다 / 생일 축하 / 출산 축하 / 크리스마스 카드 에티켓 / 결혼 에티켓 / 선물의 의미와 선택 / 국제 사회에서의 선물 / 선물 매너와 금기 사항 / 꽃 선물 / 문병과 조문—기본 준수사항 / 장례식은 일반적으로 교회에서

제4장 국제화 시대의 사교 에티켓

1. 파티 에티켓 ·········· 196
   파티는 사교의 기회 / 사교 파티의 의미 / 파티의 준비와 순서 / 사교 파티의 종류 / 디너 파티의 의미 / 파티장의 데코레이션 / 좌석표 / 특별 메뉴 / 연회 / 홈 파티 / 파티 좌석 배열

2. 테이블 매너 ·········· 227
   정식과 일품 요리 / 풀코스 요리 / 아침 식사의 종류 / 테이블 매너의 기본 / 레스토랑 문화 / 레스토랑 식사 매너 / 식전주 요령 / 식사 종류별 매너

3. 동양 요리 식탁 매너 ·········· 263
   중화 요리 — 중화 요리는 4채1탕이 기본이다 / 중화 요리는 지방에 따라 특징이 있다 / 중화 요리 식사 매너 / 중화 요리 식사의 특징 / 소흥주는 중국식 와인 / 일본 요리 — 1즙 3채 / 신식예절과 불식예절 / 식기 다루기 / 가이세키 요리

4. 동서양의 음주 매너 ·········· 278
   술은 사교와 음식 맛의 상승 효과를 낸다 / 미국인의 음주 습관은 금주법에서 영향 / 바와 펍은 대화하는 자리 / 한국인의 음주 습관 / 만취 행동은 금

　　　　기 / 건배 사용 / 정식 건배와 약식 건배 / 건배 매너 / 세계인의 음주 매너
　　5. 양주 매너 ………… 293
　　　　양조주 · 증류주 · 혼성주 / 스코틀랜드 원산지 위스키가 스카치 / 브랜디
　　　　는 와인을 증류해서 만든 술 / 양주 마시는 3가지 방법 / 와인의 선택 및
　　　　특성 / 와인의 라벨 보는 법 / 마실 때의 매너
　　6. 복장 매너 ………… 316
　　　　남성 예복 / 여성 예복 / 국제 비즈니스맨의 복장

제5장 여행 매너

　　1. 여행과 수속 ………… 328
　　　　해외 여행 3가지 필수 사항 / 항공권 구입과 좌석 예약 / 출국 전 예약 사
　　　　항 / 입(출)국 절차는 Q → I → C순 / 항공기 내에서 / 수화물의 종류
　　2. 호텔 매너 ………… 339
　　　　호텔의 기능과 의미 / 호텔의 서비스 체계 / 객실 예약 체킹 / 요금 체계

제6장 국제화 시대의 문서 작성 요령

　　1. 영어 문서 작성 요령 ………… 348
　　　　영문 편지의 5가지 형식 / 영문 편지 구성 및 내용 / 영문 편지 작성 요령
　　　　10가지 / 작성 때 지켜야 할 에티켓
　　2. 이력서 작성법 ………… 359
　　　　이력서의 의미 / résumé는 14개 항목으로 구성한다 / résumé 사례 : 홍
　　　　보직 지원자의 경우
　　• 이 책을 집필하는데 참고로 한 도서 ………… 364

제 *1* 장

이문화(異文化) 커뮤니케이션과 국제 감각

이문화 커뮤니케이션이란 무엇인가
이문화 커뮤니케이션의 차이
글로벌 시대의 비즈니스 매너
스타일과 프로토콜

1
이문화 커뮤니케이션이란 무엇인가

국제화 시대와 이문화 커뮤니케이션

 이문화(異文化) 커뮤니케이션이란 말은 서로 상이한 문화간 커뮤니케이션(intercultural communication) 또는 문화를 교차하는 커뮤니케이션(crosscultural communication)을 번역한 말이다. 국제 커뮤니케이션(international communication)은 국가간의 커뮤니케이션을 뜻하는 것에 대해서, 이문화간(異文化間) 커뮤니케이션이란 문화 배경을 달리하는 개인간에 발생하는 커뮤니케이션을 의미하는 것으로, 이 말은 많은 인종, 민족으로 이루어진 미국 사회에서 처음 생겨난 용어다. 이는 1960년 들어 비로소 전문가들의 연구 대상이 되었는데, 이제까지 미국 사회는 백인문화(白人文化) 중심으로 형성했기 때문에 이민족간 관계 설정의 필요성을 중요하게 느끼지 못하였다.
 과학 기술의 발달로 시간과 공간이 단축되어 세계는 하나의 생활권으로 축소되었으며, 1960년대 이후 다른 나라 사람과의 왕래가 급속히 늘어나, 이른바 국제화 시대가 도래되어 이문화간 커뮤니케이션 문제가 제기되기에 이르렀다.

오늘날 세계는 탈(脫)국가적인 상호 의존의 방향으로 가고 있으며, 더욱이 경제 분야에서는 기업의 해외 진출로 다국적화가 급속히 이루어져 이문화의 이해가 중요한 과제가 된 것이다.

문화가 다르면 인식의 차이, 가치관의 다름 때문에 야기되는 행동이나 말로 인하여 오해를 불러일으키는 일이 생기게 된다. 따라서 국제화 시대는 이와 같은 이문화 커뮤니케이션의 이해에서 출발해야 하며, 이런 이유에서 정당성을 갖는다.

이문화 커뮤니케이션은 어떻게 일어나는가

이문화 커뮤니케이션은 한마디로 말하면 문화 배경을 달리하고 있는 사람간에 일어나는 상호 작용이다. 그러나 문화와 관련된 사람의 행동은 복잡하게 일어나므로, 이는 총괄적 정의에 불과하다.

예를 들면, 한국인이 한국계 미국인과 만났을 때 그곳에는 당연히 이문화 커뮤니케이션이 성립된다. 왜냐하면 인종은 같으나 이질의 문화에서 살고 자랐기 때문에 다른 가치관과 행동 양식을 갖게 마련이다.

또 한국계 미국인이 백인계 미국인과 접촉할 때는 어떤 일이 일어나는가. 두 사람의 얼굴은 다르나 영어를 사용하는 등 언뜻 보아서는 커뮤니케이션에 문제가 없는 것 같이 보이나 실제로는 그렇지 않다. 여기에는 본래의 문화 바탕에 연유한 이문화 커뮤니케이션 현상이 일어난다.

민족적인 배경의 차이는 커뮤니케이션에 큰 영향을 준다. 특정 문화와 관련이 있는 민족적 이질 집단은 그 문화에 완전히 용해되지 않기 때문이다. 예를 들면 미국 내에서 중국계·일본계·필리핀계·멕시코계 미국인이 각기 그들 고유의 커뮤니케이션을 갖고 있으며, 독자의 문화를 미국 문화 속에서 발전시키고 있기 때문이다.

그래서 한국계 미국인이 백인계 미국인을 접촉할 때는 같은 미국인이면서도 그곳에는 이민족간 커뮤니케이션과 동시에 이인종간 커뮤니케이션이 일어나게 된다. 그러나 한국인이 한국계 미국인과 접촉할 때는 이문화 커뮤니케이션이 일어나지만, 그곳에는 이민족간 커뮤니케이션은 일어나지 않거나 정도가 경미해진다.

이인종간 커뮤니케이션은 어디까지나 서로 다른 종족에 속하는 사람들간의 커뮤니케이션이므로 이를 이문화간 커뮤니케이션이라고는 부르지 않는데 그 이유는 문화와 인종은 같은 차원의 말이 아니기 때문이다. 여기에는 유전에 의한 형태학상의 차이가 커뮤니케이션상 무엇인가 영향을 미치게 되는데 이인종간 커뮤니케이션에서는 항상 인종 차별에서 오는 태도가 더 큰 문제가 되고 있다.

심리학적으로 인간은 동종(同種)을 좋아하고 이질의 것을 싫어하는 경향이 있어 인종이 다르다는 것만으로 차별적 태도가 나타나기 쉽다는 것이다. 가령 인디언이라는 하나의 이유로 상대를 싫어하고, 고정 관념 때문에 유태인을 경원하는 것도 인종간 커뮤니케이션의 차별 문제가 된다.

결론적으로 말한다면 사람들은 거의 자신의 행동이 자신의 문화에 의하여 통제되고 있다고 생각하지 않는다. 따라서 문화가 다른 사람의 행동을 의식할 때는 그 저변에 있는 문화 그 자체보다 표면적으로 나타나는 다른 행위만이 눈에 보여 그 다른 점을 단순화·일반화·절대화, 나아가서는 극단적인 형태로 강조하기도 한다. 따라서 이를 극복하기 위해서는 이문화간 커뮤니케이션의 이해가 필요하다.

국제 매너는 이문화 커뮤니케이션

커뮤니케이션은 언어적 요소와 비언어적 요소로 나누어진다. 상대에게 의사를 전달할 때의 언어는 필요 조건이지만 충분 조건은 될 수 없다. 필요충분조건을 갖추기 위해서는 커뮤니케이션=언어+비언어(주로 행동·사고 방식)가 되어야 한다.

국제 사회에서의 언어는 외국어가 될 것이며, 영어가 국제어로 여겨지고 있는 것은 영어 사용 인구가 많기 때문이다. 그러나 국가간 커뮤니케이션에서, 말하는 사람과 듣는 사람간에 각자 문화적 배경의 다름에 따라 비언어가 주는 메시지 전달에 틈이 발생한다. 가령 A문화권에서는 '겸손'의 메시지가 B문화권에서는 '무능'이나 '비굴'로 해석되며, 거꾸로 A문화권에서는 '친절한 행동'이, B문화권에서는 '건방진 태도'로 받아들여지는 것이 바로 이러한 예가 된다.

한국인들은 귀한 손님이 회사를 방문할 때 마중 나온 사원이 승용차에서 내리는 손님의 손가방을 얼른 받아 든다. 흔히 손님에게 친절히 하기 위하여 가방 같은 것을 대신 들어 주는 것으로 예의를 표한다. 그러나 외국 손님, 특히 미국인 손님에게 이렇게 가방을 받아 들이려고 하면 그 손님은 깜짝 놀랄 것이다. 자신의 가방은 당연히 자신이 들어야 하며 누구도 손을 대서는 안되는 것이 습관화돼 있기 때문이다. 미국 대통령이 직접 가방을 들고 비행기 타는 모습은 이러한 이유에서다. 우리의 친절이 미국인에게는 당황하게 만드는 메시지 전달의 '갭' 현상이 일어나는 것이다.

 커뮤니케이션학의 대가인 메라비앙에 따르면 커뮤니케이션의 65~70%가 비언어에 의존한다는 통계를 내고 있다. 이것은 인간 관계에서 언어 이외의 요소가 얼마만큼 중요한가를 짐작케 한다. 이와 같은 맥락에서 볼 때 우리가 유의해야 할 것은 국제 사회에서 영어를 구사할 수 있는 것도 중요하지만, 영어 사용권 문화의 올바른 이해 없이는 이와 같은 비언어적 요소의 커뮤니케이션에서 마찰의 소지는 언제나 일어날 수 있다는 점이다. 따라서 국제 매너는 이와 같은 이문화 커뮤니케이션상의 마찰 소지를 예방하고 보다 적극적으로 대응한다는 차원에서 그 중요성이 있다 할 것이다.

문화 충격(culture shock)

 인간은 자기가 자란 문화와 다른 문화를 만나게 될 때 충격을 체험하게 된다. 이제까지의 사회생활에 적응하면서 익혀진 수단이 이문화(異文化)에서는 별로 효과가 없기 때문에 심리적인 혼란이 일어나게 된다. 이 문화에 대한 이와 같은 반응을 일반적으로 '컬처 쇼크'(문화 충격 ; culture shock)라고 부른다. 이 말은 빌르즈와 험프리가 1957년에 처음 사용하였으며, 그동안 여러 전문가에 의하여 연구가 진행되어 왔다. 그들이 내린 정의를 종합하면 다음과 같다.

 이문화에서 자란 사람끼리의 생활에서는 각자가 자신의 문화 속에서 몸에 익혀 왔던 패턴으로 접촉하게 된다. 자신은 무의식적으로 이질(異質)의 방식으로(자신은 정상이나 상대가 볼 때는 이질이 된다) 상대를 대응하고, 그래서 서로 불일치나 위화감이 일어난다. 문제는 이와 같은 불일치, 위화감 그 자체가 아니라, 그 결과로서 일어나게 되는 심리적 부적응 상태를 '컬처 쇼크'라고 한다.

따라서 국제 사회에서 활동하여 성공적인 인간 관계를 갖기 위해서는 상대의 문화적 배경에 입각한 생활 양식 · 행동 규범 · 인생관 · 가치관을 사전에 이해함으로써 서로간에 감정적 충격 · 인지적 불일치가 일어나지 않도록, 다시 말하면 문화 충돌(cultural crash)을 예방하는 것이 국제인의 기본 자질이 될 것이다.

동화와 적응의 타입

이문화를 이해하는 데는 사람에 따라 이문화 평가가 달라진다. 적극적으로 상대의 문화 배경을 알아서 그에 적응하려고 노력하는 사람이 있는가 하면, 그에 부담을 느껴 아예 자기 문화를 중심으로 '자기식 행동'을 하는 사람도 있다. 이런 의미에서 볼 때 다음 네 가지 타입이 존재한다.

1) 자국 문화 중심 타입

자신들과 다른 습관 · 가치관과 만날 경우 그 다름을 객관적으로 보려고 하지 않고 거부해 버리는 사람이다. 그래서 '이 나라는 우리 나라와 이런 저런 점이 달라 나쁘다'라고 모든 것을 비판적 자세로 보는 타입인데, 이런 사람은 현지의 생활 습관에 적응이 어렵고 자신의 자세를 애국심, 국수적으로 합리화한다.

2) 도피 타입

집단주의 사회에서 자란 한국인이나 일본인에게 많다. 집단 사회에서 통례화되고 있는 상하의 인간 관계가 이문화에서는 통용이 안되며, 특히 개인주의가 철저한 구미 사회에서는 이제까지 익숙한 사고 방식이 통하지 않게 되므로 좌절을 느껴 의식적으로 이문화를 기피하는 타입이다. 이런 사람은 대부분 성격이 내향적 · 자폐적이어서 이문화에서는 대단히 적응하기 어려운 존재가 된다.

3) 영합(동화) 타입

자신이나 자국 문화에 열등 의식을 갖고 있다. 그렇기 때문에 이문화에서 자신의 이질성을 숨기려고 하는 동시에 가급적 그 문화 속에 안주하려고 하는 사람이다. 이런 타입의 사람은 이문화에서 자기의 이질성에 대해서 콤플렉스를 갖고 있기 때문에 이문화에 동화(同化)함으로써 자기 방어를 하려고 한다. 이런 사람은 행동 양식, 생활 형태 등 모든 것을 그 나라의 사람과 같아지려는 성향을 갖고 있다. 대개 이런 타입의 사람들은 자기 문화에 무지한 젊은 층에 많으며, 귀국해서는 '그 나라는 이렇더라'는 식으로 자기가 생활하고 있는 현실의 모든 것을 이문화 중심의 가치를 판단 기준으로 삼으려고 한다.

4) 적응 타입

'자국 문화 중심 타입'과 같이 다른 문화에 대한 거부 반응을 보이거나, '도피 타입'의 사람과 같이 소극적이지도 않다. 이들은 '영합 타입'의 사람과 같이 자신의 이질성을 비하하지도 않으며 그렇다고 자신의 아이덴티티(identity)를 잃어버리지도 않는다. 이런 타입의 사람은 보통 사교적이며 다음과 같은 점을 갖고 있다.

- 현지인과 적극적으로 부합하려고 노력하며 자국 문화 중심으로 행동하는 것을 조심한다.
- 외국에서 그 나라 문화에 순응하고, 그들의 관습을 존중한다.
- 이문화는 그 나름대로 고유성이 있다는 것을 인정하고 사물을 좋고 나쁘다는 식의 우열로 판단하지 않는다.
- 이문화와의 접촉을 통해서 자국 문화의 특이성을 재확인해 가면서 행동한다.

이와 같은 적응 타입의 사람들이 이른바 '국제인'으로서 자질을 갖는 사람들이다. 국제사회에서 활동하는 데는 선진지역 문화에 '동화'하려는 것은 경계해야 하나 한편 '적응'하는 데 보다 적극적이어야 한다.

한국인과 이문화 커뮤니케이션

한국은 단일민족국가이다. 국제사회에서 '국가'라는 형태를 갖고 있는 나라로 이와 같은 단일성의 국가는 일본과 우리 나라밖에 없다고 하여도 과언이 아니다. 이 말은 이 두 국가를 제외한 모든 지구촌의 나라들은 다 복합 민족, 인종 국가라는 뜻이다. 그러나 일본은 아이누족과 한국교민 사회라는 소수민족(ethnic)이 있다는 것을 고려한다면 순수한 단일민족국가는 유일하게 한국을 들지 않을 수 없다.

따라서 한국은 결과적으로 균질문화(均質文化)를 낳아 한국인의 발상 기점은 항상 '모든 것은 같다'라는 점에 귀착하여 〈同〉과 〈異〉 또는 '우리'와 '남'이라는 관점에서 구별하고 차별하려고 한다. 그런가 하면 한국의 또 하나의 특징은 모두가 경험이 같고 생각이 같기 때문에 그 결과적 소산으로 이른바 '이심전심'의 한국 특유의 커뮤니케이션과 '침묵은 금'이라는 금언을 낳게 되었다.

복합민족국가는 전장에서 소개한 바와 같이 '서로가 다름'을 인정하는 바탕에서 커뮤니케이션이 이루어지도록 상호 노력하고 역사적 경험에서 나름의 의사 소통 방식을 공유하는 사회라고 할 때, 국제사회에서 활동하는 한국인들의 이문화 커뮤니케이션의 미숙성을 짐작할 수 있다. 가령 파티장에서 한국인끼리 모여 있는 모습을 쉽게 볼 수 있거나 외국인을 만났을 때도 내가 생각한대로 그도 생각하고 있을 것이라는 전제에서 일을 처리하고 있는 경우가 많고, 동방예의지국이라는 한국인들에게 예의가 없다는 말을 듣는 것도, 아는 사람(우리들 : 同)에게는 친절하면서도 모르는 사람(남 : 異)에게는 차별하는 데서 오는 평가라고 해도 과언은 아닐 것이다.

2. 이문화 커뮤니케이션 갭

외국인을 만났을 때 문화가 다르면 서로 사고 방식이 달라져 행동, 말의 표현, 표정의 해석 차이 때문에 서로 오해를 하게 되는데 이를 '이문화 커뮤니케이션 갭'이라고 한다.

한국인들이 국제 사회에서 활동하는 데 특히 미국인 등 외국인과 '커뮤니케이션 갭'이 일어나기 쉬운 10가지 케이스를 살펴본다.

한국인의 입장에서

1) 칭찬(compliment) : 마음으로 한다

미국인들의 생활 가운데 상대를 칭찬한다는 것은 대단히 중요한 의미를 갖고 있어 대화 중에 칭찬의 말이 자주 쓰이고 있음을 알 수 있다.

영어 사전에는 compliment를 '찬사, 추이는 말, 인사말'로 풀이하고 있다. 이 말은 찬사이기는 하나 한편 인사말의 뉘앙스도 갖고 있는 데 유의해야 한다. 영어에는 '칭찬'의 뜻을 가진 단어에 플래터리(flattery)가 있다. 이 단어는 '아첨, 아부, 알랑대기'의 뜻을 가져 칭찬이 아첨과 관련을 가질 때는 이에 해당된다.

따라서 우리들이 쓰는 칭찬의 말은 따뜻하고 성실하게 칭찬하는 말과 아부성 칭찬의 말은 분명히 구분해서 이해해야 한다.

다음에서 칭찬 말의 기능을 알아본다.

▶ 칭찬(compliment)의 말은 칭찬하는 사람과 그 말을 받는 사람간에 장단이 잘 맞아야 효과가 있게 된다

칭찬의 말을 잘 받지 못하면 칭찬하는 사람이 머쓱해질 수밖에 없게 된다. 가령 손님으로 집에 온 미국인이 퇴근해서 집에 돌아오는 주인을 보며 부인에게 "당신 남편 참 멋있군요. 행복하시겠습니다"라고 말을 했다면, 우리들은 보통 "멋있기는 무엇이 멋있어요. 안그래요. 외모는 그럴듯 하지만 사실은 그렇지 못해요"라고 받아버리기 쉽다. 우리들이 이렇게 말하는 배경은 '겸양'의 뜻을 나타내려 하기 때문이다.

그러나 이 말은 그 칭찬의 말에 찬물을 끼얹게 되는 결과가 되어 도리어 미국인이 머쓱해질 수밖에 없다. 이럴 때 구미인들은 상대가 이와 같이 창찬을 해 주면 보통 "고맙습니다. 저의 남편 멋있는 분이에요. 행복하게 생각합니다"라고 받아 준다.

한국인끼리는 만약 자신의 남편에 대해서 부정적으로 말을 해도 우리들은 겸양의 말로 이해하나, 구미인들은 말을 액면 그대로 받아들이기 때문에 부부 사이가 나쁘거나, 정말 멋이 없는 사람으로 인정하게 되는 것이다.

▶ 칭찬의 말은 인사말로도 쓰인다

미국인들은 보통 친구를 만났을 때 "안녕하십니까?"하고 인사말을 한 후에 "그 넥타이 참 좋습니다"라고 말하면 "네, 고맙습니다. 집사람이 생일 선물로 사준 것인데, 저도 마음에 들어 자주 맵니다"라고 답한다.

여성 같으면 "입고 있는 드레스 마음에 드는군요, 잘 어울립니다" (I like your dress very much. It suits you so well.)라고 인사말을 하면 "I'm glad you like it."라는 한 마디로 받고, 남편이 사준 것이라거

나, 자기가 어디서 샀다는 말로 이어진다.

이와 같이 인사할 때 가벼운 칭찬은 상대에 대한 관심 표현의 한 방법으로 생각하고 있다.

▶ 플래터리(flattery) : 주로 상사에게 아첨성 칭찬의 경우가 많다

사실과 반하여 하는 칭찬이 플래터리이기 때문이다. 식사 초대를 받아 갔을 때 요리 중에 맛이 없는 요리 한 가지가 있다고 하더라도 아무 말 하지 않아도 될 것을 지적해서 "이 요리 참 맛이 있습니다"라고 했다면 플래터리다. 초청자가 그 요리에 자신 없어 하고 있었을 때 그와 같은 말을 하는 손님의 아첨성을 결코 기분좋게 받아들이지는 않을 것이다.

2) 말의 액면가(face value) : '사양'은 예의상 한 번 해본 말

face value는 '액면가, 문자 그대로의 의미'란 뜻이다. 미국인들은 상대가 하는 말을 액면 그대로 곧이 듣는 것이 우리와 조금 다른 점이다. 가령 음식을 권할 때 우리들은 일단 사양한다.

그러나 계속 들기를 권하면 마지 못해 응하는 것이 우리의 관행이다. 그러나 미국인들은 첫 말의 사양을 액면 그대로 받아들인다. 다시 말하면 우리들이 하는 '한 마디의 말'에는 일단 인사치레로 앞쪽 말을 한 후 본심(뒤쪽)이 나오게 되나 미국인은 첫 말을 액면 그대로 받아들인다.

예를 들면 친구나 이웃 친지를 집에 초청한 자리에 커피를 끓여 내놓았다고 하자.

"커피, 어떻습니까"라고 권했을 때 "No. thank you."라고 했다면 이 때 미국인들은 "Are you sure? I just made it.(안드시겠습니까? 막 끓인 차입니다)"라고 한 번 권해 보는데, 이 때는 권한다기보다 'No'를 다시 확인해 보는 정도다.

3) 설명(explanation) : 변명 같아서 잘 안한다

한국인은 설명하거나 설명을 듣는 데 좋아하지 않는 경향이 있다. 설

명이 길어지면 "귀찮게 설명을 안해도 알고 있어요. 이 쪽을 바보로 생각하는 것입니까?"라고 화내는 사람도 있다. 학생들은 "우리 선생님, 화나면 '너희들이 한 짓 설명 좀 해 봐'라고 말도 하지 않으면서 화부터 내요. 참 무서워요"라고 한다.

우리들이 이처럼 '설명'에 대하여 관심이 없는 것은 단일 민족적 색채가 강해서 온 것이라고 볼 수 있다.

미국인들은 '설명'이 자기들에게는 대단히 필요하다고 생각하고 있다. 그 이유로 2가지를 들 수 있다.

① 안다는 것은 이해한다는 뜻이며, 이해한다는 것은 상대를 받아들여야 가능하다고 생각하기 때문이다. 또한 말 이외의 커뮤니케이션은 미국인에게는 통하지 않는다고 생각한다. 델리케이트한 표정의 변화, 웃는 모습, 눈, 그 외의 수단으로 무엇인가 이심전심으로 전하려고 해도 전해지지 않는다. 가령 우리들은 '상황은 이러이러하고 나도 관심이 없다는 표정을 분명히 했으므로 그 사람은 당연히 내가 반대하고 있다고 생각했을 줄 알았는데…'라고 미리 짐작해서 생각하기가 쉽다. 한국인 사이라면 이와 같은 이심전심이 통할 수 있으나, 미국 사회에서는 통하지 않는다. 그들은 반대한다면 분명히 반대라고 밝히고 그 이유를 분명히 말하는 것이 관례이다.

② 또 하나의 이유는, 미국에는 많은 문화가 혼재하고 있어 무엇을 어떻게 해석하면 좋을지 모르는 면이 있기 때문이다. 어느 개인이 어떤 상황의 어느 시점에서 어떤 생각을 하고 있는가를 알기 위하여는 어떤 습관, 전통, 어느 문화에서 해석해야 할지 모르는 것이다. 그래서 분명한 말을 가지고 자신의 감정, 사상을 표명하는 것을 존중하게 된다. 바꿔 말하면 사람의 감정과 사상 같은 것을 아는 데는 언어 이외의 것으로는 알 수 없다고 보는 것이다. 따라서 말을 잘하고 그 위에 논리적으로 말하는 능력을 미국 사회에서는 대단히 중요시하는 것도

이와 같은 이유 때문이다. 한편 한국에서는 언어 이외의 부분에 크게 의존하는 것이 대조적이다.

미국의 학교 교육은 '설명'을 중시한다. 초등학교부터 어떤 일을 하는 것 자체보다 왜 그것을 하는가를 설명하는 것이 중요하다고 가르친다. 가령 정답만을 제시하는 것으로 충분치 않고 그 정답을 설명해야 한다. 설명하도록 교육시키는 과정에서 미국인들은 설명의 중요성을 터득하게 된다.

4) 거칠음(rudeness) : '무뚝뚝'한 인상을 드러낸다

사람을 비판하는 것도 문화에 따라 다르다. 한국에서는 '실례다' '정중하지 못하다'와 같이 남의 무례(無禮)에 대하여 탓하는 경우가 많다. 그러나 미국인이 예의가 없을 때 쓰는 말은 rude라는 표현을 한다. 이 단어는 언행이 '거칠은, 무뚝뚝한, 버릇 없는' 등의 뜻을 갖고 있다.

한국인들의 예의는 예절바름(polite)을 중시한다. 이 단어는 '공손한, 정중한'의 뜻으로 어른에게 공손하고 예의범절을 갖추는 데 기준을 두고 존대어를 쓰지 않거나 불손한 언행을 할 때는 예의가 없다고 지적한다. 그러나 미국인들은 자신이 말을 하는데 상대가 "아, 그러시죠" "그래요"라고 말장단을 쳐 주지 않거나, 선물을 받는 데도 반가워하는 표현이 약하거나, 사람을 만난 자리에서 굳은 표정을 지을 때 '거칠다'라는 차원에서 무례를 탓한다. 한국인은 미국인들이 한국인에 대해서 거칠다고 생각하는 부분에 대해서는 오히려 경박한 것으로 치부하여 점잖지 못한 것으로 자제하는 것이지 결코 거친 것은 아니라고 생각한다.

5) 친절(friendly) : 사람을 골라가면서 대한다

미국인들은 대인 관계에서 '프렌들리'하게 대하는 것에 가치를 둔다.

미국인은 유럽인보다 유독 Mr.나 Mrs.와 같은 존칭을 붙여 상대를 부르는 것, 즉 의례적(formal)으로 사람을 대하는 것을 대단히 불편하게

느끼는 국민이다.

그래서 퍼스트 네임을 부르는 것을 친절하게(friendly)하는 과정으로 보고 이른바 on a first name basis로 부르기를 좋아한다. 그래서 미국인과 접촉할 때는 초면 인사 후 가급적 빠르게 격식차리지 않고 퍼스트 네임을 부르며 '터 놓고 지내는' 사이가 된다.

▶ *한국인의 정중성과 '프렌들리'*

한국인은 사람을 만날 때 정중하고 공손하며 형식을 중시하는 것이 교양이며 예의로 여긴다. 그래서 미국인들의 '프렌들리'한 언행이 경박하다고 생각하는 것도 점잖음과 프렌들리의 상반된 가치관 때문이다. 미국인은 낯모르는 사람을 만나도 사람을 가리지 않고 프렌들리하게 대한다. 누구에게나 친하게 대해 준다. 그러나 친구가 되었다 하더라도 친해진 상대가 무엇을 부탁할때, 그 내용이 조금만 무리하다고 생각되면 냉정하리 만큼 여지없이 거절하고 자리에서 떠날 수 있을 만큼 한계 분명한 '제한된 프렌들리의 관계'를 유지한다. 다시 말하면 인간 관계에 대해서 정신적·심리적 의무를 느끼지 않으므로 미소하기 전에 상대를 관찰할 필요가 없기 때문에 쉽게 가까워질 수 있다.

한국인들은 어떤가. 한국인은 정이 많은 민족이다. 한 번 친해지면 정에 약해져 친구가 부탁을 하면 "노"라고 말하는 데는 심리적으로나 의리 면에서 부담을 느끼게 되어, 상대를 깊이 사귀는 데 조심하고 의도적으로 멀리하고 경계한다. 그러다가 일단 친해지면 상호간의 한계가 모호해지는 것이 미국인과 다른 점이다.

속언에 '세입자에 친절히 하지 말라'는 말이 있다. 친절히 대하면 집세를 내려 달라는 부탁이 오며, 그렇게 되면 인정상 거절할 수 없기 때문이란다. 만약 이런 경우 미국인은 매정스럽게 'No'다. 그래서 그들은 부담 없이 누구나 '프렌들리'할 수 있는 것이라고 볼 수 있다.

미국인의 입장에서

1) 금전 관념(money) : 축의금 등 의례 행사에 현찰은 사양한다

미국인은 보통 선물 대신 돈을 주지 않는다. 돈을 준다는 것은 상대를 너무 가볍게 생각하는 것 같고, 금전 액수가 나타나 이해타산적이며 그런 선물은 마음이 담겨진 것이 아니라고 보기 때문이다.

장례식에는 돈으로 부조하는 관행이 없다. 장례식의 비용은 상가가 부담하는 것이 보통이며, 이를 위해 사자(死者) 자신이 생전에 돈을 마련해 두고 그것을 유언으로 남겨 놓는다. 미국에서는 문상할 때 꽃집에서 꽃을 사서 가지고 가는 것이 관행이나, 부조금의 경우 사회단체를 지정해서 내어 달라고 할 때도 현찰이 아니라 수표로 만들어 보내는 것이 관행이다.

미국인들은 돈에 대해 매우 집착하여 영어에 '노 머니 노 딜'(No money, no deal.)이나 '머니 톡스'(Money talks.)와 같은 표현을 자주 쓰는 바와 같이 강한 금전 선호 경향을 보인다. 그러나 돈을 버는 데는 남다른 강한 의지를 가지면서 돈을 쓰는 데는, 특히 사교생활에는 품위를 중시하여 절도있게 쓴다. 결혼 축의금도 현찰로 하지 않고 신부측이 지정한 상점에 가서 미리 비치해 둔 상품 리스트 가운데 자기가 사서 주고 싶은 상품값을 상점에 지불하는 간접지불 방식을 취해서 현찰 지불 방식을 피하고 있다.

우리 나라는 최근 새로 나온 관행으로, 결혼식장 접수구에서 하객이 축의금 봉투를 주면 접수에서 1만원권이 들어 있는 봉투로 맞바꾼다. 이 봉투의 돈이 점심값이 돼 피로연을 대신한다는 것이다. 잔치를 열어 서로 축하를 하고 받아야 할 자리를 없애고 오로지 돈만 계산하는, 현찰이 때와 장소를 뛰어 넘어 절도를 잃고 난무하는 우리 사회의 저속화한 단면을 보여 주고 있다.

2) 겸손(modesty) : 우리들에게도 겸손은 있다

우리가 미덕으로 여기는 겸손이 국제사회에서는 잘못하면 오해를 불러일으킬 수도 있다.

예를 들면 자기가 가지고 있는 것이 훌륭한 물건인데도 '별 것 아닌 것'으로 겸손해 하고, 자신의 집을 '누추한 집'이라고 겸손해 한다. 이는 우리의 미덕이다. 미국인들도 겸손을 존중하고 있으나 한계를 분명히 하고 있다. 겸양을 두 가지 측면으로 보는데, 겸양(modesty)과 '겉으로 하는 체하는 겸손'(false modesty)으로, 이 두 경우를 확실히 구분해서 생각한다. 겸손과 대칭되는 프라이드(pride)는, 자기의 가치 우수성 따위에 대한 정당한 '자랑·자존심'의 뜻이 있으면서 과도하게 평가하는 '거만·자만'의 뜻도 있다. 그래서 많은 미국인은 양자가 균형을 갖지 않으면 안 된다고 생각한다.

가령 자신의 업적을 잘 수행했다고 할 때는 그 업적을 과시하는 것은 프라이드로 여겨도 무방하다고 생각한다. 자신이 얼마나 일을 근사하게 잘 했는지 남에게 말하는 것은 우쭐한 짓이라고 여기지 않는다. 정치인들이 입후보자가 되면 유권자에게 자기의 업적을 과시하는 것이 그 한 예다.

미국인들은 어떤 자랑스러운 일에 객관성이 있는 한 누구나 쾌히 받아들인다. 그렇지만 그 자만에 객관성이 없으면, 흔히 말하는 '자화자찬'을 하는 사람일 때는 극단적인 거부감을 나타내어 조소의 대상으로 부정시한다.

한편 '체 하는 겸손'이란 마음속은 그렇지 않은데 겸손으로 위장하여 말하는 경우로 받아들여 역시 부정시한다.

한국인이 미국인하고 이야기하는 중에 가령 상대가 "당신 아들 참 예쁘고 똑똑하게 보입니다"라고 하는 말에 우리들은 겸양을 보여, "아니예요, 보통이죠"라고 했다면 이것은 거짓 겸양으로 오해를 받을 소지가 있

다. 미국인들은 자식에 대하여 결점·장점을 말하지만 어느 쪽이나 자신이 생각하고 있는 것을 그대로 말하는 것이지 겸양으로 사실을 조금 낮추어 말하지는 않는다. 가령 "당신 딸 피아노를 잘 칩니다"라고 칭찬의 말을 했다면 그 부분은 액면 그대로 받아들이면서 잘 친다고 자랑하나 경우에 따라서는 국어 과목은 잘 못하는 편이라거나, 글씨는 못쓴다는 식으로 실제 못하는 결점을 화제로 올린다. 따라서 어디까지나 자기를 비하하듯 겸양하는 것은 미국인들에게 오해를 불러일으킬 수 있다.

　미국인들에게도 겸양은 있다. 가령 선물을 주면서 Here's a little something for you.(여기 조그마한 선물입니다)라고 말하여 '조그마한' 이란 겸양 표현을 쓰는 경우도 있다.

▶ *지나친 겸손은 매너 위반*

　미국인들은 예절 바름(politeness)이란, You and I are equals.(당신과 나는 동등)라는 점에 포인트를 맞춘다. 반대로 우리 문화는 'I am your inferior.'(저는 당신보다 손아래 사람)를 강조하여, 이것이 경의(敬意)로 표출되어 공손한 매너를 보여 예의바름을 나타내지만, 반대로 미국인들은 inferior로 상대에 강조해 보이는 것이 예절이 아니라 상대를 오히려 불편하게 하고 입장을 곤란하게 만드는 것으로 여긴다.

　가령 식사에 초대받아 온 손님이 부인이 만든 요리를 칭찬하면서 Mr. Lee, you are lucky. Your wife is such a good cook.(이 선생은 행복하겠어요. 부인이 요리를 아주 잘 하시니까요)라고 말했을 때, 한국인 같으면 자기 아내를 스스로 칭찬할 수 없다고 생각하여 Well, she's not bad.(글쎄요, 못하는 편은 아니죠)라는 정도로 대답하기 쉬우나 이런 경우에는, Oh, yes, she is. I really like her cooking.(오, 집사람 요리를 잘 합니다. 제가 집사람이 만든 요리를 좋아합니다)라고 말하는 것이 영어다운 표현이 된다. 우리들이 자기 아내, 자식 칭찬을 불출(不出 ; 못나고 어리석은 사람)이라고 하는 것과는 대조적이다.

3) 공평(fair) : 미국인은 불공평(unfair)을 제일 싫어한다

페어(fair)는 '공평한, 공정한'의 뜻을 가진 단어다. 이 페어는 미국인의 가치관에 바탕을 두고 있어, 미국 사회에서 "당신은 언페어(unfair)하다"라는 말을 들을 정도면 그 사람은 완전 부정시되어 말 상대에서 제외될 정도다. 그러나 우리 사회에서는 그렇게 심각한 뜻으로는 받아들이지 않는 말이다.

웹스터 영영 사전에는 fair가 다음과 같이 풀이되어 있다.

- □ neither very bad nor very good; average. (아주 나쁜 것도 아주 좋은 것도 아닌 중간 정도)
- □ according to the rules. (규칙에 따른 것)
- □ just and honest; impartial; unprejudiced, free from discrimination. (정당 공정 ; 어느 쪽에도 치우치지 않은 것, 편견이 없는 것, 차별하지 않는 것)

페어는 아주 나쁜 것도, 그렇다고 아주 좋은 것도 아닌 최소한으로 나쁘지 않은 것을 의미하고 있음을 알 수 있으며, 그런 의미에서 미국 학교의 성적 평가 기준을 보면 페어의 한계를 알 수 있다.

미국 학교의 성적 평가 기준

단 계	점수(100점 만점)	의	미
A	90~100	Excellent	우수
B	80~89	Good	양호 · 합격
C	70~79	**Fair**	가능
D	60~69	Poor	
E	0~59	Failing	불가

이상에서와 같이 fair는 공부를 잘하는 것도, 그렇다고 못하는 것도 아닌 최소한의 합격선을 뜻하고 있다. 따라서 사회생활에서 지켜야 할 정

도가 페어 이하가 되어서는 안된다는 하나의 원칙으로 삼는다. 그러려면 누구나 차별받지 않으며, 룰에 따라야 하고 편견 없이 공명정대해야 한다는 생활의 기준을 의미한 말이 되고 있다.

▶ 미국인 생활 속의 fairness

페어는 미국인의 일상 생활 속에 깊이 침투되어 부자간, 부부간, 선생과 학생간, 고용주와 종업원간에서 인간 관계를 규정하고 있다. 인간 관계에서는 ① 같은 상황에서는 평등하게 취급되어야 하며, ② 가치나 공로를 편견 없이 정당하게 인정해 주는 등 공명정대가 요체가 된다. 그래서 미국인들은 노인에서 어린아이까지 이 기준에 맞추어서 '페어하게' 취급되기를 기대하고 있으며, 그것이 지켜지지 않으면 불만·불평을 말하게 된다. 구체적 사례를 들면 다음과 같다.

가령 어떤 회사의 사원 A가 지난 해 특별히 높은 영업 성적을 올렸다고 하자. 그럼에도 불구하고 다음 해에도 다른 사원과 같은 액수의 월급을 받았다. A는 상사에 대해서 'unfair입니다'라고 불평을 말하는 것은 정당한 일로 받아들인다. 상사도 A에게 그렇게 생각할 권리가 있다고 인정해 주며, 왜 승급(昇給)이 안 되었는지 그 이유를 설명해야 한다. A가 다른 동료보다 더 일하고 더 많은 영업 성적을 올렸을 때는 A는 당연히 승급과 승진이 기대되는 것으로, 미국은 이와 같이 언페어가 없도록 돌아가고 있는 사회다.

미국인들은 인간의 능력이나 업적들은 객관적으로 평가할 수 있다고 생각하고 있는 것에 반해서, 한국인은 반드시 그렇지만은 않다는 생각이다. A가 업적을 올리는 데는 다른 동료들의 협조의 결과로 보는 시각으로 A 이외에 보이지 않는 다른 사람의 노력도 있다고 보는 것이다.

▶ '페어정신'이 나타나는 미국 기업체의 신입사원 면접

미국 기업체에서 신입사원 면접 때 지원자의 나이나 결혼 여부를 물어

서는 안된다. 물론 음주량이나 체중도 묻지 않는다. 이는 차별 금지법에 저촉되기 때문이다. 다시 말하면 페어를 중시하는 사회에서는 모든 사람에게 기회는 균등하게 주되 결과는 각자 실력에 따라 다를 수 있다는 논리다.

우선 면접 때 사용해서 안되는 단어들을 예로 들면, '젊어 보인다'는 칭찬을 하면 연령 차별에 걸리며, '매력적' '독신' '무엇이든지 해낼 수 있는 여자' 운운은 성차별로 본다. 절대 질문해서는 안되는 것과, 해도 괜찮은 것은 다음과 같다.

▶ 해서는 안되는 질문
△ 국적 △ 초등학교나 고등학교의 졸업일자 △ 자녀의 이름과 나이 △ 결혼 전의 이름 △ 자택 여부 △ 생년월일 △ 신장·체중 △ 응시자의 사진 요구 △ 응시자 부모의 출생지 △ 응시자가 속해 있는 단체나 모임 △ 건강 상태 △ 불구 여부 △ 주량

▶ 해도 괜찮은 질문
△ 이름 △ 어디서 얼마 동안 살았는가 △ 18세가 넘었느냐 △ 추천인·소개인의 이름 △ 과거 직장에서 익힌 기술 △ 직장 경력 △ 지원한 일자리를 감당할 능력과 책임에 관한 질문 △ 합법적인 노동 자격 △ 군복무, 불법 약물 복용 여부

이상에서 본 바와 같이 질문해서 안되는 사항으로 인하여 차별을 받아 '기회의 평등'을 잃게 된다는 점에서 나온 것임을 알 수 있다.

4) 사생활(privacy) : 남의 사생활은 간섭하지 않는다
프라이버시는 '사생활, 사적 자유'의 뜻을 갖고 있다. 다시 말하면 개인의 생활 중 남에게 알리고 싶지 않은 부분으로 그 부분에 관해서 묻는 것은 실례가 된다. 가령 "나, 지난 주말에 온양 온천에 갔었다"라고 누가

말했다면 무슨 일로 갔느냐고 물을 때 상대가 더 이상 말하지 않으면 그 부분은 사생활의 영역이 된다. 왜냐하면 그 이후의 부분은 남에게 알려 주고 싶지 않았기 때문에 갔다는 부분까지만 말한 것이다. 그럼에도 궁금해서 그 말의 이면 부분인 누구와 갔느냐고 물어본다면 그 이후는 사생활의 침해가 된다고 보아야 한다.

구미인들의 프라이버시 한계 몇 가지를 소개한다.

☐ 친구에게 "집안 단장이 잘 되었다" "요리를 잘 한다"고 말하는 것은 자연스러우나, "안색이 나쁘다"라거나, 안대를 하고 있는 사람에게 "눈이 어떻게 됐니?"라거나, 기침을 하는 사람에게 "감기가 들었습니까?"라고 묻는 말은 다른 사람이 옆에 있을 때는 친한 사이라도 묻지 않는다. 한국식으로 생각하면 친구에 무관심한 것으로 생각하기 쉬우나 구미인들은 타인의 몸체에 대해 화제로 삼는 것은 예의가 아니라고 여긴다.

☐ 우리들은 "어디를 가십니까?"라고 인사하는 것이 보통이나, 서양에서는 가는 곳을 묻는 것은 아주 친한 관계가 아니고는 실례로 생각한다. 우리들은 상대에 흥미를 표시하는 것이 예의로 생각하여 필요 이상으로 프라이버시를 침해하는 말이 많다. 가령 미국인에게 "부인과 어떻게 결혼하게 되었습니까?"와 같은 질문도 삼가는 것이 좋다.

☐ 우리들은 인사말로 상대에게 나이, 가족 상황, 건강 같은 것을 묻는 것이 관행이나 외국인에게 묻는 것은 사생활 침해다. 그러나 이런 것을 묻는 것은 타이밍이 중요하다. 초면 인사 직후 우리 식으로 인사 삼아 묻는 것은 프라이버시 침해가 되나, 어느 정도 사이가 친해지면 자연스럽게 물을 수도 있다. 이런 때는 먼저 자신에 관한 개인정보를 말해 주면 상대도 자신의 사항을 자연스럽게 알려 줄 것이다.

□ 우리들은 상대의 수입, 재산 따위를 잘 묻는다. 심지어 친구가 새옷을 입고 오면 "이것 얼마짜리니?"라고 가격을 묻고, 취직을 했다면 실례인 줄 알면서 묻겠다고 하면서까지 남의 월급을 묻는데, 이것 또한 프라이버시 문제이므로 피해야 한다.

□ 타인, 특히 여성의 눈을 '들여다 보는' 것은 명백히 프라이버시 침해이므로 친한 사이나 남으로부터 소개를 받는 상황이 아니면 사교상 금기시된다.

5) 숙녀 우선(lady first) : 숙녀 우선 관행은 서양의 오랜 전통

우리나라 남성들은 상당히 국제화가 된 사람이라도 '레이디 퍼스트' 관행을 지키는 데는 갈등을 느끼는 경우가 많다. 남존여비 관행 사회에 익숙되어 '과연 이렇게까지 해야 하느냐'의 거부반응이 일어나는 것이 보통이라 해도 과언이 아니다. 그러나 구미 남성들은 숙녀에 대하여는 깍듯이 하고 있으며, 그렇지 않을 때 오히려 남자의 체면을 깎이는 것이 일반적인 정서다. 물론 최근에는 여성들의 사회 진출이 활발하여 남성의 지나친 보호에 여성들 자신이 받아들이지 않을 만큼 레이디 퍼스트에 다소 변화가 있는 것도 사실이다.

다음은 '레이디 퍼스트'에 관련된 에티켓이다.

□ 여성과 같이 차도를 걸을 때 남자는 차도쪽에 위치하여 걷는다(차도쪽이 위험하므로). 그러나 최근에는 무시되는 경향이다.

□ 엘리베이터나 회전 도어를 이용할 때 여성을 먼저 가게 하나 오피스 가(街)에서는 이런 것이 잘 지켜지지 않는다.

□ 레스토랑에 들어갈 때 웨이터가 손님을 안내하는 경우는 여성이 앞서고 동행 남자는 뒤따르나, 그렇지 않은 레스토랑은 동반 남자가 앞서서 동행 여자의 안내를 맡는다. 최근에는 남녀를 불문하고 접대할 사람이 앞장을 서는 것이 보통이 되었다.

- 레스토랑이나 커피 숍에서의 계산은 남성이 하는 것이 매너였으나 최근에는 남녀를 불문하고 접대자가 낸다. 요즘에는 식대를 남성이 내지 않아도 부끄럽지 않다.
- 정식 풀코스 디너 파티에서는 남성이 자신의 우측 여성이 자리에 앉고 일어설 때 의자를 빼주고 넣어 주며, 차를 탈 때도 문을 열어 주는 것이 매너다.
- 여성이 코트를 벗고 입을 때 뒤에서 거들어 준다.
- 여성이 실내로 들어오면 남성은 앉은 자리에서 일어서 맞이하며 여성이 앉을 때까지 앉지 않는다. 이런 것은 사교계에서 정확히 지켜지고 있다. 반대로 여성은 앉은 채 들어오는 남성에게 인사한다.
- 무거운 것을 여성이 들지 않도록 남성이 대신 들어 주고 전차 안에서도 자리를 양보한다.
- 미국에서는 쓰레기를 집안에서 밖으로 버리는 일은 남편의 일이며, 더럽고 무거운 것을 옮기는 것도 남편의 일이다.

3. 글로벌 시대의 비즈니스 매너

구미인의 매너

유럽인의 매너

유럽인들은 미국인에 비하여 보수적 기질을 갖고 있다. 그러나 유럽을 크게 세 지역으로 나누면 북유럽은 유목민 문화, 남유럽은 농경 문화, 이베리아 반도는 회교 문화가 짙은 지역으로 특색을 가지고 있다.

지역민들의 기질 또한 다르다.

가령 독일인이라도 북부 독일인은 말수가 적고 보수적 기질인데 비하여 남부 독일인은 낭만적이며 개방적인 기질을 갖고 있다는 것으로 알려져 있다.

생활면에서도 많은 차이를 보이고 있다.

유럽인을 상대로 하여 비즈니스 또는 교제를 할 때 몇 가지 유의해야 할 매너를 소개하면 다음과 같다.

□ 가정을 방문하거나 꽃을 선사할 때는 국화꽃은 주지 않도록 한다. 왜냐하면 이 꽃은 죽음과 관련된 꽃으로 간주하기 때문이다. 꽃집에서 살 때 포장한 것은 꽃을 주기 직전에 뜯어 주는 것이 매너다.

꽃송이를 짝수로 하면 불운을 상징하는 것이 되므로 조심해야 하며, 홀수로 하되 13송이가 되지 않도록 한다. 장미꽃은 로맨스·프로포즈를 뜻하는 꽃이므로 꽃의 선정에도 유의해야 한다.

□ 유럽인들은 자존심이 높아 특히 미국인에 대해서는 약간 '깔보는' 시각이 없지 않다. 가령 대화 중 지나친 제스처, 경박할 정도의 말장난, "오, 예"의 남용은 점잖지 못한 것으로 받아들인다.

□ 유럽의 여러 나라는 국가 단위보다 도시 단위로 생활권을 형성하고 있다. 가령 '이탈리아인'이라고 부르는 것보다는 베니스인·밀라노인으로 불리기를 좋아한다. 스페인 올림픽에서 바로셀로나가 중심 역할을 한 것과 같다. 영국도 스코틀랜드·아일랜드 단위로 대외활동을 하고 있어 영국인일 경우 영국의 어느 지방을 주로 말하느냐의 관점에서 문제를 파악하도록 한다.

□ 유럽은 전통을 중시하는 문화를 가지고 있으므로 편리성만을 추구하는 미국 문화와 여러 모로 대비된다. 그러므로 자동화보다 어떤 점에서는 단위별 매뉴얼을 선호하는 유럽식 가치관에 유의해야 한다.

미국인의 매너

미국은 많은 민족·인종이 어울려 사는 복합 국가이므로 미국인의 행동 양식이나 가치관을 한 가지로 일반화해서 지적할 수는 없다. 스페인계 미국인, 유대계 미국인은 그들의 의식은 모국의 가치관, 문화적 배경에 영향을 받고 있다(「이문화 커뮤니케이션」 참조). 그러나 포괄적으로 미국인의 보편적 가치는 유럽적이면서도 보다 개방적이며 자유주의적인 것이 특색이라 할 수 있다.

그럼에도 불구하고 미국 사회의 상류적 지배 계급은 '더 이스태블리시먼트'(the establishment)라고 부르는 두터운 계층이 있으며, 이들은 앵글로색슨계 백인 프로테스턴트를 의미하는 이른바 와스프(WASP, white anglo-saxon protestant)로 그들은 미국 사회에 큰 영향을 미치고 있다.

미국인과의 비즈니스에서 유의해야 할 몇 가지 사항을 소개한다.

- 악수로 인사할 때 손을 힘차게 잡고 한다. 느슨하게 잡으면 'dead fish hand shaking'이라고 불쾌하게 생각한다(프랑스인은 반대로 느슨하게 잡는 데 비해).
- 미국인은 몸을 접촉하는 인사, 가령 포옹(hug)하거나 껴안는 인사는 잘 하지 않는다.
- 시간 관념이 엄격하며 매사 도식적으로 치밀하게 한다. 이것을 어기는 데 심한 거부감을 갖는다(punctuality).
- 비즈니스할 때 본론에 들어가기 전에 스몰 토크(small talk)로 시간을 허비하는 것을 싫어하고, 곧바로 본론(straight talk)으로 들어가기를 좋아한다(남미인들은 이와는 반대 성향이다).
- 초면 인사 직후라도 상대의 성품에 따라 곧바로 퍼스트 네임으로 불러 주는 것을 좋아한다(first name address basis).
- 점심은 간단히 하고 저녁 식사를 즐기며 아침 식사 시간은 비즈니스와 연관해서 조찬 회동을 즐긴다.
- 미국인은 영어 이외 다른 나라 말을 못하는 사람이 많다(유럽인들은 모국어 이외 보통 외국어 한두 가지를 구사하는 데 비해).
- 선물 교환을 잘 하지 않는다. 만약 비즈니스를 위해 선물할 경우 작은 선물을 한다.
- 손님을 집으로 초청해서 홈 파티를 즐긴다. 레스토랑에서의 손님 초청은 공식적인 경우에만 한다. 서양인 중에서도 미국인 만큼 파티를 좋아하는 국민은 없다고 할 정도다.

아시아인의 매너

동북 · 동남 아시아

태평양 · 아시아 지역은 우선 지역이 광활하여 좀더 지역화해 본다면, 아시아 대륙 · 오세아니아로 대별할 수 있으며, 아시아도 다시 동북아시아 · 동남 아시아 · 중앙 아시아 · 중동아시아로 나눌 수 있다.

동북아시아는 한자 문화권이다. 동남 아시아는 역사적으로 유럽 열강의 식민지 경험과 인종으로는 다인종 · 다민족으로 구성되고 종교는 모슬렘을 주축으로 불교 · 기독교가 혼재한다. 부존 자원은 많으나 개발이 안되어 있다는 것이 특징이다.

오세아니아는 호주 · 뉴질랜드를 주축으로 남태평양 여러 도서국으로 아시아적 문화보다 서양 문화의 영향을 더 받은 지역이다.

이와 같은 큰 구도에서도 특히 동북 · 동남 아시아인의 공통점이 있는 부분을 정리하면 다음과 같다.

- ☐ 가족간의 유대가 강하여 사회 구성원을 가족 개념으로 포괄시키여 가부장적 권위, 경로 사상이 높다.
- ☐ 실질보다 명분을 중요시하고, 내용보다 스타일을 중히 여기는 경향이 있다.
- ☐ 예의바르며 '공손성'에 예민하다. 대신 공중 도덕에는 상대적으로 약하다.
- ☐ 체면을 매우 중시한다. 구미인들은 체면이 손상될 경우 단순히 '난처하다'라는 정도로 받아들이나 체면을 잃으면 치명타로 받아들이는 것이 다르다.
- ☐ 말레이시아는 영국식 영어, 필리핀은 미국식 영어를 잘 하는 나라다. 동아시아권은 상대적으로 영어가 약하다.

중동 아시아

중동 아시아는 종교적으로는 모슬렘교, 정치적으로는 이스라엘과 팔레스타인의 대치에서 팔레스타인을 지지하는 아랍 민족과 그렇지 않은 세력과의 반목과 투쟁이 이 지역의 특징이다. 따라서 종교적 영향에 따라 여성들의 사회 진출의 봉쇄, 빈부 격차, 음주 엄금, 종교의 정치, 사회의 통치 기능이 세계 어느 지역에서 볼 수 없이 나타나고 있는 지역이다.

이와 같은 큰 테두리에서 중동 아시아에서 지켜야 할 주요 매너를 보면 다음과 같다.

- 알콜(술)은 팔지도 않고 마시지도 않으며, 종교상 규정식(規定食)이 엄격히 적용된다. 채식주의자가 많다.
- 여성들의 지나친 노출, 공공 장소에서 남성과의 무분별한 동석, 서구풍 복장의 착용은 사회적으로 허용되지 않고 있다.
- 선물 주고받기 관행은 성행하고 있으며 부유층간에는 고가품이 선물 대상이 된다.
- 많은 중동 국가에서는 관공서나 회사의 업무 시간이 목요일에 끝나고 금요일 하루는 쉬며 토요일에 다시 업무가 시작된다.
- 모슬렘교도들은 하루에 다섯 번 기도하는데, 기도 시간은 일출시, 낮 동안 세 번, 일몰 기도로 나누어진다. 기도는 반드시 성소인 메카가 위치한 동쪽을 향해 한다.
- 해외에 나가 있는 모슬렘교도들에게 이들의 기도 시간을 엄수할 수 있도록 별도로 기도실을 마련해 주는 것이 좋다(한국에 온 외국 근로자들 중 모슬렘교도를 위하여 공장내에 기도실을 마련해 주고 있는 회사가 많다).
- 중동인들이 많이 쓰는 말은 인샬라(Inshallah)라는 말로 이것은 '신의 뜻'이란 의미다. 가령 교통사고를 당했을 때도 피해자가 인샬라라고 해서 신의 뜻으로 돌려 스스로를 위로할 정도로 폭 넓게 쓰

고 있다.

걸프 지역

이 지역에 속하는 나라는 5개국으로, 바레인·쿠웨이트·오만·카타르·아랍 에미레이트 연합이 포함된다. 이들 나라는 걸프만 주변에 위치한 작은 나라들로서 각기 자기 나름대로의 정치, 문화의 특성을 갖고 있다. 그 중 아랍지역인들의 공통된 매너를 보면 다음과 같다.

- 인사말은 Salaam alaykum(살람 알라이쿰)이다.
- 악수 인사를 할 때는 Kaif halak(카이프 할락)이라고 한다.
- 다른 아랍국들은 시간 관념이 약하나 이들 지역만은 시간 관념이 강하며 업무 처리도 꼼꼼하다.
- 이들은 말·사냥용 매·가족에 관해서 이야기하기를 좋아하며, 정치·종교·남성 위주의 사회에 대한 이야기는 가급적 피하려고 한다.

라틴 아메리카인의 매너

카리브 지역

카리브인은 남미 동북부에 살고 있고 이전에는 서인도 제도(諸島)의 일부를 지배했던 인디언들이다. 이 지역의 카리브인은 인종에 따라 사용하는 언어와 문화가 다르다.

또한 독립국에서부터 각 나라의 영역으로 구성되어 있고 이들은 영국·네덜란드·프랑스·미국과 직간접으로 정치적 연계를 이루고 있다. 다음은 하이티인·푸에르토리코인에 관한 공통점을 소개한다.

- 악수 인사는 보통이며, 포옹 인사의 관습은 없다.

- 영어가 주로 쓰이며, 스페인어 · 프랑스어 · 네덜란드어를 조금씩 사용하는 사람이 있다.
- 테이블 매너는 인포멀하다.
- 시간 관념이 희박하여 약속된 시간내에 도착하지 않는 것을 실례로 보지 않는다.
- 비즈니스는 본론에 들어가기 전에 충분한 잡담 시간을 갖는다.
- 선물 주고 받는 것은 생소하며 그런 관행이 없다.
- 점심 식사를 하루 중 제일 잘 먹는다.

라틴 아메리카 지역

중앙·남아메리카는 40여개 국이 있으며 대부분의 나라는 스페인·포르투갈 문화의 영향을 받았고, 지금도 포르투갈어를 쓰는 브라질을 제외하고는 모든 나라들은 스페인어를 쓰고 있다. 또한 이 지역 나라들의 정체(政體)는 멕시코 연방국을 제외하고 모두 공화정을 하고 있다. 이제까지는 군부가 정치의 중심이었다는 것도 이 곳의 특징이다. 이들 국가들 간에 공통된 생활의 관행을 소개하면 다음과 같다.

- 모든 나라가 스페인어를 쓰는데 다만 브라질은 포르투갈어를 쓴다.
- 시간 관념이 약하여, 약속 시간보다 30분 정도 늦게 오더라도 놀랄 필요가 없다.
- 만약 라틴 아메리카인이 친한 사이라면 그와 약속할 때 la hora inglesa, o la hora espanol?이라고 말해 두는 것이 좋다. 이 말의 뜻은 the English hour(약속 시간을 지킬 것인가의 뜻) 또는 the Latin hour(가령 7시에 시간을 정해도 30분 정도 늦을 수 있느냐의 뜻)라는 말이다.
- 악수 인사 대신 포옹 인사인 abrazo(영어로는 embrace)를 하며, 대화할 때도 상대와의 거리를 다른 서양인보다 아주 가깝게 두고

말을 나누는 것이 보통이다. 심지어 대화를 나누면서 상대의 팔꿈치를 잡고 하며, 길을 걸을 때는 팔을 잡는 수도 있다. 미국에서는 동성인들끼리 손을 잡고 걷거나 같은 복장을 하고 있으면 동성연애자로 본다.
- 라틴 아메리카인은 비즈니스에서 상대를 인간적으로 개인적으로 알려고 노력하는 성향이 있으며, 상대의 직위, 회사에 대해서 관심을 갖는 것은 그 다음의 수준이므로 무엇보다 자신을 어필하도록 한다.
- 라틴 아메리카의 모든 나라는 점심 식사에 비중을 두고 있는데 즐기는 시간도 2~3시간으로 길다. 그렇다고 비즈니스에서 저녁 식사에 손님을 초대하지 않는다는 뜻은 물론 아니다.

아프리카인의 매너

아프리카 대륙은 크게 3지역으로 구분하여 각 지역의 특성에 따라 문제를 파악하는 것이 중요하다.

북부 지역은 모로코·알제리·튀니지 등이 포함된 지역으로 이 지역은 모슬렘 문화·아랍 문화의 영향을 받았다. 중부 지역은 나이제리아·에티오피아·우간다·케냐가 있는 곳으로 아프리카 원주민의 다양한 부족 문화의 지역적 특성을 갖고 있다. 남부 지역은 남아프리카 공화국을 비롯하여 모잠비크가 있는 곳으로 이들 나라들은 네덜란드·영국의 영향을 많이 받은 지역이며 아프리카 원주민으로 구성된 것이 특징이다.

- 아프리카는 제2차세계대전 후 독립된 나라와 아직도 부족간의 내분이 치열하며 정치가 안정되지 않은 나라가 대부분인데다 빈곤이 겹쳐 지구에서 가장 가난하고 불안한 대륙이다. 그러나 과거 유럽 열강들의 영향을 받아 유럽 문화가 자리잡고 있으며, 그들의 의식 구

조는 서양인화되고 있어 유럽 선진국의 관행과 매너가 그대로 적용된다.
□ 국제 사회에서 활동하는 아프리카인은 대부분 과거 식민지 국가에서 고등교육을 받아 영어·프랑스어가 유창하며, 유엔사무총장에도 아프리카인이 진출할 만큼 국제화되어 있다. 국제 무대에서 아프리카인의 활동은 어떤 의미에서는 아시아인보다 더 탁월한 역량을 보이고 있다고 해도 과언이 아닐 것이다.

▶ *아프리카 종족 분쟁 상황*
르완다 : 투치족과 후투족의 상호 학살극·난민 200만 명 발생.
수   단 : 집권한 회교 정부와 기독교 반군, 수백 개의 종족 사이에서 인권 침해가 심각.
라이베리아 : 종족 분쟁·인구 2백만 명 중 80%가 내전을 피해 망명, 민주해방연합 운동(ULIMO), 애국민족전선(NPFL), 라이베리아 평화회의(LPC)의 무장 세력간에 세력 투쟁.
세네갈 : 전체 인구의 85%가 회교도, 세네갈 남부 카사망스 주민은 가톨릭이거나 토착 종교로 종교 갈등 증폭.
말   리 : 다수를 차지하는 남부 흑인과 사하라 사막 지역의 소수 유목민과 마찰.
모잠비크 : 정권을 잡은 모잠비크 해방전선의 일당 독재와 이에 대항하는 민병대와의 대결전.

4
비즈니스 프로토콜

지역별 비즈니스 교섭

국제 비즈니스에서는 교섭 상대의 문화적 배경이 큰 영향을 미친다. 교섭 대상국의 가치관·관습·사고 방식은 동서양이 다르다. 서양에서도 미국과 유럽 여러 나라가 다르며 유럽에서도 북유럽과 남유럽국이 다르다. 같은 아시아국이지만 한자 문화권에서는 유교적 가치관이 큰 영향을 미치고 있는 반면 중동 아시아는 종교(회교)적 관습이, 동남 아시아 가운데 싱가포르·필리핀은 영미식 가치관이 큰 영향을 끼치고 있다. 미국인의 국제 비즈니스맨의 특성과 라틴 아메리카·유럽·아시아의 비즈니스맨들의 교섭 스타일을 살펴 보면 다음과 같다.

북미주 지역

미국 비즈니스맨들이 비즈니스상 높은 가치를 두고 있는 점은 실용주의·평등주의·경쟁·문제 해결·능력주의·개인적 책임 등에 두고 있다. 미국 사회에서는 시스템을 중요시하고 권한 이양을 통해서 직함이 낮다 하더라도 책임이 위양되어 독자적인 결정권을 가지며, 어떤 일을 추진할 때는 일단 관련자들끼리 토론을 해서 결정을 하는 것이 보통이다.

라틴 아메리카 지역

라틴 아메리카의 국제 비즈니스맨들은 대단히 권위적이면서도 온정적이며 가정 지향적이다. 업무를 합리적이기보다 직관적이며 개성적으로 처리하고 낙천적이어서 기분에 많은 영향을 받는다.

아시아 지역

아시아인들은 라틴 아메리카의 스타일과 공통된 점이 많으나 그 중 아시아적 특성을 보면 다음과 같다.

아시아적 권위는 가부장적 권위를 뜻하며 직위의 상하에 대한 차별이 강하여 상위자는 책임의식이 약하면서 권한은 절대적이다. 권한 위임이 잘 되지 않음에 따라 결정 과정이 복잡하고 시간이 오래 걸린다. 업무의 내용보다 형식에 치중하며, 직함은 절대적으로 중요하여 실무자의 지위는 무시되면서 실제로는 실무 촉진 단계에서는 큰 영향을 미친다.

특히 원칙보다 정실에 흐르기 쉽다. 때문에 법집행이 느슨한 것이 큰 약점이다.

유럽 지역

유럽 여러 나라는 일반적으로는 미국과 같은 스타일이면서 나라에 따라 다소 차이가 있다. 북유럽의 영국·독일·스칸디나비아 나라들은 미국과 가까운 스타일이나 남유럽의 이탈리아·스페인 같은 나라들은 라틴 아메리카와 비슷하고 그 정도는 상대적으로 덜한 편이다. 북유럽은 유목민적 기질을 갖고 미국식과 같으며 남유럽은 농경 문화의 영향으로 미국식보다 느슨한 편이며, 이베리아 반도는 회교 문화권의 영향을 받으면서 라틴 아메리카와 같은 스타일을 갖고 있다.

주요 국가별 비즈니스 교섭

문화가 다름에 따라 비즈니스 교섭 스타일이 다르게 되므로 국제 비즈니스맨은 이와 같은 이문화 교섭술을 익히고 현지에 임하면 비즈니스 효과를 올릴 수 있을 것이다.

1) 미국 비즈니스 교섭

① '톱'의 결정이 절대적이다

한국식은 품의서에 의한 방식으로 실무자가 품의를 올려 결재를 받는 상향식인데 비해 미국 같은 나라는 하향식 체제를 갖고 있다. 그래서 미국은 general manager, director, executive vice president가 결정권을 갖고 있으므로 실무자급과 업무를 협의해도 결과에 대해서는 '톱'의 동의를 얻을 필요가 있다. 예를 든다면 미국에서는 실무급에서 가령 금리를 10%로 하자고 결론을 내렸으나 톱이 와서 9.5%로 내려 달라고 하면 이제까지의 상담이 원점으로 돌아간다. 반면 한국에서는 담당자간 업무 협의에서 다 결론을 낸 후 마지막에 톱이 회의장에 얼굴을 내밀어 의례적으로 수고했다고 인사하는 정도로 모든 것이 마무리된다.

② 교섭에는 변호사가 입회한다

미국에서 교섭할 때는 변호사가 입회하는 경우가 많다. 변호사가 개입한 일에는 자신들의 존재 의의를 과시하려는 필요 이상의 절차로 협상이 늦어질 수 있으나, 기업이 직접 주도하는 경우에는 이야기가 빨리 진행되는 이점도 있다.

③ '스트레이트 토크'가 중요하다

의사 표시를 확실히 하는 것을 미국인들은 좋아하여, 협상 테이블에서도 간단한 인사말 정도로 끝나고 곧바로 본론으로 들어가는 것이 상담

효과를 높일 수 있다. 이 점 프랑스나 남미 나라에서는 본론 전에 분위기 조성으로 가벼운 입담을 즐기는 것에 비하면 대조적이다.

본론 전에 분위기를 조성한다는 취지에서 말을 길게 하는 것은 시간 낭비로 보는 것이 미국인의 생각이므로 그에 맞는 대처가 필요하며 상담 중에도 예스·노를 분명히 하면서 의문난 점은 부담없이 질문을 자꾸 하는 것에 거부반응을 보이지 않는 것도 미국인들의 기질이다.

다음에 영화『주라기 공원』을 만들었던 스필버그와 삼성(三星)그룹간의 협상이 깨어지고 대신 제일제당과의 협상이 성공하게 된 배경에는 '스트레이크 토크'가 미국인과의 협상에서 얼마나 중요한가를 보여 주는 하나의 사례로 소개한다.

다음 제목은 어느 신문보도 중 제일제당과『주라기 공원』을 만든 스필버그와의 영상 소프트 비즈니스 협상에서 있었던 뒷 이야기를 보도한 기사 내용이다. 제일제당은 이 협상의 성공으로 영화산업을 시작하게 되었다. 기사 중 일부를 소개하면 다음과 같다.

"청바지 차림·피자 대좌가 성공적이었다" ― 제일제당 협상 뒷얘기 ―

'……. 이재현 상무는 미국으로 날아가 스티븐 스필버그를 비롯한 드림웍스 팀과 최종 협상을 마무리지었다. 협상 분위기는 다분히 '할리우드식'이었다.
"스필버그 스튜디오(앰블린)에 갔을 때 청바지 차림에 피자를 먹어 가며 이야기했죠. 조크를 섞어 가며 자유로운 분위기 속에서 토론하고 협상했어요. 이 상무도 그들과 곧 의기투합하더군요. 자유분방하고 독창성을 중시하는 할리우드의 공기를 알지 못하면 그들과 함께 일할 수 없어요."
데이빗 심 이사의 설명이다.……(중략)……당시 제일제당은 워낙 엄청난 사업이라 엄두를 못내고 삼성그룹쪽에 연결시켰다.……(중략)……그러나 드림웍스와 삼성의 협상은 깨졌다.
스필버그는 이 회장을 만난 후 "삼성 그룹이 통역을 통해 그들의 목표를 설명했을 때 배가 뒤틀리는 통증을 느꼈다"면서 "한 마디로 대화가 되지 않았으며 시간 낭비였다"고 혹평했다고 한다. 그런 후 스필버그는 다시 제일제당에 의사를 타진했고…….'

이상의 기사에서 우리는 미국인들의 비공식적(Informal)인 기질의 한 단면을 보게 된다. 반면, 유럽인과 협상할 때는 이런 식으로는 무리다. 보다 공식적(formal)인 협상 접근이 필요하다.

④ 비서를 잘 활용한다

거래처에 점심 약속이라도 하고 싶어 시간 약속을 하려면 비서를 거쳐야 한다. 비서를 통해서 비어 있는 스케줄 정보를 사전에 알 수 있으나 그가 소극적이면 시간 약속을 끌어내는 데 애를 먹을 수 있다. 그렇듯 비서의 역할이 크므로 평소에 거래하는 회사 담당자의 비서 관리에 신경을 써 둔다면 필요할 경우 비서를 통해 비어 있는 시간을 알아낼 수 있고 기타 필요한 정보도 얻을 수 있다.

⑤ 개성을 강하게 내세운다

'K회사에 근무하는 아무개'가 아니라 '아무개가 근무하는 K회사' 식으로 먼저 자신의 퍼스낼리티를 상대에게 보여 강한 인상을 받게 하는 것이 중요하다. 미국은 개인주의에 강한 나라로 가령 신임자가 전임자의 일을 이어받는 동양식보다 전임자의 존재를 백지화하고 자기 식으로 대폭 개혁하는 것을 높이 평가하는 사회이다. 이렇게 하지 않으면 강한 개성이 없는 사람으로 낮은 평가를 받게 된다.

⑥ 비즈니스 런치를 잘 이용한다

미국 비즈니스맨을 런치에 불러내는 것은 어렵지 않다(「비즈니스 런치 매너」 참조). 뿐만 아니라 홈 파티도 자주 갖는 것이 미국인이다. 자신이 주최한 홈 파티에 자주 초청하여 인간 관계를 돈독히 하는 것이 중요하다(「홈 파티」 참조). 저녁 식사는 주로 사교가 목적이 된다면 점심은 업무와 관련된 이른바 비즈니스 런치가 구미 사회에서는 보통이다. 이런 점을 잘 활용하면 좋다.

2) 독일 비즈니스 교섭

① 대학 출신자는 엘리트다

독일은 산학 협동 체제가 확립된 나라로 대학 졸업생은 초엘리트 대접을 받는 사회다. 대졸자는 전체의 1할이 조금 넘어 이들이 기업에 입사하면 곧 계장급이 되며, 3년 있으면 과장, 다시 3년 후는 부장이 되고, 40대에 중역이 되므로 경영층이 젊다. 그러나 독일 사회는 마이스터 제도라는 도제제도(徒弟制度)가 확립되어 한 가지 분야에서 장인(匠人)을 뜻하는 마이스터의 자격을 따면 각 산업 분야에서 중요한 직책을 맡는다. 독일 산업 사회는 매니저와 그 밑에 서브 리더가 있고 전문가 마이스터의 3각 관계로 형성되어 있으며, 저변에는 주로 외국인 노동자(터키인 등)가 '궂은 일'을 담당하는 피라미드형으로 구성되고 있다.

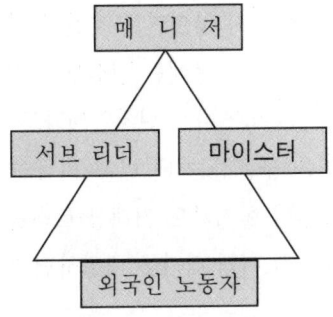

• 터키인, 한국인도 60년대 후반에 간호사 · 광부로 많이 진출했다.

② 식사는 검소하게, 집안 데코레이션은 사치

독일인들의 식사는 매우 검소하여 저녁 식사 메뉴도 대체로 간단하다. 찬 요리로 식사를 하며, 오븐 요리와 같은 더운 요리로 식사하는 일은 일주일에 한두 번 정도다. 그들의 생활에서 중시하고 있는 것은 집 · 자동차 · 휴가 · 복장 · 식사의 순이다. 즉 집에 대하여 무척 애착을 느껴 실내에 돈을 들이는 것을 아까워하지 않는다.

③ 톱 클래스의 접대는 아침 식사가 많다

독일인은 아침 일찍 활동하고 저녁에는 활동을 자제한다. 그래서 독일인의 아침 식사는 빠르다. 이 시간을 이용하여 기업체 간부들은 조찬에 모여 식사 겸 업무 관계 이야기를 끝내고 곧바로 출근해서 그날의 일을 시작한다. 톱 클래스의 접대 방법도 이와 같이 자택으로 조찬에 초청하는 경우가 많다. 메뉴는 간소하여 아침 식사라고 해도 빵·햄에 치즈 정도다. 거래처로부터 저녁 식사에 초대받는 경우가 있다. 이런 경우에는 꽃다발이나 초콜릿을 선물로 가지고 가서 호스티스에게 주는 것이 기본 매너다.

④ 트러블이 있으면 저녁 식사에 초대

독일인들은 식사에 돈을 쓰지 않으면서 자신이 저녁 식사에 초대받는 것을 좋아한다. 접대하고 싶은 경우에는 점심보다 저녁에 초대하면 사교에 효과적이다. 독일인들은 비즈니스 런치일지라도 사업 이야기는 하지 않을 만큼 식사와 업무를 구분하는 데 반해 미국인들은 업무 이야기를 하면서 식사를 한다. 그렇다 할지라도 거래상 트러블이 일어나 클레임이 걸려 오면 곧 책임자를 불러 저녁 식사를 대접하면 효과가 날 수도 있다.

⑤ 독토르(doktor)와 헤르(herr)는 어떻게 사용하는가

독일은 직함을 중시하는 사회다. 독일은 사외(社外) 이사 제도가 발달해 있어 대학 교수들이 대기업의 중역에 많이 진출해 있다. 대학교수쯤 되면 독일의 총리와도 대등하게 이야기를 나눌 수 있을 만큼 사회적 지위가 높다. 이들의 명함에는 반드시 출신 대학과 전공, 독토르 ○○라고 적혀 있다. 이런 사람과 대화할 때는 타이틀을 반드시 붙여 "독토르 ○○○"라고 불러 주는 것이 예의다.

헤르(herr)는 영어의 미스터(Mr.)에 해당되는 타이틀이므로 독토르의 타이틀을 가진 사람에게 헤르라고 부르지 않도록 조심해야 한다.

⑥ 어포인트먼트를 할 때의 주의 사항

독일에서는 어포인트먼트 없이 상대를 만날 수 없다. 시간 약속 없이 사무실을 방문하면 거절을 당한다. 시간 약속은 전화로도 가능하나 좀더 정확히 하기 위하여 방문 목적·협의 내용·희망일을 편지나 팩스로 먼저 보낸 후 비서와 협의하여 진행시킨다.

⑦ 기업의 권한 규정이 분업적으로 짜여 있다

독일 기업은 상위자와 차위자가 무슨 업무를 하는가가 분명히 규정되어 분업적으로 자기 책임하에 처리한다. 그렇기 때문에 상담의 내용에 따라 상대 담당자가 결정되며 여름철에 담당자가 휴가를 가면 그가 담당하고 있는 업무는 정지된다. 상담의 진도는 권한을 가진 사람이 직접 처리하게 되므로 자신의 권한 사항은 신속히 처리할 수 있다.

3) 프랑스 비즈니스 교섭

① 프랑스는 보수성이 강한 나라다

유럽에서 프랑스인의 자존심은 대단히 높다. 유럽 여러 나라 중에 의도적으로 영어를 사용하지 않는 경향이 있고, 외교에서도 미국의 외교 방향에 종종 브레이크를 거는 나라가 프랑스다.

보수성의 강도를 주요 국가별로 보면 미국·독일·영국·프랑스로 나타나고 있다.

독일의 보수성은 미국에 가깝지만 상대적으로 미국보다 약한 면이 있는가 하면, 영국은 보수성이 강한 나라지만 프랑스보다 약하다. 이렇게 볼 때 프랑스의 보수성은 대단히 높다고 평가할 수 있다.

② 프랑스는 톱 다운(top down) 시스템

우리 나라와 같이 품의로 결재받아 시행하는 바톰 업(bottom up)이 아니라 톱에서 결정해서 밑으로 내려오는 '톱 다운' 방식을 취하고 있으므로 상담을 하고자 할 때, 먼저 담당 업무의 톱 맨을 만나야 한다. 그리고 그가 관련된 담당자로 지정해 준 사람을 통해서 실무에 들어간다. 따라서 실무선에서 어느 정도 합의점이 이루어지면 톱급으로 상대의 직급에 맞는 인사를 서로 등장시켜 계약하는 방식이 일반적인 프랑스의 교섭 메커니즘이다.

③ 프랑스인은 업무보다 휴가가 우선이다

프랑스에서는 업무처리에 대한 스케줄이 잡혀도 여름 휴가철이 되면 자기의 공무 스케줄을 휴가 기간에 맞추어 다시 조정한다. 가령 7월 20일부터 8월 10일까지 휴가 기간이면 휴가 전까지 적당히 업무 처리를 한 후, 휴가 후에 나머지 일을 해서 끝낸다는 식으로 휴가를 우선 순위로 잡아 업무 스케줄을 조정할 정도로 휴가를 즐기고 있다.

한국의 경우는 업무가 우선이어서 맡은 일을 끝내야 휴가를 가지만 프랑스인은 그와 반대인 것을 보면 개인 생활을 중시한다고 볼 수 있다.

④ 흥정을 싫어하는 국민성

프랑스인은 줄다리기식 흥정을 싫어한다. 그 대신 가격은 이렇다, 품질은 이러이러하다 하여 여러 요소를 바탕으로 일단 가격이 결정되면 그대로 시행된다. 같은 회사 내에서도 사람에 따라서 이 사람 저 사람 가격폭을 가지고 줄다리기를 하거나, 다른 사람이라면 이 정도의 가격으로 타결될 수 있다며, 값을 원칙없이 깎아 보자는 식으로 상담하지 않는 것이 관례다. 이렇듯 합리적인 논리가 프랑스 상담의 기조를 이룬다.

⑤ 저녁 접대는 잘 하지 않는다

오전 중에 협상을 하고 오후까지 계속되면 그 중간에 점심을 하는 경우가 있다. 그러나 프랑스인은 저녁 시간은 '프라이빗 타임'으로 생각하고 있어 업무와 관련된 식사 자리를 갖지 않는다. 대신 회의를 11시로 정하고 점심을 같이 할 수 있도록 스케줄을 짜고, 점심은 1시 반에서 2~3시간 동안 여유있게 즐긴다. 프랑스인은 식사 시간을 대단히 즐기므로 즐거워야 할 식사 시간에 업무 이야기하는 것을 좋아하지 않는다.

⑥ '이 제품을 시험 삼아 써 보십시오'란 말은 금물

보통 처음 거래를 터 보고자 하는 사람에게 정상 가격보다 약간 싸게 하면서 '시험 삼아 써 보도록 이 가격은 좀 할인해서 드리겠습니다'라는 식의 상담은 오히려 상대에게 가격에 대한 혼란과 불신을 주기 쉽다. 상품에는 품질에 따라 가격이 설정되는 것이므로 이 양자가 정확히 맞아 떨어져야 한다는 것을 프랑스인은 중요시한다.

⑦ 영어보다 프랑스 말을 배워 사용하라

프랑스인은 영어에 서툰 사람이 많다. 그러나 규모가 큰 회사의 상위직이나 무역 관계 사원은 영어가 유창하나 중소 규모의 기업체를 상대할 때는 영어 구사 사원이 많지 않음에 유의한다. 때문에 가급적 상품 소개 카탈로그 등을 불어판으로 만들어 바이어를 상대하는 것이 상담에 유리한 입장이 된다.

비서들 역시 영어를 싫어하는 사람이 있으므로 영어보다 불어로 접근하는 것이 다른 어느 나라에 비하여 유리하다.

4) 중국 비즈니스 교섭

① 맞대면(face to face)의 인간 관계가 중요

중국 비즈니스는 구미 사회에서와 같이 편지·카탈로그 등을 통해 상담하는 것은 매우 어렵다. 대신 친한 사람으로부터 소개를 받거나, 여러 차례 교제를 하여 어느 정도 인간 관계를 만든 후에 상담을 시작하는 것이 좋다.

이와 같은 맞대면식 상담은 비단 중국만이 아니라 아시아 여러 나라에

서 통용되는 방식이다.

상용 서한이나 기타 교섭 보조 문서 같은 것을 발송하는 것만으로 그 반응을 얻기가 쉽지 않은 것이 아시아적 현상이므로 먼저 인간 관계의 바탕을 마련한 후 문서가 뒤따르는 것이 좋다. 이 점이 구미 사회의 비즈니스 접근 방식과 다른 점이다.

② 중국에서 '先生'은 '씨' 정도의 경칭이다

중국에서는 일반적으로 'ㅇㅇㅇ 先生' 하고 이름 뒤에 '선생'을 붙인다. 한국의 경우 연령·지위로 보아 자신보다 위일 때 주로 쓰이지만 중국에서는 단순히 'ㅇㅇㅇ 씨'의 의미를 갖고 있어 훨씬 연장자라도 연하자에 선생의 칭호를 붙여 부른다. 중국은 타이틀 사회이므로 일반인에게는 先生을 사용하나 국가의 지도자나 정부 관료는 각하(閣下)를 써서 ㅇㅇ 閣下라거나, ㅇㅇ 局長, ㅇㅇ 部長으로 호칭한다.

③ 중국의 주요 비즈니스 찬스는 연회(宴會)다

중국은 연회석상에서 인간 관계를 돈독히 하여 이를 계기로 비즈니스로 들어가면 성공률이 높다. 연회는 밤 1~2시까지 계속 이어지며, 마오타이주로 '건배, 건배' 하면서 술자리가 벌어진다. 그러나 중국인은 주정을 하거나 취중 망언을 하는 것을 대단히 싫어하고 그러한 사람은 신뢰하지 않는다. 한국에서는 취중의 실수를 이해해 주는 아량(?)을 가지고 있으나 중국은 다르다.

중국인과 상담할 때 특히 주의해야 할 9가지 사항은 다음과 같다.

직책과 직위 : 주임(主任)이란 직위는 우리 나라의 장관급인 경우도 있고 중앙 및 지방관서의 과장급일 경우도 있다.

교제 : 사람을 오래 사귄 후 어느 정도 마음을 열 수 있는 관계가 아니면 상담 성사율이 높지 않다. 중국 사람의 추천·소개를 받아 자연스럽게 접촉한다.

담배 : 연장자 앞에서 담배를 피워도 한국에서와 같이 예의 없는 것으로 받아들이지 않으므로 부담 없이 피워도 좋다. 상대가 권하는 담배는 가급적 받아 피우는 것이 서로 가까워지는 데 효과가 있다.

선물 : 선물 주고받기는 한국과 별 차이 없이 좋아한다. 다만 포장지는 흰색(장례식용으로 간주)이 아닌 노란색 종이를 사용한다.

부인 칭찬 : '부인이 미인이다' 식의 칭찬은 하지 않는 게 좋다. 자기 부인에게 호감을 갖는 것으로 오해 받을 수 있기 때문이다.

체면 : 중국인은 상상 이상으로 '멘쯔(面子)' 즉 체면을 중시하는 민족이다. 체면을 손상할 수 있는 표현은 절대 금물이다.

상담 : 일단 가격을 올렸다가 상대방의 체면을 생각해서 깎아 주는 체면치레를 해 주면 원활하게 진행될 수도 있다. 중국인들은 얼마를 깎았느냐에 협상 능력을 평가하려고 한다(이 점이 구미인과는 다르다).

한국인의 비즈니스 성공 조건

다음은 수출입은행이 한국 비즈니스맨이 외국인과 상담할 때 실수하기 쉬운 사례들을 모은 '해외 비즈니스 성공 조건'이다.

악수 : 프랑스인은 악수할 때 손을 잡고 흔드는 것을 교양없는 행위로 간주하는 반면 아랍인들은 상대방이 신경질을 낼 정도로 악수를 질질 끈다. 태국이나 사우디아라비아에서 여성에게 악수하는 것은 금물이다.

대화 : 스웨덴인은 말이 적은 반면 프랑스인들은 잡담을 좋아한다. 회교국가에서는 부인과 딸에 관해 묻지 말아야 하며 아프리카에서는 어느 부족 출신인지를 묻는 것이 실례다. 대화는 날씨 · 여행 · 스포츠 등 공통 관심사를 주제로 해야 하며 정치 · 종교 · 인종 · 섹스 · 월급 등 민감한 주제는 피하는 것이 좋다.

접대 : 아랍권에서는 음식이나 음료수를 거절하면 호의를 무시하는 것

으로 오해한다. 불가리아에서는 비즈니스 미팅 중에 알콜이 나오는데 이 때 손님이 안 마시면 상대방도 마시지 않는 게 예의다.

보디 랭귀지 : 이란이나 가나에서는 엄지손가락을 세우는 것은 무례한 행위이며, 미국에서는 가운데 손가락을 세우면 성적인 모욕을 주는 것으로 인식한다. 싱가포르나 태국에서는 어린이를 포함, 사람의 머리를 만지는 것을 삼가야 하며, 남미나 이탈리아에서는 제스처를 크게 할 수록 호감을 유발한다.

협상 : 미국인은 사실에 입각해 상대방을 설득하는 반면 멕시코·일본인은 논리적이기보다 감정적인 성향이 강하다. 아랍인은 규칙을 준수하며 중국인은 실용주의에 입각, 협상을 풀어나간다.

커뮤니케이션 : 태국인들은 상대방의 체면을 의식, 'No'라는 말을 절대 사용하지 않는다. 일본인들이 'Yes'라고 말하는 것은 상대방의 의견에 동의한다기보다 상대방의 말을 알아들었다는 의미다. 일본에는 'No'라는 말을 하지 않기 위해 16가지 표현 방법이 있을 정도.

선물 : 아랍인들은 다른 사람들이 보는 앞에서 선물을 주어야 하며 중국인에게는 개인적으로 주는 것이 좋다. 일본인은 다른 사람이 보는 가운데 선물을 주어야 할 경우 모든 사람에게 주어야 한다.

명함 : 일본인을 만날 때는 항상 명함을 소지해야 한다. 명함이 없는 것은 사무라이가 칼을 갖고 있지 않은 것에 비유된다. 명함을 주고 받을 때는 반드시 두 손으로 공손히 해야 한다.

제2장

국제화 시대의 비즈니스 매너

해외 인사의 초청 매너
사무실 방문 예의
국제 비즈니스 감각
상대국의 특성을 알자
시간지키기 에티켓
종교를 통해 본 국제 감각
세계로 가는 지름길, 언어 구사 감각

1
해외 인사의 초청 매너

한국이 OECD 가입 후 국제 사회에서 활약이 더욱 빈번해짐에 따라 국내 기업·개인이 외국 손님을 한국으로 초청하여 비즈니스와 접대를 하는 경우가 늘어나고 있다. 초청시 많은 비용을 들이고 있으나 초청의 효과를 극대화하는 데는 요령 부득으로 올바른 평가를 못 받는 사례가 많다.

외국 손님을 초청·접대할 경우 유의해야 할 사항을 소개한다.

초청 비용 부담을 분명히 밝힌다

초청 편지에서 초청을 막연히 "We would like to take this opportunity to invite you to visit our company in Seoul …" 식으로만 명기하는 것은 부족하다. 의미가 충분히 전달되기 위해서는 비용(expenses) 부담의 한계가 명기되어야 한다.

가령 "We will cover the expenses for a one-way Detroit-Seoul first class ticket as well as hotel accommodation for five days in Seoul."(서울 체재 5일간의 호텔 투숙비, 데트로이트 서울간 1등석

공권을 당사가 부담하겠습니다) 식으로 구체적으로 명시하도록 한다.

우리들은 충분한 환대를 보이기 위한다는 생각으로 피초청자가 한국에 왔을 때 모든 비용을 무조건 부담하여야만 초청자의 도리라고 생각하는 경향이 있다. 그러나 지나친 환대, 다시 말하면 손님의 개인적 소비까지도 그 비용을 초청자가 부담한다고 하면 피초청자가 구미인인 경우 고개를 갸우뚱한다. 상식적으로 개인이 부담할 부분까지 초청자(회사)가 부담해 주니 좋기는 하지만 공과 사의 한계가 분명치 않아 이해를 못하는 것이다.

따라서 초청에 따라 초청자가 부담해야 할 부문, 피초청자가 부담할 부문이 있다. 관행은 다음과 같다.

항공권 : 초청자 부담으로 왕복 1등석 항공권을 보내 준다.

호텔 : 호텔 투숙 기간은 객실료와 식사는 초청자가 부담한다. 다만 공식 일정 이외에 투숙자가 개인적으로 소비하는 주류(酒類)는 본인 부담으로 한다. 그러므로 호스트는 투숙 첫 날 양주와 과일 바구니를 호스트의 명함을 붙여 객실에 넣어 주는 것으로 대신한다. 투숙자의 국제 전화·세탁료는 본인이 부담하며, 투숙 중 호텔 종업원에 주는 팁도 본인이 부담한다.

이와 같은 호텔내 잡비성 비용 부담은 초청에 따른 기본 조건이 아니므로 도착 후 사전에 부담 한계를 본인에게 알려 주는 것은 매우 정상적인 일이다.

기타 : 쇼핑은 개인 부담으로 하는 것이 좋다. 다만 호스트측은 쇼핑을 안내할 때 한국 토산품을 방한 기념 선물로 사서 주면 효과적이다. 초청 기간 중 동정을 사진첩으로 만들어 주어도 좋다. 국내 체재 기간 중 교통편은 호스트가 제공한다.

공항 영접은 격을 맞춰 맞는다

도착 일시에 대해서 시차(時差)를 분명히 알려 주어야 한다. 가령 '미국에서 16일 아침 7시 뉴욕 출발 예정'이라고 할 때 한국에서는 17일이 되므로 혼동이 없도록 시차에 맞는 도착 시간을 분명히 알려 준다.

공항 영접 인사는 가급적 피초청 손님의 카운터파트(counterpart)가 하는 것이 예의다. 물론 회사의 사장과 같이 최고 경영자라면 차하급 인사를 대신 보내도 무방하나 중간 간부가 호스트일 때는 초청자가 직접 영접하는 것이 예의다.

부부동반으로 초청한 경우에는 공항 영접 때 부인에게 꽃송이를 주어 환영의 예를 갖춘다. 초청한 손님의 얼굴을 모를 때는 "Excuse me. Are you Mr. & Mrs. Watson of ABC Inc.?(죄송합니다. ABC회사의 왓슨 부부이십니까?)"로 묻고, 곧이어 "I'm Hong Kildong of KTB Corporation. Welcome to Seoul.(KTB회사에 있는 홍길동입니다. 서울에 오신걸 환영합니다)"라고 자기 소개와 인사를 한다. 이어서 "Did you have a nice flight?(오시는 데 비행기는 좋았습니까?)"라고 인사말을 하거나 "Is this your first trip to Korea?(한국은 처음 오십니까?)"로 가볍게 몇 마디를 하면 손님은 비로소 안심하게 된다.

차안에서 첫 인상을 묻는 것은 넌센스

차안에서의 대화는 손님으로 하여금 호스트측의 환대를 느끼게 하는 첫 기회가 된다. 출영 인사가 아무 말도 하지 않고 차안에 있으면 분위기는 어색할 수밖에 없다. 준비된 화제가 없으니까 고작 "What's your first impression of Korea?"(How's your first impression~?으로 How로 묻는 것은 틀린 영어다) 식으로 묻는 것은 공항에 막 도착한 사람이 대답하기는 부적절한 질문이다.

그러므로 화제는 본국의 날씨·한국의 기후·서울의 인구·도로변의 주요 건물 소개, 또는 간단한 한국의 최근 상황들을 화제로 삼으면 즐겁고 인상적인 대화가 된다. 이 때 주의할 것은 혼자만의 일방적 이야기와 상대에게 신문하는 식으로 가족은 몇 명입니까, 형제는 몇 명입니까 등 사생활이나 개인 문제는 묻지 말도록 한다. 이와 함께 일정표에 관하여 이후의 스케줄을 차안에서 설명해 주는 것도 예의다.

호텔을 유용하게 활용하려면

투숙 호텔을 선정할 때는 피초청자의 신분에 따라 정한다. 참고로 세계적인 유명 체인 호텔은 힐튼·릿츠·쉐라톤 등이다.

체크 인 : 손님을 체크 인시킬 때는 통상 방법으로는 프런트 데스크에서 수속하는데 시간이 소요된다. 호스트측은 호텔 프런트 매니저의 사전 협조를 받아 손님의 투숙 수속을 미리 해둔 후 논스톱으로 객실에 직행하도록 배려하면 좋다. 그렇지 않으면 다른 손님과 다른 특별 우대의 제스처로 프런트 지배인이 별도로 안내하여 객실 안에서 체크 인 수속을 하는 방법도 고려해 본다.

호스트의 인사 선물 : 손님이 객실에 도착하기 전에 미리 환영을 표시하는 선물로 과일 바구니와 유명 상표 양주를 명함과 함께 갖다 놓으면 효과적이다. 이 때 손님의 이름을 적어 놓으면 더욱 기뻐할 것이며 경우에 따라서는 이와는 별도로 호텔 총지배인 명의의 간단한 과일 선물도 일조가 된다.

호텔에 도착하면 : 공항에서 손님을 픽업한 호스트 또는 안내원은 손님이 객실에 가서 짐을 풀고 있는 사이 로비에서 기다리거나 호텔내 바 또는 커피 숍에서 기다렸다 다시 내려온 손님과 만나 담소한다. 시차 때문

에 피로한 손님의 입장을 고려하여 일정 시간 혼자 쉬도록 배려한 후에, 저녁 식사를 같이 하고 헤어지면서 "I'll arrange for a car to take you to our company at 10 tomorrow morning."(내일 아침 10시에 회사에 가시도록 차 한 대를 준비해 놓겠습니다)라고 말한 후 작별한다.

현지 사정 설명 : 손님에게는 현지 사정에 대해서 사전 숙지시킨다. 우선 호텔 생활에 따른 부분을 중점적으로 한다. 왜냐하면 시내에서는 안내원과 같이 있기 때문에 별 문제가 없으나 호텔은 혼자서 활동 해야 하기 때문이다. 내용은 팁의 액수, 주어야 할 때, 룸 서비스, 전화 요령, 미니바, 부대 운동 시설 등이 포함된다. 물론 호텔내 안내 팸플릿에 적혀 있지만 안내원이 일러 주면 친절성이 돋보일 수 있다.

일정 최종 확인 : 그간 국제 교신을 통해서 확정되었던 일정을 다시 재확인한다. 이제까지 서신 또는 팩스상에는 'Tentative itinerary for Mr. ○○○'로 표기되어 서로 주고 받았으나 이 단계에서는 tentative가 사라진다.

부부 동반의 경우 : 피초청자가 부부 동반인 경우이다. 스케줄에 관한 협의는 동반한 부인에게도 의사를 타진하는 것이 예이다. 남편이 결정하면 부인은 따른다고 생각하기 쉬우나, 구미인의 경우 부인의 의사를 존중한다.

호텔에서 지켜야 할 매너

- □ 안내인이 친절히 한다는 뜻에서 손님의 수화물을 들어 주거나, 수트케이스를 대신 들어 주지 않는다. 수화물은 호텔 벨보이로 하여금 들게 하고 수트케이스는 본인이 든다.
- □ 호텔에서 손님을 픽업할 때는 객실 안에 직접 가지 않고 로비에서 하우스 폰으로 불러 내려오게 해서 로비에서 만난다. 손님이 객실

로 와 줄 것을 요구할 때는 그에 따르며 여성 손님일 때는 문을 약간 열어놓은 채 방안에 들어간다.
- □ 엘리베이터를 탈 때는 손님을 먼저 타게 하고 자신은 손님의 왼쪽에 선다. 내릴 때도 손님이 먼저 내리며 내릴 층이면 "This is our floor.(여기서 내려야 합니다)"라고 말한다.
- □ 복도를 지날 때 다른 객실의 문이 열려 있어도 그 쪽으로 고개를 돌려 보며 가는 일이 없도록 하며 복도에서는 손님과 큰 소리로 말을 하지 않는다.
- □ 호텔 종사원을 대할 때는 예의바르게 하며 반말을 하거나 가볍게 대해서는 안된다. 그런 모습이 외국 손님에 비추어질 때는 자신의 교양을 의심받게 된다. 늦은 밤 10시 이후나 아침 7시 이전에는 가급적 객실에 전화 거는 것을 삼간다.

• 엘리베이터는 손님을 먼저 타게 하고 안내인은 손님의 왼쪽에 선다.

2
사무실 방문 예의

 방문은 예방(courtesy call), 세일즈 콜(sales call), 시간 약속에 따른 방문(visiting and greetings) 등 여러 경우가 있다. 방문 장소는 사무실 방문과 사교상의 자택 방문 등으로 구별된다.
 그 중 사무실을 방문할 때는 사전 시간 약속(appointment)을 하고 비서실의 안내를 받은 후에 방문 상대를 만나 대화를 나누어 용무를 마치고 돌아오는 과정을 거치게 된다. 각 과정별 체크해 두어야 할 매너상의 문제를 다음과 같이 소개한다.

사전 약속 없는 방문은 실례

 특히 사무실을 방문할 때는 반드시 사전에 시간 약속을 해야 한다. 아무리 친한 사이라도 '지나가다 잠깐 들렀다'는 식의 방문은 구미인에게는 받아들일 수 없는 큰 실례가 된다. 그 이유는 구미 사회에서 보는 시간 관념의 문제에서 오는 것이다.(「시간지키기 에티켓」 참조)

 1) 어포인트먼트를 요청할 때
 시간 약속을 할 때는 찾아갈 사람이 전화나 팩시밀리, 편지로 방문 요건과 방문 희망일을 먼저 제시한 후에 상호 협의하여 결정하게 된다.

특히 전화로 요청하는 경우 상대의 시간과 입장을 들어 보지 않고 "내일 오후 2시에 찾아 뵙겠습니다"식으로 방문 시간을 정해 놓고 통보식으로 요청하는 것은 실례가 된다. 자기의 필요에 의하여 방문을 요청한 입장에서는 약속 시간의 선정과 결정권은 방문을 받을 사람에게 있기 때문이다.

시간 약속을 할 때는, 비서에게 "I would like to make an appointment with Mr. A(A씨와 시간 약속을 원합니다)"라고 일단 운을 떼면 상대는 만나고자 하는 용건을 물은 후 면담 가능한 시간을 맞추어 보면서 "I'll check his diary. Is 3:00 tomorrow all right?(그 분의 일정을 알아 보겠습니다. 내일 3시면 되겠는데 괜찮겠습니까?)"식으로 어포인트먼트가 성립된다.

2) 어포인트먼트를 변경 · 취소할 때

일단 성립된 어포인트먼트는 사정에 따라 변경(change) 또는 취소(cancel)할 경우가 있다. 물론 한 번 약속한 시간 약속은 지켜야겠으나 불가피한 사정으로 이를 지킬 수 없다면 상대에게 양해를 구해야 한다. 그 사유는 객관적으로 보아 불가피성이 있어야 할 것이다. 가령 갑자기 몸이 아프다거나 자신의 상급자로부터의 긴급 지시가 있다면 납득할 수 있을 것이다.

변경시에는 "Shall we *change* the appointment to some time next week?(다음 주 어느 날로 약속을 변경하면 어떻겠습니까?)"라고 하며, 취소할 때는 "I'd like to *cancel* today's appointment.(오늘 약속을 취소(변경)하고 싶습니다)"라고 말한 후 그 취소 사유를, 예를 들면 "I have a terrible toothache today, so I've got to go to the dentist this afternoon.(오늘 이가 몹시 아파 오늘 오후에 치과에 가 보아야겠습니다)"라고 하면 될 것이다.

3) 어포인트먼트의 변경 및 취소시 영어 표현

보통 "I would like to cancel(change)~"의 문형을 취하나 약속의 변경, 취소를 요구하는 것은 대단히 미안한 입장이므로 보다 정중도가 높은 말을 하는 것이 예의다. 다음과 같은 말이 이에 해당된 표현이다.

□ *Would you please cancel* the appointment with Mr. A?
□ *Could you* postpone the appointment with Mr. A?
□ *Do you mind if I postpone* that apointment until next week?
□ *Would it be possible to cancel* that appointment?
□ *Is there any chance of postponing* the appointment next week?

비서실의 이용

비서실에 들어서면 비서가 "May I help you?"라고 인사한다. 이 말을 상점 점원이 할 때는 "어서 오십시오"의 인사말이 되고 방문자의 용무를 묻는 인사로는 "무슨 일로 오셨습니까?"가 된다. 방문자는 어포인트먼트가 있어 왔음을 다음과 같은 대화로 밝힌다.

방문자 : Good morning. I'd like to see your manager, Mr. Scott. My name is Hong Kil-dong from Seoul, Korea.(안녕하십니까? 스콧 부장을 만나 뵈러 왔습니다. 저는 서울에서 온 홍길동입니다).

비 서 : Have you got an appointment, Mr. Hong? (홍 선생, 시간 약속을 하셨습니까?)

방문자 : Yes, for 10 A.M.(네, 오전 10시로 약속했습니다).

이 때 "약속이 있어 왔습니다"를 "I have the appointment with

your manager at 10 this mornig."이라고 처음부터 어포인트먼트가 있음을 밝힐 수도 있을 것이다. 반면 불가피하게 시간 약속을 못하고 왔을 때는 "I don't have an appointment, but this is rather urgent. Could I see Mr. Scott?(약속은 없습니다만, 급한 용무이므로 스콧 씨를 만나게 해 주십시오)"라고 할 수 있다.

공식 방문 매너

1) 방문 시간은 어느 때가 좋은가

방문 시간은 일반적으로 오후 3시에서 5시가 선호되고 있다. 오전 10시 내외는 사내 업무로 바쁜 시간이고, 11시가 넘으면 점심 시간과 연계되기 때문에 점심과 겸한 방문이 아니면 이 때가 가장 알맞은 시간이 된다. 방문시 체류 시간은 20~30분 정도가 적당하다. 대화를 나누다 보면 너무 오래 지체되어 상대의 스케줄에 지장을 줄 수 있으므로 너무 오래 머물러 불편하게 하는 일이 없어야 한다.

2) 응접실에서의 매너

응접실에서 소파에 앉을 때 자리 선택에서 의외로 상식을 모르는 사람이 많다. 어느 좌석이 상석(上席)이고 하석(下席)인지 구별을 못하는 것이다. 일반적으로 입구에서 먼 쪽이 상석이고, 좌우로 볼 때는 우측이 상석, 좌측이 하석이 된다. 손님이 문을 열고 들어오면 주인은 "Come in, please."로 환영의 말을 하면서 응접 소파로 다가가 인사를 하고 명함을 건넨 후 상석에 앉도록 권한다. 방문자 수가 많으면 받은 명함을 앉은 순서대로 탁자 위에 올려놓고 손님의 이름을 기억한다. 용건이 끝나면 방문자가 먼저 "Well, I think I must be going now.(자, 슬슬 일어날까 합니다)"라고 상대의 사정을 떠 보는 것이 보통이다. 이 때 방문자를 보내고 싶으면 더 이상의 만류가 없는 것으로 자연히 자리를 뜰 수 있으나 그렇지 않을 경우에는 "Oh, do stay a little longer.(아니오, 좀 더 있다 가시죠)"라고 만류하게 된다.

초대를 받아 방문하는 경우는 초청받지 않은 친구를 데리고 가는 것은 불청객(uninvited guest)이 되어 큰 실례가 된다.

3) 소개장을 갖고 방문할 때

초면에 방문할 때는 소개장(the letter of introduction)을 가지고 가는 것이 원칙이다. 정식으로는 소개장에 자신의 명함(business card)을 첨부하여 우편으로 부친 후 지정된 일시에 방문한다. 그렇지 않고 직접 가지고 갈 때는 방문처에서 사람이 나오면 자신의 이름을 밝히고, 명함과 소개장을 건네고 안내를 받도록 한다. 이 때 반드시 노크를 하고 "Come in."하는 말이 있은 후 들어가도록 한다. 문을 닫을 때는 정식으로 몸을 뒤로 돌아 문을 닫지 않고 손만 뒤로 내밀면서 닫으면 좋은 매너가 못된다. 최근에는 "Please come in without response of your knock.(노크시 대답이 없어도 들어오십시오)"라는 푯말을 문에 붙여 놓는 사무실도 있다.

4) 용건이 끝나면

용건이 끝나더라도 정식으로 방문한 이상, 바로 일어서는 것보다 1~2분 동안 천천히 용건 외의 화제로 대화를 나누다가 자리를 뜨는 것이 자연스럽다. 한편 대화 중에 시계를 보는 것은 매너에 어긋난다.

손님과 작별시에는 만날 때와 같이 다정하여야 한다. 손님은 "Thank you for sharing time for me.(시간을 내 주셔서 감사합니다)"라고 인사를 하며, 가령 주인이 직후에 회의가 있다고 할 때는 "I hope I haven't detained you from your meeting.(저 때문에 회의참석이 늦지 않기를 바랍니다)"라는 한 마디를 덧붙이는 것도 좋을 것이다.

자리를 뜰 때의 인사말은 "It's been nice meeting you.(뵙게 돼 즐

거웠습니다)"라거나 "It's nice talking to you.(좋은 말씀 나누었습니다)"라는 말로 자리에서 일어서면 주인은 "The pleasure was all mine.(뵙게 돼 오히려 제가 즐거웠습니다)"으로 화답한다.

사무실 방문 6가지 체크 포인트

사무실을 방문하기로 결정되면 가급적 빨리 시간 약속을 한다.
이를 실현시키는 과정에서 확인해 볼 사항을 열거한다.

1) 사전 연락으로 재확인한다

약속한 날이 오래된 경우 당일 하루 전에 전화로 재확인하는 것이 안전하다. 그간 상대의 상황 변경이 있을 수 있기 때문이다. 특히 유의할 것은 약속 시간이다. 전화로 시간을 정할 때 7시라면 오후 7시로 간주하는 것이 보통이다. 그러나 최근에는 조찬 회동이 많아 자칫 오전 시간을 오후 시간으로 착오를 일으킬 수 있으므로 명확히 해 둔다. 항공사 같은 곳에서는 오후 2시를 '14시'로 표현하는 경우가 많아 전화로 들을 때 '4시'로 넘겨 짚는 경우도 있다.

2) 약속 일시(日時) 지정에 신경을 쓴다

시간 약속을 할 때 상대의 프라이빗 타임(private time)에 시간을 지정하는 것은 매너 위반이다. 가령 점심 직전이거나, 퇴근할 즈음 또는 주말 등을 약속 일시로 정하는 예다. 더욱이 지위가 높은 사람이나 사업상 거절할 수 없는 거래 상대가 이와 같은 일시를 정해서 만나자고 요청할 때는 제의를 받는 측은 곤혹스러워질 수밖에 없을 것이다.

3) 종교에 의한 반일 영업(半日營業), 휴일을 파악해 둔다

기독교와 불교는 토·일요일이 휴일이 되겠으나 아랍 여러 나라의 회교도에게는 목요일과 금요일이 되며, 유대교의 이스라엘 같은 나라는 금요일과 토요일이 된다. 그러므로 국제전화로 외국 인사에게 어포인트먼트를 요청할 때는 이와 같은 현지의 공휴일을 사전에 체크해야 할 것이다.

4) 상대방의 사정을 위주로, 자기 입장만으로 정하지 않는다

어포인트먼트를 요청하는 사람은 자기의 필요에 따라 사람을 만나기 위하여 시간 약속을 제의하는 것이므로 상대의 시간과 사정이 우선 고려되어 약속 일시를 지정함은 당연하다 하겠다. 그런데도 일부 "내일 오후 2시에 찾아 뵙고 싶은데 괜찮겠습니까?"라고 아예 시간을 정해서 오는 경우가 많다. 정상적인 시간 약속의 제의는 먼저 시간을 지정하지 않고 만나고 싶은 날만을 제시한 후 만나고 싶은 용건을 말한다. 가령 "내일 뵙고 싶은데 어느 시간이 좋겠습니까?"라고 물은 후에 상대가 제의해 온 시간이 자신의 스케줄에 맞지 않을 때는 "죄송합니다만 그 시간은 제가 선약이 있습니다. 다른 편리한 시간이 없겠습니까?"로 선약을 들어 거절하고 재협의를 하면 될 것이다.

5) 방문 시간에 늦지 않도록 대비한다

방문 시간에 사무실에 도착하기란 쉬운 일이 아니다. 요즈음 시내 교통 사정이 좋지 않기 때문이다. 그렇다고 교통 체증을 이유로 '늦은 도착'을 변명할 성질도 아니다.

약속 시간을 지키지 않으면 시간 관념이 강한 구미인에게는 신뢰감을 잃은 결과가 되며 그것 자체가 상대에게 실례가 된다. 그러므로 시간 여유를 갖고 미리 근처 커피 숍이나 쉬는 곳에 가서 시간을 보낸 후 2~3분 전에 도착되도록 사전에 대비한다. 외국에 가서 외국 인사를 만날 때는 어포인트먼트가 있는 직전 후의 다른 스케줄을 여유있게 짜서 직전 스케줄의 지연으로 중요한 약속 시간을 어기거나, 반대로 이후의 다른 약속 시간에 연쇄적으로 영향을 미치지 않도록 해야 할 것이다.

6) 시차, 서머 타임을 고려한다

한국의 국내에서는 시차(時差) 문제가 없어 우리의 일상 생활에서 미처 생각을 못하는 수가 있다. 그러나 유럽을 비롯한 미국 같은 나라에서는 같은 국내에서조차 시차가 생기므로 가령 샌프란시스코에서 일을 보고 뉴욕으로 가서 사람을 만날 때는 이와 같은 시차를 고려해서 스케줄을 편성해야 한다.

또한, 구미 사회에서는 시간 약속이 멀리는 몇 개월 전, 가깝게는 일주일 전에 성립한다. 그렇기 때문에 서머 타임의 실시 여부에 관해서도 사전에 체크해 두어야 할 것이다.

사무실 방문 영어표현

1) 비서의 손님맞이
비서 : Good afternoon. May I help you?
손님 : Yes, my name is John Smith. I have an appointment with Stanley at 4 o'clock.

2) 사장실에서의 인사
사장 : Come in, please. Have a seat.
손님 : My name's is John Smith. I'm glad to meet you.
사장 : Nice to meet you, Mr. Smith.

3) 용무가 끝나면
사장 : It was a pleasure to meet you.
손님 : The pleasure was all mine.

3
국제 비즈니스 감각

같은 직함이라도 나라에 따라 직무가 다르다

외국인으로부터 명함을 받아 들고 보면 직함만을 보고 그 사람이 회사 내에서 어느 정도의 결정권을 갖느냐를 예측하기가 어렵다. 왜냐하면 프레지던트는 한국 사회에서는 최고 결정권자의 직함으로 쓰이나, 유럽이나 중동 여러 나라에서는 창업자나 그 가족이 갖는 명예직으로 폭넓게 붙여져 업무상으로는 별로 실권이 없는 직함이기 때문이다.

우리의 생각으로는 부사장 직함으로 직위가 높을 것같이 보이나 그렇지 않다. 바이스 프레지던트는 미국 사회에서는 대단히 폭넓게 사용되고 있다. 심지어 은행 창구 여직원(은행의 금전출납계를 teller라고 한다) 바로 뒤에 앉아 있는 과장이나 대리도 이런 타이틀을 갖고 있을 정도다.

1) 의사 결정자의 직함

미국 사회에서는 제너럴 매니저(general manager)나 디렉터(director) 또는 이규제티브 바이스 프레지던트(executive vice president)라는 타이틀을 가진 사람들이 회사내에서 의사 결정자가 되고 있다. 디렉터는 지시자를 말하며, 매니저는 관리자, 이규제티브는 집행자를 뜻하나 그 중 영국에서는 디렉터하면 회사에 이사직을 가지면서 회사내 집행 부서 책임자가 되어 미국에서의 디렉터보다 높은 직위가 된다.

최근 미국의 비즈니스, 특히 금융계에서는 이전 같으면 이규제티브 바이스 프레지던트라는 직함을 가지나 최근에는 부사장급으로 매니징 디렉터란 타이틀을 많이 쓰고 있다. 영국에는 같은 직함이지만 사장급을 의미하는 직위로 영미간에 약간 차이가 있다. 영국을 비롯하여 영국의 구식민지 국가에서는 사장을 프레지던트라 하지 않고 매니징 디렉터라고 하는데 이 직책은 일상 업무를 경영 관리하는 최고 책임자를 의미하고 있으나, 미국의 월 스트리트에서는 한 급 낮은 부사장급으로 부르고 있는 것이 다르다.

또한 이 직함을 일본에서는 상무취체역으로 쓰고 있으며 전무로 승진해도 영문으로는 그대로 이 직명을 쓰게 된다.

▶ *한국의 이사(理事) 호칭*

우리나라 기업들은 전국 경제인 연합회의 권장안으로 그간 기업마다 들쭉날쭉한 이사 호칭 사용에 일정한 규정을 두기로 다음과 같이 마련하였다.

이사회의 역할을 강화하기 위하여 이사회의 구성원인 등기 이사에게만 '직명/이사 ○○○'의 형태로 사용하고 집행 임원인 현행 이사와 이사 대우는 상무 또는 상무보라는 새로운 직명을 쓰도록 했다.

영문 직함도 국제적 통용 관례를 기준으로 조정하여, 바이스 프레지던트와 디렉터 등을 혼용하던 부사장 이하 임직원 직명을 바이스 프레지던트로 통일하고, 여기에 직위에 따라 이규제티브 또는 시니어 등의 접두사를 붙이도록 하고 있다.

대표 이사 표기의 경우, 경영상 최고 책임자를 지칭하는 CEO는 사장 이상에게만 부여하고 부사장 이하 대표 이사는 리프리젠터티브 디렉터(representative director)를 쓰도록 하고 있다.

그 동안 상무(managing director), 이사(executive director) 등에 사용해 왔던 디렉터는 이사회 구성원에게만 사용하고 '직명/director 또는 member of the board(MOB)'로 표기토록 하고 있다.

2) 외국의 회사내 직함

같은 회사 조직이라도 기능과 역할 분담은 한국과 미국이 다르다. 따라서 다음의 직함은 내용에서 다를 수도 있음에 유의한다.

- chairman of the board   : 대표이사 회장
- chief executive officer(CEO) : 대표이사 사장
- president   : 사장
- executive vice president   : 부사장
- chief operating officer(COO) : 업무운영 최고책임자 / 사장 또는 부사장
- director   : 이사(거의 사외 이사)
- senior vice president   : 상무급
- group vice president   : 복수 부문 담당 이사
- vice President   : 부장(사업본부장)
- second vice president   : 부부장(차장)
- corporate secretary   : 총무부장
- superintendent   : 공장장

사인은 한 가지 형태로만 사용한다

국제 사회에서는 모든 문서에는 사인(sign)으로 이루어지고 있다. 도장을 쓰고 있는 우리와 다른 점이다. 사인할 때는 풀네임으로 쓰는 것이 원칙이다. 가령 Lee와 같이 성만 사용하는 것은 관행상 틀린 것으로 실례가 된다.

그런데 우리는 사인을 다양하게 쓰고 있다. 때문에 한국인이 미국에서 큰 낭패를 본 사건도 있다. 그 사례가 많다.

▶ 사례1

 모 텔레콤은 영문 회사명을 잘못 써 브라질 이동전화 진출이 좌절된 예가 있다.

 브라질 정부는 지역 휴대폰 서비스 선정에서 사업계획서, 영문 회사명을 잘못 표기한 모 텔레콤의 입찰 자격을 박탈한 적이 있었다.

 그 회사는 사업신청서에는 회사명을 KMT CORP로, 회사 연혁을 소개하는 자격 증명서에는 KMT INC로 실수를 저질렀다. 브라질 정부는 KMT CORP와 KMT INC가 각각 다른 별개의 회사로 간주하여 실격시켰으며 같은 회사임을 증명한 한국 정보통신부 장관의 증빙 서류를 뒤늦게 제출했으나 받아들여지지 않아 결국은 브라질 시장 진출이 좌절됐다.

▶ 사례2

 약사로 취업하기 위하여 미국으로 건너가 외국 약대 학력 인정 시험을 치렀던 N씨(경기도 안산시) 등 한국인 7명이 불합격 통보를 받았다. 문제가 된 것은 시험 성적이 아니었다. 엉뚱하게도 응시 원서와 시험 답안지에 쓴 사인이 서로 달라 부정 시험 응시자로 판정 났기 때문이다. 당사자들은 평소 사인을 여러 개로 해서 어떤 식으로 썼는지 기억이 나지 않는다고 했다. 어떤 사람은 응시 원서에는 영어 필기체로 쓰고 답안지에는 인쇄체로 쓴 것 같다는 사람도 있었다.

 이와 같이 오늘날 국제 사회에서는 사인을 하나로 통일해서 사용해야 본인임을 증명할 수 있다. 해외 여행시에는 여권에 '소지자 서명난'이 있으므로 그 곳에 풀네임으로 사인한다.

영문 이름 배열은 통일한다

 우리는 영문 스펠링 관념이 약해서 부산을 Pusan으로 표기하는가 하면 Busan으로도 쓴다. 외국인이 이를 보면 Pusan과 Busan은 별개의 도시로 알게 된다. 그만큼 스펠링은 중요한 의미로 작용한다.

　골프로 명성을 올리고 있는 박세리는 성을 Pak으로 쓰고 야구로 유명한 박찬호는 Park으로 각기 표기하고 있는데 이 역시 문제가 있다. 한국인의 성씨인 박씨(朴氏)가 두 가지로 되는 꼴이 되기 때문이다.

　또한 이름의 배열도 문제가 있다. 구미에서는 성을 이름 뒤에 놓고 라스트 네임(last name)이라고 하는데, 만약 김성림(Kim Sung Rim)하면 성을 임씨로도 볼 수 있다. 이 한국 성(姓)도 한글로만 가재하면 林씨인지 任씨인지 분명치 않게 된다. 노태우(Ro Tae Woo) 대통령 시절 어느 외신은 그를 우 대통령(President Woo)이라고 타전한 예도 있었다고 한다. 만일 태우로(Tae Woo Roh)로 표기했다면 어떻게 됐을까. 한국의 이름 배열을 아는 외국인이었다면 '태 대통령'이라고 했을 가능성도 있는 것이다. 이뿐만이 아니다. 아버지는 나이가 들어 옛날 이승만 대통령이 Rhee로 썼던 것을 본받아 자신의 성을 Rhee로 썼으나 아들은 Lee로 썼다. 그러면 외국인이 볼 때 부자 관계라고는 보지 않게 되어 넌센스를 연출할 소지가 있다. 따라서 우리 식으로 성을 먼저 표기할 때는 Hong Kil-dong 식으로 많이 쓰고 있지만 아직 통일된 배열은 없다.

시차의 적응

　국제화 시대에는 지구촌을 수시로 들락거려야 하므로 시차 관념을 갖는 것이 중요하다. 시차는 영국 그리니치 표준시(GMT : Greenwich Mean Time)를 0시로 하여 지구 360도를 경도 15도마다 1시간씩 시차를 두어 동경은 빠르게, 서경은 늦게 가도록 한다. 이럴 경우 한국은 동경 1백35도로 9시가 되며, 호주 10시, 뉴질랜드 11시로 각 한 시간씩 빨라져 날짜변경선에서는 밤 12시가 된다. 이 변경선을 넘으면 그 이후에는 하루가 늦어지는 시차를 갖는다.

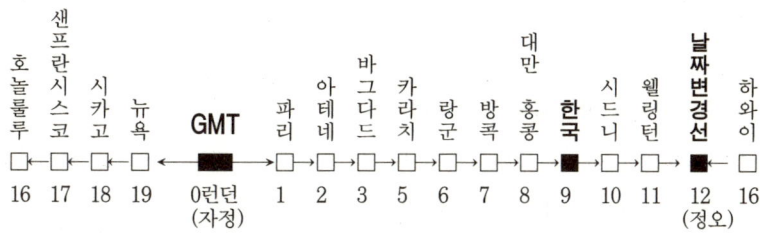

미국은 같은 나라 안에서 4시간의 시차를 가져 이스트 타임(East time) 12시(정오)일 때 센트럴 타임(Central time) 11시(오전), 모테인 타임(Moutain time) 10시(오전), 퍼시픽 타임(Pacific time) 9시(오전)로 줄어지므로 미국내에서는 방송에서 시간을 말할 때 East time ○○시 식으로 말하며, 국제적으로 관계가 있는 사항일 때는 'GMT ○○○'시라고 발표한다.

▶ *21세기 2000년의 첫 해돋이를 볼 수 있는 도시*

뉴질랜드에 있는 인구 3만5천 명이 사는 도시인 기스본(Gisborne)이 21세기 2000년의 첫 해돋이를 볼 수 있는 곳이다. 이 도시는 동경 178도에 위치하고 있다. 같은 경도에는 피지가 있을 뿐이다. 이후는 180도(날짜 변경선)가 된다.

▶ *서머 타임(daylight-saving time)*

서머 타임이란 여름날 긴 낮시간을 아껴 쓰자는 의도로 유럽 15개국에서 여름철에 한 시간씩 앞당겨 실시하고 있는 제도다. 프랑스와 중부 유럽은 그리니치 표준시보다 2시간, 영국과 아일랜드는 1시간, 그리스는 3시간 앞서 가게 된다. 그러므로 여름철에 해외 출장을 할 때는 서머 타임 실시 여부를 먼저 확인하고 스케줄을 짜야 할 것이다.

팁 관행

1) 팁(tip)은 언제 얼마나 주는가

해외 여행을 할 때 우리들에게 생소한 것 중의 하나가 팁 문제다. 팁(TIP)은 To Insure Promptness의 이니셜에서 따서 나온 말이다. 팁을 주어야 신속한 서비스를 받을 수 있다는 뜻이다. 오늘의 서구 사회는 이 팁 제도가 확립된 지 오래여서 자연스럽게 팁을 주고 받는 생활에 익숙해 있으나 우리들에게는 아직 팁 관행에 대한 경험이 없어 어느 경우에 얼마를 주어야 하는지 잘 모르고 있다.

보통 팁을 주는 경우는 다음과 같다. 다만 상대국의 국민 소득 수준에 따라 팁의 액수에 약간의 증감이 있을 수 있다.

- 호텔 벨맨이 짐을 들어 줄 때 미화 1~2달러 정도
- 레스토랑의 청구액에 10~20퍼센트 내외
- 호텔 룸 메이트가 객실을 청소해 줄 때 1박에 1~2달러 정도
- 호텔 도어맨이 택시를 불러 줄 때 1달러 정도
- 유럽에서는 극장 좌석 안내원에게 1~2달러 정도
- 택시를 탈 때 요금의 15퍼센트 내외

2) 레스토랑에서의 팁

레스토랑이 셀프 서비스일 때는 팁을 줄 필요가 없으나 레스토랑이라도 비닐 테이블 클로즈를 쓰고 있는 레스토랑은 청구액의 10%면 충분하다. 그러나 하얀 천으로 된 테이블 클로즈를 하고 있는 고급 레스토랑은 20~25%를 주는 것이 관행이다. 청구서를 보면 서비스료가 포함되어 있으면 추가로 팁을 줄 필요가 없으나 호텔내 레스토랑이라면 잔돈 정도는 팁으로 준다.

식사가 끝나면 웨이터를 불러 "Check, please"하면 계산서를 테이블로 가져다 준다. 가령 식음료대 1만3,800원에 서비스 요금 1,380원(보통

10%), 세금 2천원 합계 1만7,180원이라면 2만원권을 준다. 잠시 후 거스름 2,820원을 가져오면, 이미 청구서에 식대 요금의 10%를 서비스료로 주었기 때문에 거스름돈을 다시 팁으로 준다는 것은 많은 팁이 되므로 거슬러 온 돈 중 2천원권은 도로 갖고 잔돈만은 그대로 놓은 채 "Keep the change, please(거스름은 그대로 가지시오)"로 팁을 주는 방식을 취한다.

해외 여행시에는 이런 저런 이유로 팁을 주는 경우가 많게 되므로 이에 대비하는 뜻에서 팁 지불용으로 출국 전 미화 1달러짜리로 50달러 정도 바꾸어 두면 편리하다. 현지 화폐 단위를 잘 알 때까지는 미화는 어느 나라라도 통용되므로 팁을 미화로 준비하면 편리하다. 그렇지 않으면 현지 화폐 단위에 익숙하지 못하여 의외로 현지 화폐를 많이 주는 수도 있다. 팁 액수는 관행보다 많이 주거나 적게 주면 의미를 잃게 된다. 그러나 사장급이나 특별한 지위에 있는 사람은 받는 사람의 기대가 크므로 일반인 보다 다소 많이 주는 것이 효과적이다.

3) 세계주요국의 팁 관행

① 구미 지역 주요국별 팁 관행

국 별	호텔 레스토랑	택 시	이·미용실
오스트리아	10%	15%	10%
벨 기 에	15% 이상	임의	5~10%
덴 마 크	15%(계산서에 포함)	없음	없음
핀 란 드	계산서에 청구	없음	없음
프 랑 스	계산서에 청구되나 거스름돈 추가	15%	10~15%
독 일	(위와 같음)	10%	DEM-1~3
그 리 스	계산서에 청구되나 5~10% 추가	10%	10%
이 탈 리 아	(위와 같음)		
아 일 랜 드	계산서에 청구되지 않으면 10~15%	10~15%	10~15%
노 르 웨 이	15% 계산서에 청구	15%	15~20%
스 페 인	계산서에 청구되나 5~10% 추가	15%	없음

포르투갈	10~15% 계산서에 청구	10~15%	%10~15%
스웨덴	10~15% 계산서에 청구	10~15%	10~15%
스위스	10~15% 계산서에 청구	15%	15%
영국	계산서에 청구되지 않으면 10~15%	10~15%	10~15%
미국	계산서에 청구되지 않으면 15~20%	15%	약간
캐나다	15%	10%	10~20%

② 아시아·오세아니아 지역

국별	호텔·레스토랑	택시	이·미용실
홍콩	계산서에 청구되지 않으면 15%	10%	10~20%
말레이시아	10% 계산서에 청구	10%(임의)	10%
필리핀	(위와 같음)	없음	10%
싱가포르	공식적으로 no tipping	없음	없음
태국	10% 계산서에 청구	없음	약간
대만	10% 계산서에 청구	없음	10%
일본	계산서에 청구	임의	10%
인도네시아	10~15%	10~15%	없음
중국	공식적으로 no tipping	—	—
인도	계산서 청구외 손님 임의 추가	없음	없음
파키스탄	10% 계산서에 청구	임의	없음
스리랑카	10~15% 계산서 청구외 거스름 추가	없음	없음
쿠웨이트	계산서에 청구되지 않으면 10~15%	없음	없음
사우디아라비아	계산서에 청구되지 않으면 10~15%	없음	없음
바레인	(위와 같음)	임의	5~10%
이라크	계산서 청구외 손님 임의 추가	임의	임의
이란	(위와 같음)	임의	임의
호주	계산서 청구외 손님 임의 추가	10%	1~2 호주달러
뉴질랜드	일반적으로 no tipping	—	—

③ 남아메리카 · 아프리카 지역

국 별	호텔 · 레스토랑	택 시	이 · 미용원
아르헨티나	10%	임의	임의
브 라 질	10% 계산서에 청구	10%	10%
칠 레	10%	임의	임의
멕 시 코	15%	임의	10%
페 루	10%	10%	10%
베네주엘라	10~15% 계산서 청구외 거스름돈 추가	없음	없음
케 냐	계산서에 청구	없음	10~20%
이 집 트	계산서 청구외 손님 임의 추가 10% 정도		
남아프리카	계산서에 청구되지 않으면 10%	10%	10%

4. 상대국의 특성을 알자

중국인의 체면치례

　중국인이 체면을 얼마나 중시하고 있는가는 세계적으로 알려져 있는 사실이다. 상대에게 완전히 잘못이 있다고 하더라도 그들은 상대의 체면을 해치는 일이 없도록 결코 큰 소리로 나무라지 않는다.
　또한 중국인은 아주 친하게 되지 않으면 친구를 소개시켜 주지 않는다. 만일 자기가 A씨에게 소개한 사람을 후에 A씨가 좋지 않게 말하거나 불이익이 될 만한 일을 하면 그것이 자기의 체면을 잃게 하는 것으로 받아들인다. 그렇다고 A씨에게 그의 잘못을 반박하지도 않는다. 이후 A씨와의 교제는 조용히 끝나는 것이 상례다.
　상대의 체면을 상하게 하는 것은 한 사람의 친구를 잃게 될 뿐 아니라 그로 인하여 그 주변의 다른 친구에게 알려져 결국은 여러 친구간에 신뢰를 잃고 고립되는 엄청난 파급을 일으키는 것이므로 중국인들은 상대의 체면을 소중히 여기고 자신도 철저히 체면을 지키려 노력한다.
　그래서 서양인이 중국인과 상담할 때 반드시 하는 충고는 "중국인들에게 체면을 잃게 해서는 안된다"라고 한다.

일본의 '혼네'와 '다데마에'

일본인을 상대해서 말을 할 때, 그들의 말을 액면대로 받아들이는 데는 다소 문제가 있다. 일본인 사회에는 '혼네'와 '다데마에'가 있기 때문이다. 전자는 본심으로 말하는 것이고 후자는 속마음은 그렇지 않지만 꾸며서 '남 앞에 좋게 말하는' 이중 구조가 그것이다. 일본 이외의 나라 사람들이 들을 때 일본인의 말만 듣고 그들의 속마음을 알 수 없다. 예를 들면, 집에 온 손님이 점심이 가까워 오는데 돌아갈 생각을 하지 않고 있다. 마음으로 돌아갔으면 하고 있지만 손님이 자리를 뜰 기미가 안 보이면 마지 못해 한 마디 한다. "점심 시간도 가까워 오는데 오차쓰케(お茶漬け, 찬물에 말은 밥)나마 들고 가십시오"라고 권한다. 손님은 사양하고 돌아가려고 일어서는데, "그러지 마시고 점심을 드시고 가십시오"하고 다시 권하지만 손님은 떠난다. 이 말의 본심은 때가 됐으니 돌아가라는 말이다.

다시 말하면 일본인들은 남 앞에서 의례적으로 하는 '다데마에'를 듣고는 바로 그 말의 진의를 터득하는 '혼네'로 새겨 듣게 되나 그러한 문화에 익숙하지 않은 외국인은 말의 액면을 파악하는 데 어려움이 있다. 또 하나의 예를 들어본다.

한 미국인 교수가 일본에서 개최한 국제 세미나에 참석할 때 만난 일본 교수로부터 "시간이 있으면 저희 학회에서 강연을 좀 해주십시오"라는 말을 듣고 정말 자기를 초청할 의사가 있는 것으로 알고 그럴 의사가 있다는 뜻을 표했으나, 그 말은 일본 교수의 본심이 아니라 의례적으로 일본인 특유의 '다데마에', 즉 인사치레로 밝혀져 상대를 곤란하게 한 예가 있다.

해당 국명은 정확히 알아야

1) 아메리카 합중국

미국 합중국은 The United States of America이며 이의 약자가 U.S.A.이나 다시 약해서 The United States 또는 The States라고 한다. 뿐만 아니라 The U.S.A., The USA 또는 The US로 줄일 수 있다. 미국인을 총칭할 때는 The Americans가 된다.

미국 하원은 The House of Representatives이며, 상원은 The Senate라 한다. Congressman하면 국회의원을 말할 때 사용하며 특히 하원의원을 말하며 공식 타이틀은 Representative가 되나 상원의원은 Senator다.

대사의 호칭은 The American Ambassador to Korea(한국 주재 미국 대사)로 하나, 중남미에서는 혼동을 피하기 위하여 American Ambassador 대신 The Ambassador of United States to(주재국명)로 한다.

2) 대영제국

대영제국, 즉 영국의 정식 명칭은 The United Kingdom of Great Britain and Northern Irland(약어 U.K.)로 이를 줄여 The United Kingdom(연합 왕국)으로 부르는데, 이 명칭은 그레이트 브리튼과 북아일랜드를 합병한 명칭이다.

Great Britain은 England, Scotland, Wales를 포함하여 1707년 이래 지금까지 사용한 영국 이름이다. The English는 집합적으로 영국인을 일컬으나 이 때는 Scotsman, Walesman, Irishman과 구별하여 부르는 말이다. The British는 집합적 의미로 영국인이며 대영 제국의 영 연방민을 지칭한 것이다. 영국 대사는 British Ambassador라고 한다.

영국의 상원은 The House of Lords이고 국회의사당은 The House of Parliament이며, 상원의원은 Lords로 부른다. 하원은 House of Commons, 하원의원은 A Member of Parliament(약 M.P.)로 부른다.

미국 주재 영국 대사는 British Ambassador to~(~주재 영국 대사)라 표기한다.

아일랜드는 영국의 여러 섬 중 서부에 있는 섬으로, 아일랜드 공화국(the Republic of Ireland)과 북아일랜드(Northern Ireland)로 나누어진다. 아일랜드 공화국은 1937년 영국으로부터 독립, 수도는 더블린.

3) 독일 연방 공화국

독일(Deutschland)은 Germany의 독일명이며, 정식 국호는 Federal Republic of Germany다. German은 명사로 독일인, 독일의, 독일인(어)의 뜻으로 명사·형용사로 쓰이며, Germanic은 게르만 민족의 형용사다.

4) 스페인과 스위스

스페인 공화국의 스페인어명은 에스파냐(España)이다. 이는 15세기 말 이베리아 반도에서 탄생한 이스파니아(Ispania) 왕국의 이름에서 유래한다. 스위스는 독일어로는 Schweiz라 부르고 있으며, 이탈리아에서는 스뷔쩨라(Svizzers), 프랑스어로는 스위스(Suisse)다.

5) 네덜란드

네덜란드(Netherlands)는 단수·복수 양쪽 다 쓰여 네덜란드 왕국이며 수도는 암스테르담이나 정치적 중심지는 헤이그이다. 네덜란드를 홀랜드(Holland)라고도 부르며, Hollands는 네덜란드제 진(gin)술을 뜻하기도 한다. Dutch는 '네덜란드의, 네덜란드 사람'의 뜻을 갖는 형용사·명사가 되어 '네덜란드 사람'이 된다. Dutch pay, Dutch lunch하면 '각자 지불 부담, 각자 부담'을 뜻한다.

5
시간지키기 에티켓

시간의 가치에 대하여 어떤 인식을 갖고 있느냐에 따라 시간 관념이 높다, 낮다로 구분할 수 있다. 미국인은 시간을 돈과 같은 가치를 부여하여 일상 생활에서 시간 엄수(punctuality)를 중요시하고 있다. 이에 비해 시간에 가치를 부여하지 않는 국민 또는 사람들은 남방 민족에서 흔히 볼 수 있다.

따라서 시간 관념은 두 가지로 구분할 수 있는데, 모노크로매틱(mono-chromatic)과 폴리크로매틱(poly-chromatic) 시간 문화가 그것이다.

모노크로매틱과 폴리크로매틱

모노크로매틱 시간 문화란, 시간을 활용하는 데 흑백으로 구분하는 법을 말한다. 가령 업무를 보는 시간에는 시간을 집중적이며 효율적으로 사용하여 능률을 높이고, 일단 퇴근 후에는 철저하게 쉬는 형태다. 이러한 시간 관념을 갖는 문화권에 있는 사람은 회사에서 할 일을 집으로 가져와서 하는 것에 거부감을 느끼며 동시에 회사와 개인적인 업무를 혼동하지 않는다. 업무 도중에 집으로 전화를 걸어 집안일에 간섭하는 식으로 무절제한 일은 하지 않는다.

이들은 시간을 경제적으로 활용하기 위하여 업무를 일 년 단위, 월간 · 주간 · 일일 단위로 편성하여 일정을 잡은 후에 진행한다. 그러기 위해서는 무엇보다 배정된 시간을 지켜야만 가능하게 되므로 편성된 일정을 그대로 지키기 위하여 노력한다. 따라서 아무리 친한 친구라도 '지나가다가 잠깐 들렀다'는 식으로 회사를 방문하면 만나 주지 않는다. 일정에 없는 만남은 다른 일정에 영향을 주게 되어 이것이 연쇄반응을 일으켜 스케줄의 편성이 아무런 의미를 갖지 못한 결과를 초래하기 때문이다. 이와 같은 모노 타입은 미국을 비롯하여 북유럽국가 등 선진화된 국민들에게 해당한다. 하지만 지역을 떠나 개인편차도 있다.

폴리크로매틱의 경우, 시간에 가치를 두지 않는 시간 관념을 가져 업무를 '총 천연색'식이거나 '동시 다발'(同時多發)로 일처리를 한다. 지나가다 들른 친구를 자기 사무실에서 수시로 만나 사담을 나누면서 그 자리에서 결제도 한다. 이러한 시간 관념을 가진 사람들은 업무를 연간 · 월간 · 주간 · 일별로 일정을 짜나 이것은 편성이 아니라 나열에 불과하다. 즉 하나의 업무를 처리하다가 일정 외의 일을 동시에 보면서 예정대로 종결이 안되면 순연시켜 버려 모든 일정이 계획대로 되지 못하여 예측 가능이 어렵다.

이러한 시간 관념을 가진 나라는 라틴 아메리카의 나라, 더운 지방, 프랑스 일부 지역이 해당된다. 특히 프랑스 남부 지역민은 폴리크로매틱으로 시간 관념이 느슨하다. '코리언 타임'이 바로 폴리크로매틱 타임으로 우리들이 시간 관념이 없다는 것은 바로 폴리크로매틱 시간 문화 때문이다. 한국 사회가 예약 문화가 없다는 말을 듣는 것도 그 이면에는 이 폴리크로매틱 시간 관념 때문이다. 모든 일정이 정확하게 진행이 안되어 가령 부산 출장으로 비행기 좌석을 예약했다가도 갑자기 일정이 바뀌면 그 예약은 취소, 변경되게 마련이다. 갑자기 일정이 바뀐다는 것 자체가 하는 일에 계획성이 느슨하다는 뜻이며 그만큼 예측 가능성이 없다는 의미가 된다. 이와 같은 시간의 가변성을 없애려는 것이 모노크로매틱 시간 문화다.

각 국의 시간 관념 차이

1) 미국의 경우

미국인 중에는 특히 약속 시간이 정각 9시라면 1분도 늦지 않게 정각으로 지키는 사람이 의외로 많다. 군대에서도 시간 정각 지키기가 어려운데 이와 같은 사람이 미국 사회에 많다는 것은 미국인들의 시간 관념을 짐작하고도 남는다. 시간을 지키지 않는 것은 부끄러운 일, 시간을 지키지 않는 사람과는 비즈니스 상대가 될 수 없다는 의식을 미국인들이 강하게 갖고 있다는 것은 그들을 상대로 비즈니스나 사교를 하는 다른 문화권 사람들의 시간 관념도 이에 상응해야 한다는 것을 의미한다고 볼 것이다.

미국인들이 평균적으로 생각하고 있는 시간의 에티켓을 요약하면 다음과 같다.

- 남성이 여성과 시간을 약속한 경우에는 절대 늦지 않아야 한다. 더욱이 역이나 그 외 옥외에서 만나기로 할 때 여성을 기다리게 한다는 것은 비신사적으로 여긴다. 남성은 여성보다 시간 엄수가 요구되며 어떤 경우에도 약속 시간 수분 전에 도착하는 것이 상식이다.
- 젊은 사람이 연상의 사람을 만나기로 시간 약속을 했다면 시간을 엄수해야 한다. 남녀를 막론하고 하위자가 상위자를 기다리게 한다는 것은 예의가 아니다.
- 손님을 영접할 때 호스트측은 정각까지 준비를 완료해야 한다. 손

님이 집에 들어서는 데도 아직까지 준비가 덜된 모습을 보이면 단정하지 못한 것으로 보이며 그것 자체로 사회적 실격이다.
□ 국가 원수나 기타 귀빈이 임석하는 자리에는 손님이 도착하기 전에 참석자들은 의전 차원에서 정렬을 하고 있어야 한다. 또한 귀빈이 출발할 때까지 참석자들은 자리를 떠서 돌아가서는 안된다. "바쁜 일이 있어 먼저 실례하겠습니다"와 같은 경우도 안된다.
□ 극장의 로비나 음악회 장소에서 만나기로 약속했을 때는 초청자는 약속 시간 전 약속 장소에 미리 와서 초청 손님을 기다린다. 연극이나 음악회는 정각에 막을 열게 되어 있으므로 늦지 않기 위해서도 약속 시간 엄수는 필수적이다.
□ 비즈니스의 어포인트먼트는 절대로 늦어서는 안된다. 이것은 예의상의 문제가 아니라 비즈니스 성패에 영향을 줄 수 있는 문제이기 때문이다. 더욱이 비즈니스 세계에서는 하위자가 지각하는 것은 절대 허용되지 않는다.
□ 결혼식·장례식이나 또는 음악 연주회와 같은 곳에서는 정각 10분 전에 도착해야 한다. 식이 정각에 시작된다면 그 시간보다 10분 전에 도착해서 개인적인 인사나 접수 절차 등에 대비해야 한다.
□ 칵테일 파티, 리셉션 초청을 받으면 개최하는 시간내에는 어느 시간에 참석해도 실례가 안된다. 시작 정각에 도착한 것은 점잖지 못하다고 생각하는 사람이 많은 데 일리가 있는 말이다.
□ 홈 파티나 개인집에 식사 초대를 받았을 때는 초청 시간보다 5~6분 늦게 도착하는 것이 매너다. 정각에 도착하지 않는 것은 호스트측의 만일의 지각 준비에 여유를 주고자 하려는 배려 때문이다.
□ 시간을 지킨다는 것, 그 자체를 인격과 직결시켜 보려는 것이 미국인이다. 미개한 국민이 시간을 지키지 않는다고 생각하고 있으며 선진 국민은 시간 관념이 강하다는 의식이 높다.

2) 유럽의 경우

가령 스칸디나비아 여러 나라(노르웨이·스웨덴·덴마크)에서 격식을 차려야 할 만찬회의 경우 손님은 정각까지 전부 입구에 와 있다가 정각이 되면 벨을 울리는 것이 관습으로 되어 있다.

시간 엄수가 사람의 명예로 지켜지고 있다는 것을 엿볼 수 있다. 이것이 영국·스위스·프랑스에 이르면 정각에 5분 정도 늦는 것은 괜찮게 여기지만 10분 늦는 것은 부정적이다. 다시 말하면 이들 나라에서는 오후 8시라고 하면 8시에 도착하면 된다. 그러나 독일은 조금 달라 8시에 초청되면 이보다 약간 빨리 7시 55분에 도착하지 않으면 안된다.

반면 라틴계의 여러 나라들은 초청장에 기재된 시간보다 어느 정도 늦는 것은 보통으로 시간 관념이 조금 약하다는 뜻이다. 그러나 이들 나라들에서도 기재된 시간을 꼭 지켜야 할 필요가 있을 때는 English time 이라고 병기하게 된다. 그렇게 하지 않으면 8시에서 한 시간 이상 늦어져도 별로 이상할 것이 없다.

3) 라틴 아메리카, 동부 유럽, 아랍 지역

라틴 아메리카나 유럽에서도 동부 유럽국에서는 어포인트먼트를 받으면서 "5시에 그 자리에서 만납시다"라고 확약했다 하여 상대가 정각에 나오리라고 생각하는 것은 잘못이다. 이 말은 형식일 뿐, 서로 마음속으로 '내가 늦더라도 기다려 주겠지'하는 생각으로 시간을 늘이는 것이 보통이다. 이 점은 한국인의 시간 관념과 비슷한 점이 있다.

아랍 여러 나라에서는 관청에 시간 약속을 하고도 관리를 만날 수 있다고는 보장하지 못한다. 시간 약속이 제대로 기능을 발휘하지 못하는 사회이기 때문이다. 미국에서 발행한 어느 에티켓 책에서는 '이러한 나라에서는 미국식 시간은 통하지 않는다. 시간의 관념이 다르기 때문이다. 그럼에도 인내를 갖고 예의를 바르게 지키려는 마음가짐이 중요하다'라고 적고 있다.

비즈니스 런치 매너

거래처이거나 상담을 하고자 하는 대상을 만나려고 시간 약속을 하고 사무실을 방문한다면 면담 시간은 보통 20분 내외로 제한된다. 그러나 대화를 나누는 도중에 외부 전화를 받거나 중간 중간 결재하는 일에 시간을 충분히 달성하기가 어렵다.

반면 상대를 점심 자리에 초청하게 되면 그 시간 만큼 초청자의 주도 하에 거래처 또는 업무 대상 인사들과 충분한 시간과 좋은 분위기 속에서 효과적인 비즈니스를 이끌 수 있다. 이 점을 바로 비즈니스 런치가 제공해 주는 것이다.

서구의 비즈니스계에서는 이와 같은 이점 때문에 비즈니스 런치가 선호되고 있다. 비즈니스 런치는 단순히 식사 자리가 아니라 식사를 곁들이면서 어떻게 하면 초청자가 '식사 중 회의'를 잘 이끌어 갈 수 있느냐의 관점에서 첫째 신중한 준비, 둘째 사전에 계획의 수립, 셋째 레스토랑에서의 주도권 수행 등을 잘 해 나가야 한다.

효과적인 접대법

식탁에서 초청 손님에게 "술 한 잔 하실까요?"라고 말하는 것은 점잖지 못한 말이므로 술이란 표현 대신 "칵테일 한 잔 하시겠습니까?"라고 묻는 것이 품위있는 말이 된다.

웨이터가 와서 손님에게 "식전주로 무엇을 드시겠습니까?"라고 물었을 때, 만약 자신이 손님을 초청한 입장이라면 손님이 하는 주문을 웨이터를 거쳐 하게 하는 것보다 초청자가 먼저 손님을 향하여 묻는 게 좋다. 가령, "존스 씨, 무엇을 드시고 싶습니까?"라고 묻는다. 손님이 직접 종업원에게 주문을 하게 하는 것보다 초청인에게 주문하게 하고 이를 받아

웨이터에게 전하는 과정을 통해서 호스트의 역할을 적극적으로 하는 효과를 낼 수 있어 손님에게 좋은 인상을 줄 수 있다. 뿐만 아니라 그 식사 자리는 줄곧 호스트의 주도하에 이끌어가는 연출 효과도 있다.

다음으로는 피초청자 자신은 무엇을 들 것인가이다. 우리들은 보통 상대가 주문하면 "같은 것으로 주시오"라고 한다. 즉 모두가 같아야 한다는 동일체적 의식이 있어 손님과 같은 것을 주문하는 것이 예의라고 생각한다. 경우에 따라서는 양식 메뉴나 양주 종류에 대해 자신이 없어 따라 시키는 것이 무난하다고 생각하는 수도 있다. 그러나 구미인에게는 이렇듯 '같은 것'을 주문하는 것은 드문 일이며, 이를 보고 개성이 없는 사람으로 여길 수도 있다. 평소에 자신이 좋아하는 칵테일 몇 가지는 정해 놓고 언제든지 장소와 분위기를 맞추는 예비 지식을 갖추고 있는 것이 좋다. 그러나 접대 자리에서는 손님 위주로 따라 주는 것도 무방할 것이다.

테이블 대화를 이끄는 요령

식탁에서의 화제는 특히 신경을 써야 할 부분이다. 왜냐하면 점심 시간은 보통 2시간 정도인데 요리만 먹는데 드는 시간은 20분이면 충분하다. 이토록 시간이 걸리는 것은 바로 테이블 컨버세이션(table conversation)에 있는 것이다. 한국인들이 가장 애를 먹는 것이 식탁에서의 화제 빈곤이다. 이는 외국어 구사가 자유스럽지 못한 것도 이유가 되겠지만 사실은 폭넓은 상식을 갖지 못하고 있는 데서도 연유한다.

그러나 구미인들은 해박한 지식과 음악·그림·스포츠·취미·오락 등 폭넓은 상식을 구비하고 있어 식탁에서 적절한 화제로 사용한다. 심지어는 자기 집의 애완동물 사육에 대한 이야기를 나누는 대화 속에서 서로 정보를 교환하기도 한다. 우리들은 이런 정도의 말은 자질구레한 것으로 여겨 아예 화제로 생각하지 않고 보다 큰 경제 문제나 시국 문제 같은 것만이 화제가 되는 것으로 생각하다 보니 어려운 손님을 마주하는 식탁에서는 할 이야기가 없어지는 것이다.

규모가 큰 모임에서는, 식탁에서의 대화에도 순서가 있다. 회식을 하는 형식일 때는, 첫 단계로는 자신의 양쪽 옆에 앉아 있는 사람을 주로 이야기 상대를 삼는다. 한쪽 사람에만 더 많은 이야기 상대로 하면 균형 감각이 없는 사람이 되므로 양쪽을 고루 말상대로 삼아야 한다. 식사 시간이 어느 정도 무르익으면 테이블 건너편 사람과도 이야기 상대로 발전하는 것이 일반적인 순서다.

고급 레스토랑을 단골로 확보

손님 접대의 효과를 높이기 위해서는 레스토랑의 선정이 필요하다. 호스트가 손님의 기호에 맞는 레스토랑에서 접대하는 것이 접대 효과를 높일 수 있으므로 첫째 명성이 있는 레스토랑에서 접대하며, 둘째는 초청할 손님이 좋아하는 레스토랑을 선정할 수 있을 것이다. 이러한 점에서 다음 사항을 유의하면서 고급 레스토랑을 접대용으로 평소에 관리를 할 필요가 있다.

다음은 단골확보에 따른 유의 점이다.
- 전문 요리별로 시중에서 명성이 높은 고급 레스토랑을 선별한다.
- 관리차원에서 오랜만에 가지 않도록 적절하게 이용도를 조정한다.
- 지배인에게 관심을 갖고 다른 일반 손님보다 팁을 많이 준다.
- 일반 종업원에게는 교양있게 대해 주며, 이름을 기억하여 "이봐!" 하는 식보다는 이름을 불러주어 관심을 갖게 한다.
- 이용할 때마다 요리가 맛있었다는 점에 칭찬을 한다. 그 칭찬도 구체적으로 하면 효과가 높아진다.

6
종교를 통해 본 국제 감각

문화적 배경에는 종교가 큰 영향을 준다

한국인이 기독교 신자라도 그 의식 속에는 유교적 가치관이 크게 작용하는 것과 같이, 미국인이 불교 신자라고 하더라도 그 의식 역시 기독교적 가치관의 한계를 벗어날 수 없을 것이다.

한편 같은 종교라도 정치와 종교가 분리되어 있는 국가의 국민은 사고 방식·가치관·생활 양식에서 종교가 주는 영향은 그다지 크지 않다. 반면 정치와 종교가 일체가 된 국가의 국민은 일상 생활 그 자체가 종교 생활이며 사고 방식도 종교적 가치관에서 벗어나지 못한다. 전자의 경우는 기독교 문화권의 국가이며, 후자는 이슬람교 문화권 국가를 그 예로 들 수 있다.

이와 같은 맥락에서 세계의 주요 종교 생활에 관해 어느 정도 지식을 갖는다는 것은 국제 사회에서 활동하는 데 큰 도움이 된다.

주요 종교별 특성

1) 이슬람교(회교)는 '라마단'이 세계적으로 큰 행사다

이슬람(Islam)은 회교, 집합적으로 회교도의 뜻을 가진 단어이며 모슬렘(Moslem)은 이슬람교도, 회교도의 뜻이며, 같은 뜻으로 모슬렘 무슬림이라고도 한다. 아랍어로 이슬람은 평화·복종·순종을 의미하여 주로 복종에 강한 의미를 부여하고 있는 종교다.

마호메트(Muhammad)는 610년경 하늘의 계시를 받아 이슬람교를 설립하고 622년을 헤지라 원년(마호메트, 메디나로 피신)으로 삼았다. 아라비아의 예언자 마호메트는 하나님의 계시를 받아 그 가르침을 한 손에는 칼, 또 한 손에는 코란을 들고 싸움과 전도의 양면전을 폈다. 모슬렘(회교도)은 하나님을 믿고 하나님이 선지자 모호메트를 통해 계시한 것을 받아 실천하는 신자를 말한다.

알라(Allah)는 아라비아어로 '하나님'이란 뜻으로 알라신은 유일 최고의 신을 가리키는 말이다. 다시 말하면 기독교에서는 하나님을, 회교에서는 알라라고 부른다.

▶ *라마단(Ramadan)*

코란은 이슬람교의 경전으로 기독교의 성경과 같다. 이 코란에는 5가지 가르침이 있는데 신앙 고백, 매일 5번 기도 올리기, 회교력의 제9월(Ramadan) 한 달 동안에는 일출에서 일몰까지 절식(Fast, 종교적 행사로서 지정된 음식 외에는 먹지 않는 것, 즉 음식을 가려서 먹는다는 뜻), 자선 또는 십일조(소득의 10분의 1을 하나님께 바친다는 뜻)의 의무화, 육체적·경제적으로 허락된다면 평생 한 번은 메카(Mecca : 사우디아라비아의 수도, 마호메트의 탄생지로 회교의 성지) 참배 여행을 해야 한다 등이다.

회교에서 가장 큰 행사로 지내는 '라마단' 기간은 매 년 회교력으로 정

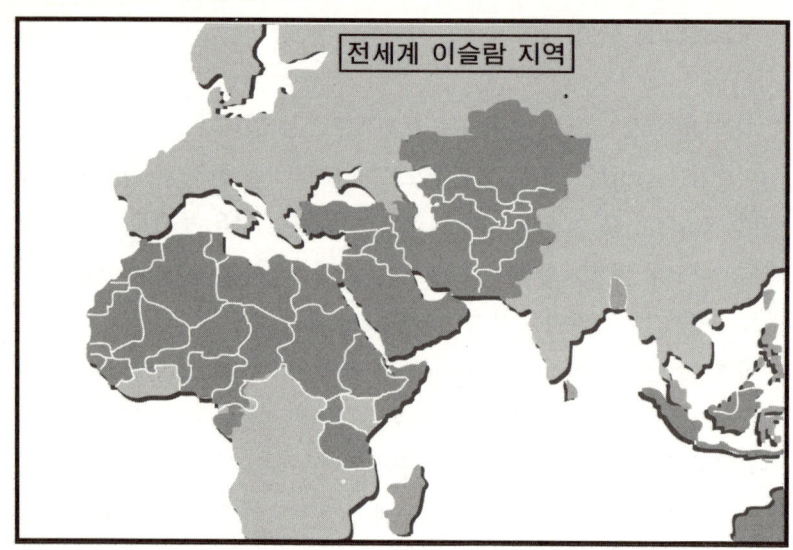

• 아프리카 · 중동을 중심으로 한 검은색 지역이 이슬람교 국가 지역.

해져 있기 때문에 우리들이 쓰는 서력으로 볼 때는 매년 바뀐다.

한편 회교에는 2대 종파가 있다. 수니(Sunni)파는 마호메트 후계자이면서 회교국가의 교주 겸 국왕(Sultan)의 칭호를 받고 있는 칼리프(Caliph)를 따르고 있다. 또 하나는 시아(Shi-a)파로 알리(Ali)를 정통 후계자로 추대하는 종파이며 알리는 마호메트의 사촌동생이자 사위다.

교세는 시아파보다 수니파가 커 전체 회교도의 90%를 차지하고 있어 아랍국가 · 아프리카 · 인도 · 인도네시아까지 널리 분포되어 있다.

반면 시아파는 주로 레바논 · 이라크 · 걸프만 연안국에 교세를 펴고 있을 뿐이다. 이 시아파는 마호메트의 후계자 '이맘'(Imam ; 회교 교주의 칭호)을 따르는 종파로 회교의 종교적 권위를 절대화하는 것이 수니파와 다르다. '이맘'이 돌연 지상에서 사라졌으나 구세자로 다시 지상에 강림할 것을 믿고 재림할 때까지 학자 집단이 '이맘'을 대리해야 한다는 교리를 갖고 있다. 그래서 '이맘'은 회교의 승(스님) 도사(道師)로 불리고 있다.

이란의 호메이니가 바로 그 대표적 지위를 가졌던 인물이다.

2) 힌두교는 인도의 민족 종교다

힌두(Hindu)는 기원전 9백년 경에 브라만교(힌두교 창시)에서 비롯된 것으로 유럽계 아리안족에 속하는 인도 사람·힌두인을 뜻한다.

힌두교(Hinduism)는 인도의 민족 종교로 민간 신앙을 받아들여 종족들이 모시고 있는 신이나 생물·무생물도 숭배한다. 힌두교는 영혼 환생설, 전생 윤회설을 신앙의 본질로 삼고 있으며, 다른 종교와 다른 것은 인도인들의 전통적으로 내려온 생활 환경에서 일어나고 있는 어려운 문제와 연계하여 종교의 관심으로 삼고 있기 때문에 마을마다 각기 독자적인 전례 방식을 갖고 있다.

3) 불교는 대승불교와 소승불교로 나눈다

불교의 성립은 기독교와 이슬람교와는 달리 장기간에 걸쳐 형성되어 온 역사적 과정을 겪었다. 불타 사후 수세기에 걸쳐 경전 성립사가 있었으며 그동안 교리 해석에서 많은 교리론이 전개되었다. 불타 사후 100년 경 교단(쌍가)이 분열하여 상좌(上座) 교파와 대중(大衆) 교파로 나누어졌다. 기원전 3세기에 이르러 쌍가는 다시 분열하여 대중교파는 11개 파로 분리되었고, 대중교파 안에서 대승불교(大乘佛敎)가 생겼으며, 상좌 교파에서 출가주의(出家主義 ; 계율주의)가 나와 소승불교(小乘佛敎)가 되었다.

대승불교는 이타주의에 의하여 널리 인간 전체의 구제를 주장하는 적극적인 불법이다. 승(乘)은 피안 '진리'를 뜻한다. 따라서 대승불교는 주로 북부 인도·중국·몽고·한국·일본 등으로 진출하여 북방 불교를 이루고 있으며 삼론종(三論宗)·법상종(法相宗)·화엄종(華嚴宗)·천태종(天台宗)·진언종(眞言宗)·선종(禪宗) 등이 이에 속한다.

소승불교는 자기의 인격을 완성함으로써 해탈을 얻고자 하는 것이 그

신앙적 특징으로 인도 남부 지역 · 스리랑카 · 말레이시아 반도 · 태국 불교가 이에 속한다.

태국은 국민의 95%가 소승불교도이며 남자는 일생에 한 번 불문(佛門)에 들어가는 관습이 있다. 태국의 승려는 여성과의 접촉을 금기시하여 물건을 주고 받을 때는 중간 사람을 거쳐 받거나 땅에 물건을 떨어뜨리는 특이한 방식을 취하는 경우도 있다.

4) 신사신도(神社神道)는 일본인들의 민족 신앙이다

신도(神道)는 일본 열도에서 일본인들이 믿고 있는 민족신앙이다. 신도(신앙)의 대표가 신사(神社 ; 진자)다. 이 신사의 기원은 두 가지가 있는데, 곡창설과, 원시 주택에서 온 사전(社殿 ; 신이 살고 있는 집)설이다.

신도는 일본 본토의 신(神)관념의 다양성을 잘 나타내고 있어 이를 유형별로 분류해 보면, 자연신(산 · 강 · 수목 · 대지 등)과 인간신(영웅 · 위인) · 관념신(노동 · 지혜) · 조상신 등이 있다.

이와 같은 신(가미사마)을 신사에 모셔 제사를 지내고 씨족 사회의 결합을 도모하는 씨신(氏神) 역시 여기에서 모시고 있다.

따라서 불사(佛寺 ; 절)는 일본인의 개인적 신앙의 장소이며 신사(神社)는 마을 전체의 정신적 결합의 중심지가 되어 지금도 일본인은 누구나 불교적 요소와 민족 신앙인 신사적 요소가 혼재하여 장례식은 불교식, 결혼식은 신도식으로 거행하고 있다. 뿐만 아니라 일본의 식탁 예절은 불교적 요소가 많은 것이 특징이다.

5) 유대교는 예수의 재림을 기다리는 종교다

유대교는 유대 민족의 종교로 현재 유대 민족을 '선택받은 민족'으로 규정하는데 유일한 근거가 되고 있는 종교다. 기원전 40년경 로마에 의하여 예루살렘 신전이 파괴당한 유대 민족은 이후부터 나라를 잃고 유랑

민으로 흩어지게 되었으나, 유일신 야곱에 선택받은 백성(신의 선민)이라는 민족의식을 한시도 잃지 않았다. 율법(구약성서를 중히 여긴다)과 탈무드를 중시하여 율법의 학습과 기도로 종교와 민족의식을 견고히 해내려오고 있는 것도 유대교의 영향이다.

유대교에서 말하는 랍비(rabbi)는 율법 박사, 법률·제식(祭式)의 여러 문제를 해결하고 결혼식에 입회하는 유대인의 스승격이다. 따라서 유대인 하면 유대 율법과 그 해설을 집대성한 책『탈무드(Talmud)』의 가르침과 랍비를 전통에 따르는 신봉자로 보고 그에 합당한 언행을 맞추어 생활하는 민족이다.

6) 기독교는 서양의 가치를 이루는 지주가 되고 있다

기원전·후경 현재의 이스라엘에서 탄생한 예수 그리스도(Jesus Christ)를 하나님의 아들로 하여 '유일신'으로 인간을 구제하러 이 땅에 태어났다는 인간 구제성의 종교다. 교리의 근본은 예수 그리스도에 의해 인간의 죄를 용서받고 나아가 사랑을 펴서 인간을 구제받는다는 데 있다.

기독교는 구약·신약을 합한『성경』을 기초로 하여 예수의 탄생·죽음·부활이 종교의 핵심이 된다.

다른 종교에 없는 '예수의 부활'은 기독교의 특징이라 할 것이다.

오늘날 구미 사회의 가치관은 기독교적 사상에 그 뿌리를 두고 있으며 세계의 선진국의 지도자나 비즈니스업계의 상위직에 있는 사람들은 기독교적 사고와 가치관을 갖고 있는 사람이 많다. 7자를 서양인이 '러키 세븐'이라고 좋아하면서 13를 싫어하는 것은 기독교의『성경』에서 나온 것임을 알 수 있다.

종교별 계율에 따른 식습관

종교상의 계율에 따라 먹어서는 안되는 금기식이 있으며 반대로 허용하는 경우가 있다. 외국 손님을 접대할 때는 종교식은 고려되어야 할 부분이다. 이외에도 일반화하기는 어려우나 나라에 따라 국민성과 식사에 대한 취향이 다를 수도 있다. 참고로 다음 것을 소개한다.

1) 이슬람교는 종교 의식에 따라 도살한 고기만 먹는다
이슬람교에서는 식물(食物)로 3가지를 구분한다(어원 ; 아랍어).
① Halal meat : 먹어도 좋은 것.
　종교 의식에 따라 도살한 동물의 고기를 의미한다. 이 종교 의식이란 도살시 기도를 하고 자격있는 종교 관련자의 감독하에 도살한 고기를 말한다. 여기에 해당되는 고기는 햄 · 베이컨 · 조개류 · 장어 등이며, 쇠고기는 굽는 정도에 신경을 쓴다. 웰던(welldone)으로 바짝 구운 고기를 먹는다.
② Haram : 절대 먹어서는 안되는 것.
　여기에 해당되는 것은 돼지고기, 죽은 동물(도살하지 않고 자연사한 동물)이다.
③ Makhru : 먹지 않는 것이 좋은 것.
　여기에 해당되는 것은 조개류 · 게 · 굴 · 새우 등으로 물에서 사는 고기이면서 껍데기가 있는 갑각류(shellfish)다.

2) 유대교는 고기와 우유 제품은 따로 떨어지게 보관한다
Kosher란 식품이 종교 율법에 맞는 것으로 동물을 도살할 때 기도를 올린 육류를 의미한다. 고기와 우유 · 치즈 · 버터 등 젖을 짜서 만든 유제품은 서로 떨어지게 간수해야 하며, 음식을 먹을 때도 한 식탁에 함께 차려 같이 먹지 않는다. 이에 해당되는 식품은 새우 · 게류, 그리고 생선은 지느러미가 있는 것이다. 유제품과 육류가 같은 식기에 놓인 요리로 치즈 버거 같은 것을 의미한다.

3) 힌두교에서는 채식주의자가 많다

쇠고기는 먹지 않으며 채식주의자가 많아 국제 회의에서도 이들을 위하여 별도로 식단을 마련한다.

국제 사회에서 활동할 때 특히 중동 지역 국가 일부, 아프리카 국가, 동남아시아 국가에서 오는 비즈니스맨을 접대할 때는 종교보다 특히 음식에 관하여 신경을 써야 한다. 식사를 접대할 때는 사전에 종교상 금기식을 물어 그에 대비하는 것이 좋다. 물론 술도 마시지 않으므로 어떤 의미에서는 비용이 가장 적게 드는 대접이 될 수도 있다.

4) 몰몬교에서는 커피 · 홍차를 마시지 않는다

몰몬교는 기독교의 분파로 본부는 미국 유다 주에 있다. 카페인이 들어 있는 식품, 즉 커피 · 홍차 · 콜라 등은 먹지 않으며, 알콜류 · 담배도 피우지 않는다.

7
세계로 가는 지름길, 언어 구사 감각

영어에도 경어가 있다

영어에 경어가 있는가. 상대에 따라 우리 말과 같은 존대말·보통말·반말과 같은 의미의 경어는 없으나 경의(敬意 ; politeness)를 표하는 말은 있다. 책을 빌릴 때 정중도가 낮은 말에서 높은 말 순으로 적어 보면 다음과 같다.

① *Lend* me this book.
② *Please lend* me this book
③ *Will you lend* me this book?
④ *Would you lend* me this book?
⑤ *Can you lend* me this book?
⑥ *Could you lend* me this book?
⑦ *Conld you possibly lend* me this book?
⑧ *I wonder if you could lend* me this book
⑨ *I was wondering if you could lend* me this book

위의 예문에서 ①은 명령조 ②는 명령조를 약화시킨 것이나 빌려 달라는 사람의 의지가 강하게 표현된 말이다. ③은 상대의 빌려 줄 의사를 물어 보는 말이며 ④는 가정을 써서 정중도를 높였다. ⑤는 가능성을 타진하고 ⑥은 가정법을 써서 정중도를 높였다. ⑦은 가정문을 좀더 조심스럽게 표현했다. 예문 중 가장 경의를 표한 말은 wonder의 사용이다. 이 단어는 '…이 아닐까 하고 생각하다'의 뜻으로 빌려 줄 사람의 빌려 줄 의사(will), 가능(can)보다는 빌려 달라는 사람이 스스로 빌려 줄 것인지를 혼자 생각하는 것이므로 이 말에는 상대가 굳이 가부를 말하지 않아도 된다는 정도로 상대를 조심하고 어렵게 꺼내는 말이다.

경어 사용의 10가지 요건

1) Would / Could를 사용한다

Would you~? / Could you~? / I would like to ~와 같이 사용하여 Would / Could는 문법상 가정법으로 상대의 기분을 존중하는 뉘앙스를 갖는다. Would / Could는 영어의 경의(敬意) 표현의 근간을 이루고 있다.

2) 상대의 의사를 여쭈는 어구를 붙인다

예를 들면 I wonder if you would.(*or* could) ~ 나 Do you think you could~? 식으로 말을 해서, 화자(話者)의 의지를 강하게 표시하는 어감을 갖지 않도록 배려한다.

3) 말을 길게 한다

"네"라는 대답은 Yes.이나 Yes, please.가 좀더 경의가 있는 말이다. 위의 Lend me this book에서와 같이 정중의 정도(Level of politeness)가 높을 수록 언어 수가 늘어나고 있다.

4) 단어를 피한다

① You're mistaken.(당신은 틀렸습니다).
② I'm afraid you are mistaken.(혹시 틀린 것은 아닙니까).
③ You seem to be mistaken.(아마 틀린 것같이 생각됩니다).

①은 상대(You)를 나무라는 듯한 말로 직접 화법이다. ②는 afraid를 써서 말을 점잖게 다듬은 말이며, ③은 비인칭 주어나 수동태로 써서 You에 직접 지칭하지 말라는 말이다.

5) 완곡 어법을 쓴다

배설·죽음·신체적 특징·능력·인종·직업 등에 관련된 말은 불쾌감을 주거나 차별적 어감을 주기 쉬운 말이므로 이를 피하기 위하여 완곡어법을 쓴다.

사용을 자제할 표현		완곡 표현
키가 작다	shorty	not too tall
뚱뚱하다	fatty	a bit overweight
한 쪽 다리가 없다	one leg	lost one leg
신체 장애자	crippled	handicapped, disabled
추하다	ugly	homely
노령자	old people	senior citizen
열등생	dumb student	slow learner
똥	dung	droppings

6) 사양·거절할 때는 No라고 말하지 않는다

초청에 대해 사양할 때는 It's very kind of you to invite us, but we are going on a trip that weekend.(저희들을 초청해 주셔서 감사합니다. 그런데 주말에는 여행하기로 계획이 되어 있습니다)와 같이 사의와 사양의 이유를 말하면 그것이 곧 No.란 말이 된다.

한편, '부정'을 말할 때는 No보다 Not really.가 부드러운 어감을 준다. 가령 백화점에서 점원이 Do you like this blue one?(블루 컬러를 좋아하십니까?)이라고 물었다면 No, I don't.(아닌데요, 좋아하지 않아요.)라고 하는 말보다 Not really로 하면 부드럽게 부정하는 식이 된다.

6) 반론은 상대 의견을 받아들인 후부터

I agree with you in a sense, but I have a more pessimistic view on the matter.(어떤 의미에서는 저도 동의합니다만, 저는 그 문제에 대해서는 다소 비판적 의견을 갖고 있습니다)와 같이 반론·비판을 하더라도 상대의 의견을 받아들인 후에 하는 것이 에티켓이다.

8) 인사나 회화 중간에 상대의 이름을 넣는다

Good morning, Mr. Johnson. 또는 I don't quite agree with you, Cathy.와 같이 상대의 이름을 말 중간에 자주 넣어 부르면서 대화를 진행하는 것이 영미인들의 일반 습관으로 정답고 친밀감이 가는 말이 된다.

9) 인토네이션이나 소리의 고저가 중요하다

미국인들이 대화할 때 '내 말 들어 봐'란 뜻으로 Listen to me를 잘 사용한다. 이 말은 억양이 높으면 따지는 듯한 의미가 포함되는 말이나 낮고 부드럽게 하면 보통 말 중간에 끼워넣는 말로 들린다. 예를 들면 팁을 줄 때 가볍게 Thank you.↑하고 you를 살짝 높여 주면 말이 경쾌하게 들리며, 진심으로 사의를 표할 때는 Thank you.↓하고 you의 억양을 내리면 감사의 뜻에 무게가 실린다.

꼭 기억해야 할 '한 마디' 영어

1) please는 매직 워드

미국 가정에서는 어린아이 시절부터 please를 쓰는 데 습관이 되도록 가정 교육을 철저히 한다. 말을 배우는 어릴 때부터 please를 써서 말하는 버릇을 들이는 것이다.

어른도 아이에게 "Michi, will you clear off the table, please?(미치, 상 좀 치워 줄래?)"라고 please.를 붙여 말하며, 식당 웨이터에게도 A glass of water, please.(물 한 잔 주시오), Shrimp cocktail, please.(슈림프 칵테일을 주시오)식으로 말한다.

2) Excuse me를 자주 사용하라

사람과 부딪칠 때는 Excuse me, Pardon me.는 같은 의미다. 이 말은 주로 미국인들이 쓰는 말이나 같은 경우라도 영국인들은 I'm sorry.를 더 빈번히 쓰고 있으며 가볍게 사과할 때는 Sorry.라고 짧게 말한다.

물론 미국인들 중에 Excuse me.의 상황에서도 I'm sorry. 혹은 Sorry.를 사용하는 경우도 있으나 엄밀히 보면 Excuse me.보다 I'm sorry.가 사과의 정도가 높은 말이다. 가령 지하철을 탔을 때 승객의 몸을 쳤다면 I'm sorry. → I'm terribly sorry.가 될 것이다.

Excuse me.의 3가지 쓰임을 보면 다음과 같다.

☐ 상대의 주의를 끄는 attention getter의 말로, 길 가는 사람에게 길을 물을 때, 먼저 Excuse me.라고 한 마디 하면 고개를 부르는 쪽으로 돌린다. 그때 길을 묻는다.

☐ 몸 접촉을 사전에 피하기 위하여 사람 사이로 지나면서 '죄송합니다'의 뜻으로 혼자 갈 때는 Excuse me. 두 사람 이상 갈 때는 맨 앞 쪽 사람이 대표로 Excuse us.라고 한다.

□ 식사할 때 화장실이나 전화를 받기 위하여 잠깐 자리를 뜰 때 '잠깐 실례하겠습니다'의 뜻으로 Excuse me. I'll be right back.이라고 한다. 굳이 화장실에 갔다 오겠다거나 전화를 걸고 오겠다고 구체적으로 말할 필요가 없다.

3) regret(유감)는 적절한 비즈니스 사과 방법

regret은 '유감'의 뜻을 가진 단어다. '유감'은 국어 사전에 '마음에 남아 있는 섭섭한 느낌'으로 풀이되어 있다.

한 마디로 regret는 '죄송하다'는 말로 사과의 효과를 내는 말이며, 이에 비해 apology는 잘못을 인정하는 말이 되어 책임을 지겠다는 의미가 함축된다. 따라서 비즈니스맨은 자신의 잘못을 인정하면서도 책임을 피하는 사과로 regret을 적절히 쓰면 좋다. 예를 들면, A회사가 제품을 주문받아 납기까지 납품을 못하게 되었다. 주문한 회사에 사과 편지를 해야겠는데 사과의 뜻으로 I'm sorry that……으로 하거나 I'd like to apology for……로 표현한다면 변상 책임이 있다는 말이 될 것이다. 이럴 때 쓰는 것이 regret이다.

"We *regret to inform you about* a delay in delivering the marchandise you ordered. I'm afraid we have been hindered with the complexity of the distribution system in this country."

(주문한 상품의 납품이 지연된 것을 유감으로 생각합니다. 당지의 유통 구조가 복잡해서 야기된 것으로…)

이탤릭체 부분(regret+부정사)은 비즈니스 레터에 쓸 때 정형 표현으로 We regret that+절로 사용하거나 We regret a delay in delivering……의 형식으로 써서 업무상 일어나는 자신의 잘못을 적절히 사과하는데 편리하다.

4) 미국인들이 즐겨 쓰는 deal(거래)

　미국인들이 비즈니스계에서 비교적 많이 사용하고 있는 단어가 deal 이다. 최근 우리 사회에서도 big deal하면서 재벌들의 구조 조정에 사용하고 있다. 이 낱말의 뜻은 명사·동사로 쓰여 거래·장사·타협의 뜻을 가져 사업가와 많은 관계를 갖고 있다.

▶ *거래 · 장사에서 쓰는 경우*
- We *deal with* contractors in many countries.
  (우리 회사는 여러 나라에 거래 계약자(거래처)를 갖고 있습니다.)
- We want to *deal with* a reliable firm.
  (우리는 신용 있는 회사와 거래를 하고 싶습니다.)
- Well, it is *a deal*!
  (자, 이것으로 타결이 다 됐습니다.)

▶ *일상 생활에서 쓰는 경우*
① How best should we *deal with* the present situation?
　(어떻게 수습책을 강구하면 좋겠습니까?)
② He's hard to *deal with*.(다루기 어려운 사람이야.)
③ *What's the deal?*(무엇 하고 있어?)
　A : What's the deal?(무엇하고 있는 거야?)
　B : Oh, hi, Bill. We're just cleaning of the closet.
　　(오, 빌 너 왔니. 찬장을 막 정리하고 있어.)

①②는 거래하기가 힘들다는 의미가 함축, ③는 예문의 대화에서 보는 것과 같이 무슨 거래가 성립(타협)되어 그 일을 하고 있다는 뉘앙스가 있다.

제3장

국제화 시대의 에티켓

에티켓이란 무엇인가
인사와 소개
호칭 에티켓
일상 생활 에티켓

1
에티켓이란 무엇인가

에티켓의 기원

 이제까지의 에티켓교본은 단편적인 것으로 '해서는 안 되는' 내용을 바탕으로 쓰여졌으나, 에라스무스가 쓴 「소년을 위한 예의서」는 체제를 갖추면서 '이렇게 하라'라는 각도에서 쓴 예의서라 할 수 있다.
 에라스무스(1466?~1536)는 로테르담에서 출생하여 프랑스 북동부 간브레의 사교(司敎)의 비서였으며, 파리 대학에서 희랍과 라틴의 고전을 공부한 바 있고 당대 사상가로서 높은 지위를 가졌다.
 에라스무스는 궁정인(宮廷人)이나 귀족과 같은 가문이 좋은 상류 사회 인사들이 세련성과 품격 높은 예절을 익히도록 교육을 담당하였으나, 시야를 좀더 밖으로 돌려 그가 지은 『소년을 위한 예의서』는 가문이 좋지 않더라도 상류 사회에 진출하고자 하는 집안의 자녀에게 예의범절을 가르칠 것을 목적으로 하였다.

프랑스의 '살롱' 문화

프랑스는 루이 14세(재위 1643~1715)가 1661년에 정치의 실권을 잡고부터 『프랑스의 예의』를 만들어 유럽의 풍속의 표준서가 되었다. 프랑스 에티켓은 루이 14세의 주변 사람들에게 엘레강스(elegance)를 어떻게 구현하느냐의 기본틀에서 만들어졌다. 이제까지 궁정사회는 남성 중심이었고 여성은 무시되었다. 루이 14세에 들어와서부터 많은 여성이 궁정에 모여서 사교의 중심으로 무대가 바뀌기 시작했다. 특히 학문을 배운 여성 명사들의 모임 장소인 살롱(salon)이 교양있는 상류층의 사교장이 되었다.

살롱은 큰 저택의 객실, 응접실, 명사들의 모임, 상류층 여성의 초대회 외에 미술품 전람회장의 뜻을 갖는 단어다.

루이 14세는 5세에 즉위하여 72년간 왕위를 차지하면서 베르사이유 궁을 비롯하여 많은 큰 건물을 짓는 등 왕권을 과시하였다. 이러한 화려한 궁정에 세련된 프랑스 예법을 심은 것은 국왕이 아니라 국왕의 어린 시절에 영향을 주었던 랑뷔에(1588~1665) 후작 부인이었다. 그녀는 예의바른 사회는 회화(會話)의 우아함이 기본이라는 것을 주장한 사람으로 예의는 바른 태도와 절도에 있다고 강조했다.

1) 살롱 문화의 시작

17세기 초 파리 시내의 훌륭한 저택에는 식당이 없었다. 랑뷔에 부인의 집은 일부를 개조하여 손님 접대용으로 '살롱'의 공간을 만들어 놓았다. 교양 있는 사람들은 매일 밤 랑뷔에 부인 집에서 최근의 미술·문학·최근의 과학분야에서 발견된 이야기, 프랑스어를 어떻게 하면 다듬을 수 있는가 등 고상한 화제를 나누었다. 이를 시발로 하여 살롱은 상류 계급 사이에서는 하나의 유행이 되었으며, 이 살롱을 중심으로 세련된 교양인이 되려는 정서가 널리 퍼지게 되었다.

2) 귀족의 에티켓 교육장이 된 베르사이유 궁

루이 14세가 베르사이유 궁으로 옮겨간 것은 1682년이었다. 왕은 젊은 시절 한 영주와 귀족의 반란을 겪은 경험이 있어 귀족들을 믿으려 하지 않았다. 정치의 요직에는 파리의 중산 계급층에서 뽑아 썼으며 반면 귀족들은 궁정에서 독행하는 의식과 예법으로 묶어 두려는 정책을 폈다. 그래서 귀족들을 베르사이유 궁이라는 새장에다 가두려고 했으므로 이들 귀족이 파리 시내에 가볼 여가조차 주지 않았다. 영주나 귀족들이 궁정 이외의 일에 흥미를 갖지 못하도록 생활 일정을 꽉 짜놓았다. 역사상 루이 14세보다 더 철저히 예의를 만든 지배자는 없다 할 것이다.

3) 부르주아의 등장

부르주아(bourgeois)란 말은 부자·유산자를 의미하는 말로 프롤레타리아(무산 계급·노동자)와 대립되는 개념이다. 본래는 라틴어의 부르구스(burgus; 도회지)에서 나온 것으로 중세 도시의 성직자, 귀족에 속하지 않은 자유민, 상공업에 종사한 중산계급을 의미한다.

18세기에 들어서서 이제까지 풍속들의 모든 유행은 베르사이유 궁에서 파리의 부유층 부르주아 사회로 넘어갔다.

몰락한 귀족은 신흥 부르주아와 돈으로 경쟁이 되지 못했다. 부르주아는 여유있는 경제력으로 과거의 신분 사회를 허물어 스스로 시민 사회의 품격을 높이는 데 관심을 갖기 시작했다.

4) 에티켓의 어원은 베르사이유 궁의 '푯말'

루이 14세가 베르사이유 궁으로 이주한 해는 1682년이었다. 루이왕은 큰 호텔과 같은 궁정을 지어 통상시에는 1천 명의 궁신(영주 포함)을 수용하였는데 많은 경우 4천 명이 모일 때도 있었다고 한다.

루이 14세 시대에 이 궁정에 큰 북과 같은 변기 264개를 설치해 화장실로 사용했으며, 변기 주위는 적색 또는 청색의 비로드천으로 가렸다.

그럼에도 변기가 가까이 없으면 궁신들은 잔디에 들어가 용변을 보았고, 그것도 귀찮으면 계단 밑에서 '실례'를 했다.

이러한 시대에 당시 궁정의 정원사였던 스코틀랜드인이 있었다. 그가 애써 가꾼 정원이 이와 같이 짓밟히고 더럽혀지므로 통로를 안내하는 '푯말'(에티켓)을 세워 놓은 것이다. 이 푯말에 처음에는 아무도 주의를 하지 않았으나 나중에는 상층부에서 푯말을 모두 지키도록 합의되어, 이후부터 '에티켓을 따라가다'라는 말이 쓰이게 되었다. 그리고 '존중한다'는 의미가 되었다. 이 말이 예의범절이라는 의미로 일반에 쓰이게 된 것은 19세기 후반 영어권에서 비롯된 것이다.

▶ *etiquette의 어원*
단어의 어원은 프랑스어 stikke(붙이다, 결합시키다)으로 영어의 티켓(ticket)은 이 말에서 나온 것으로 보고 있다. 티켓은 (차)표라는 뜻 외에 상품이나 소화물을 묶는 꼬리표라는 의미도 있다. 지금도 프랑스어로는 etiquette 하면 '예의범절'과 '꼬리표'의 두 의미로 쓰이고 있지만 영어에서는 표를 ticket으로 바꾸어 쓰고 있다.

독일어는 꼬리표를 etikett, 예의범절은 etikette로 구별해서 사용한다.

영국의 젠틀맨

1) 젠틀맨(gentleman)에 대한 영국·프랑스의 다른 시각

프랑스어의 '오네트 오므'(honnête homme)는 '정직한 사람'이라는 뜻으로 언어 자체는 영국의 gentleman(신사)과 함께 선량한 사람, 훌륭한 사람의 의미를 갖는다. 양자는 사회계급적 지위나 사물을 보는 시각이 다르다. 영국의 신사란 말은 가문을 떠나 사람의 도덕적·교양적 자격을 중요시여기고 있으나 프랑스의 신사는 출신 가문이 좋고, 궁정의 출입이 허용되고 궁정의 분위기를 잘 알고 있는 사람을 의미하고 있는 것이 다르다.

따라서 영국의 에티켓은 프랑스 혁명(1789~1799) 이후 사회 상태가 바뀌어 예절 문화가 프랑스 중심의 궁정적 예의범절이 붕괴되고, 대신 런던으로 새로운 예의범절의 무대가 옮겨지게 된 데서 비롯된다.

영국의 예절문화는 빅토리아 여왕(1837~1901)의 정신적인 영향을 받아 새로운 상류 사회 계급이 형성되고 이들에 의하여 발전의 힘을 받았다. 당시 영국은 영토를 세계로 넓혀 국력이 신장한 때로서 이들 신흥 상류 계급층은 프랑스와 같이 궁정인 중심이 아니라 정치가·실업가·학자들로 구성되어 이들 상류 인사들은 자신의 세련된 몸가짐과 고상함을 보여 타인의 존경을 받는 것을 훌륭한 신사라고 생각하였다. 이들 중 정치가로는 디스텔리, 과학자로는 다윈 등이 대표적이다.

2) 영국 젠틀맨의 덕목

젠틀맨은 영국 역사에서 볼 때 시골에 사는 귀족의 시종, 무사(yeoman)보다 작위는 없으나 가문 사용은 허용된 계층을 말한다.

이와 같은 젠틀맨은 다음과 같은 요건을 갖추어야 '신사'라는 말을 들을 수 있었다(리처드 브라스웨이트의 저서 『영국의 신사』(1630)에 수록된 사항).

- □ 훌륭한 몸가짐이란 외면적으로 예의 바른 것만이 아니라 그 사람의 도덕적인 성품을 반영하지 않으면 안된다.
- □ 신사는 좋은 가문이나 지위의 높음에 따르는 것이 아니라 사람의 장점에 의하여 나타난다. '신사적'이라고 하는 것은 사람의 의상에 의하여 되는 것이 아니라 인간의 됨됨이에서 알 수 있다.
- □ 참된 신사는 남의 눈에 나타나지 않는 은근함과 확고한 신념을 갖지 않으면 안된다.
- □ 높은 지위에 있다 하더라도 겸손한 마음을 가져야만 훌륭한 신사가 된다.

☐ 숙녀(gentlewoman)의 경우에도 신사가 되는 요건과 같으며 겸손하다는 것은 자신의 결점을 죽이는 것으로, 여성으로서의 미덕이 된다.

에티켓과 매너

사회생활에서 필요로 하고 있는 관행·관습을 형식화하여 이를 지킴으로써 사회생활이 원만하게 운영되며, 개인적으로는 교양있는 사람으로 평가받게 하는 에티켓은 다음 두 가지의 골격을 갖고 있다.

etiquette ┬ good sense(良識)
(에티켓) └ consideration for others(타인 배려)

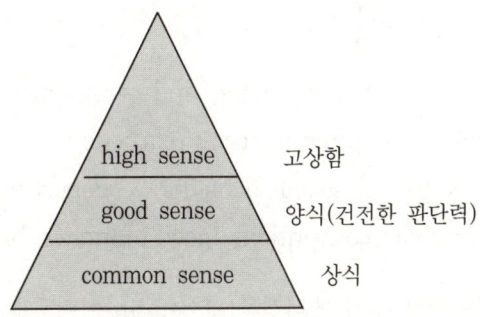

인간의 판단력(sense)은 상식과 양식으로 대별된다. 상식은 누구나 다 같이 갖고 있는 센스이나 양식은 good sense로 상식보다 한 차원 높아 '건전한 판단과 행동' (the ability to judge and act wisely)을 뜻한다. 이와 동시에 '타인을 배려하는 마음'은 조심성, 상대의 존중·존경이 이에 해당되어 에티켓은 '양식있는 사람의 타인 배려에 의한 언행을 형식화'한 것이다.

가령 지하철 안에서 휴대폰을 갖고 큰 소리로 대화하는 것 자체가 에티켓 위반은 아니다. 혼자 타고 있는 경우도 상정해 볼 수 있기 때문이다. 그러나 큰 소리로 말을 하는 것이 전철 안의 상황에 비추어 과연 적절한 것인가의 판단이 에티켓의 바탕을 이루고 있는 것이다. 양식이 없는 사람은 남을 의식하지 않고 큰 소리로 길게 대화를 할 것이나, 양식이 있는 사람은 휴대폰의 전원을 꺼 놓거나, 아니면 한가한 곳으로 옮겨가 혼자 조용히 대화할 것이다.

에티켓과 매너는 예의라는 의미로 서로 구분 없이 쓰고 있는 것이 오늘의 현실이다. 그러나 우리들은 '그 사람은 에티켓이 없어'라고 하지만 '에티켓이 나쁘다'라고는 말하지 않는 대신 '매너가 나쁘다'라고는 한다. 그러나 '매너가 없다'고 할 때는 '매너가 나쁘다'는 뜻으로 쓰여 에티켓은 '있다, 없다'로 예의의 유무를 말하게 되며, 매너는 나쁜 매너, 좋은 매너로 예의를 질적으로 평가하는 말로 쓰고 있다. 웹스터 영영사전은 다음과 같이 풀이하고 있다.

etiquette the forms, manners, and ceremonies by convention as acceptible or required in social relations…

manner ways of social behavior ; deportment, esp. with reference to polite conventions (good manners, bad manners)

위에서 본 바와 같이 에티켓은 형식(form)이며, 매너는 방식(ways)임을 알 수 있다. 가령 인사를 한다는 것은 에티켓이며 그 인사를 경망하게 하느냐 공손하게 하느냐는 매너 문제다.

한편 프로토콜은 외교의례를 뜻하는 것으로 개인간의 예의는 에티켓이라고 한다. 국가간의 예의, 즉 의례는 프로토콜로 구별하고 있다. 개인간의 예의상 마찰은 당사자의 교양 문제로 받아들이나 프로토콜상의 마찰은 외교문제가 된다는 데서 서로 다른 점이다.

동양의 예절

동양의 예(禮)를 말할 때는 그 뿌리가 되는 유교사상을 중심으로 풀어야 한다. 따라서 공자는 仁(인), 맹자는 義(의), 순자(荀子)는 禮(예)를 주장하였다.

仁은 유교의 대원리, 義는 유교의 대행정(大行程), 禮는 유교의 대형식이 된다. 그 중 순자의 예론은 사회생활의 질서를 유지하고 문화와 생산을 발전시키는 데는 하나의 제도가 필요하다고 보고 그 제도가 사회적 형식으로 곧 예가 된다. 예는 선왕이 마련해 놓은 하나의 규범이므로 예란 대형식이라고 말한다.

▶ 仁·義·禮의 포인트
仁 : 사랑의 원리가 仁. 사랑을 근원으로 하나의 질서 유지 = 大原理.
義 : 사회 현상은 선악의 대립. 의에 죽고 의에 산다. 이것이 정당한 행동
    = 大行動.
禮 : 사회 질서 유지, 문화와 생산 발전에는 제도와 격식이 필요 = 大形式.

맹자의 '맹모삼천지교'는 성선설의 대표적 일화로 널리 알려진 교훈이다. 반면 순자는 성악설을 주장했는데 논리적 근거는 인간은 원래 성품이 악하게 태어나서 후천적으로 배우지 않으면 선한 사람이 될 수 없어 동물같이 된다는 것이다. 그래서 인간답게 만들기 위하여 예(禮)를 가르쳐야 선(善)이 된다는 것이 예론의 포인트다. 그래서 순자의 사상을 예교사상·예치주의라고 부른 이유가 바로 이런 근거에서 나온 것이다. 하나의 예를 들어 본다면, 순자는 "인간은 본래 악한 성(性)을 갖고 있기 때문에 사람은 나면서부터 이(利)를 좋아하고 그렇기 때문에 싸우고 아름다운 빛을 보면 탐낸다. 나면서 성색(性色)을 좋아하기 때문에 음란해지는데 이것은 악(惡)일 뿐이다. 그대로 내버려 두면 사회는 어떻겠는가"라고 말한다.

사람은 이토록 본능이 악임에 반하여 선은 인위적인 것이다. 인위적인 일체의 윤리도덕을 불어넣어 인간 자연의 본능 안에서 변화를 일으키면 악이 선이 되는데, 이것이 곧 예를 통한 교정(矯正)으로 인위적인 선의 구현이다.

따라서 서양의 예의는 주로 귀족·상류 사회를 대상으로 품격있는 인간을 만드는 데 필요한 룰을 만들어 그 틀 안에 넣어 사람을 순화하려고 하는데 반하여, 동양의 예는 인성(人性)을 순화하여 사회 질서의 틀을 만든다. 동서양이 예문화를 통해서 얻으려는 목표가 다름을 알 수 있다.

▶ *에티켓과 비에티켓(무례)의 영어식 표현*

〈에티켓〉

polite : 예의범절을 잘 지키고 남에게 인정있게 대하는 태도 ; a polite gentleman(예절바른 신사).

civil : 최소한의 사회적 예의를 지키고 무례를 저지르지 않는 ; 시민으로서의 도리를 지키는 시민 예의.

courteous : polite보다 한층 더 인정이 있고 정중함을 나타내는 말. courtesy는 예·공손의 뜻으로 court(왕실)의 동의어.

manner : 사람의 특징적·습관적인 행동, 태도, 몸가짐. a kindly manner(친절한 태도). good manner와 bad manner로 구분한다.

gentle : 의식적으로 다른 사람에게 친절·관용을 베푸는 것.
be gentle in manners(태도가 온화한)

〈비에티켓〉

impolite : 사교상의 예의범절을 지키지 않는 ; be impolite to a guest(손님에게 예의가 아니게 굴다).

rude : 고의로 무뚝뚝하고 거만한 ; a rude fellow(예절을 모르는 사나이). / It is rude to make a noise while eating(음식을 먹으면서

소리를 내는 것은 예법에 어긋나는 짓이다).
ill-mannered : 고의가 아니고 배우지 못했거나 경험 부족으로 예의범절을 모르는 ; an ill-mannered youth(버릇없는 젊은이).
discourteous : 친절한 마음씨도 품위도 없는, 거의 rude와 같다 ; be discourteous to a lady(부인에게 무리한 태도를 하다).
uncivil : 사회인으로서 필요한 최소한의 예의마저 지키지 않은 ; be uncivil to a stranger(모르는 사람에게 막되게 굴다).

▶ *동양적 예의관—명심보감에서 발췌*

□ 예(禮)는 사회 질서의 기본 — 공자
「집안에 예(禮)가 있으므로 어른과 어린이가 분별이 있고, 규문(閨門)에 예가 있으므로 삼족(三族)이 화목하고, 조정에 예가 있으므로 벼슬이 차례가 있고, 사냥에 예가 있으므로 융사(戎事)가 숙달되고, 군대에 예가 있으므로 무공(武功)이 이루어진다」
(주) 삼족 : 부부, 부자, 형제를 뜻함. 규문 : 부녀자가 거처하는 방.
    융사 : 병사(兵事).

□ 예의 매너 「공손성」 — 순자
「조심조심하여 공손한 자세로 걷는 것은 도랑창에 빠질까 근심하는 까닭이 아니며, 목을 숙이고 조심하여 걷는 것은 이마를 부디칠까 근심하는 까닭이 아니며, 마주보고 먼저 구부리는 것은 두려워서가 아니다. 선비는 홀로 제몸을 닦으려 하되 세속 사람들의 거슬리게 하려 하지 않게 하기 위함이다.」

□ 효행에 관한 정의 — 공자
「효자의 어버이 섬김은 기거하심에는 그 공경을 다하고 봉양함에는 즐거움을 다하며, 병드신 때엔 근심을 다하고 돌아가신 때엔 슬픔을 다하며, 제사 지낼 땐 엄숙함을 다한다.」

2. 인사와 소개

인사의 효과

1) 인사만 잘 해도 성공한다

사람들이 처음 만날 때는 인사로 시작하며 헤어질 때도 작별 인사를 하는 것이 상례다. 즉 인사란 만남에서 헤어지는 데까지 있어야 하는 '알파와 오메가'다. 이와 같이 인사를 하게 되는 목적은 다음과 같은 의미를 갖는다.

① 악의나 적의가 없이 호의를 갖고 있다는 의지 표시
② 상대에게 경의를 갖고 있기 때문
③ 상대에게 감사의 뜻을 표하기 때문
④ 상대의 이해와 원조를 구하고자 할 때
⑤ 기타의 경우

이상의 5가지 항목에서 ①②는 첫 만남의 인사(greeting)이며, ③④⑤는 사의 표명시의 인사가 될 것이다. 특히 초대면시의 인사는 상대에게 자신의 첫 인상을 어떻게 갖게 하느냐에 결정적 영향을 준다.

2) 동양의 절 인사는 경(敬)을 기본으로 한다

인사할 때 기본 자세는 첫째 표정이 밝아야 하며, 둘째 공손성이 있어야 한다.

한국의 인사	일본의 인사	인사 각도
① 목 례	會釋 (에샤쿠)	15도 정도
② 보통례	敬禮 (케이레이)	30도 정도
③ 정중례	最敬禮 (사이케이레이)	45도 정도

① 목례는 복도를 서로 지날 때 만나면 고개를 약간 숙이는 정도의 인사로, 영어로는 nodding이라고 하는 인사이며 정중도가 가장 낮은 인사다. 이런 인사는 공손성에 비중을 두는 것보다 상대를 의식한다는 인사 표시에 그 의미가 있다.
② 보통례는 어디를 방문하거나 초대면할 때 하는 일반적인 인사로 의례적인 인사에 해당되며 30도 정도의 절 인사다.
③ 정중례는 어른이나 상사, 손님에게 특히 경의를 표시하는 인사로 45도의 절 인사다. 특히 정중례에서 유의해야 할 기본 동작으로는 다음과 같은 것이 있다.

  □ 딱딱한 태도가 아니라 편안하고 바른 자세를 유지한다.
  □ 공손하다는 것이 지나쳐 비굴한 태도가 되지 않도록 한다.
  □ 인사는 걸어가면서 하지 않는다.
  □ 밝은 표정으로 공손하게 한다.
  □ 머리만 숙이는 인사는 하지 않는다.
  □ 허리를 1초간 숙인 후 숙인 상태에서 1초간 멈춘다.
  □ 허리를 숙일 때보다 천천히 든다(2초간).
  □ 바로 선 후 시선은 상대를 본다.

4) 서양의 인사는 bow가 아닌 greeting이다

우리 나라에서 인사는 ① 안부를 묻거나 공경하는 뜻을 나타낼 때 하는 예(禮) ② 처음 만나 서로 이름을 주고 받으며 자신을 소개하는 경우 ③ 사람들 사이에 지켜야 할 예의 범절 등을 포괄적으로 의미하고 있다. 평교간(平交間)이라면 그저 가볍게 머리를 수그리면 된다. 하지만 아침 · 낮 · 저녁 인사가 다르고 상봉 · 이별 · 문안 · 안부 인사가 각기 다르다. 가급적 피부를 대지 않는 것도 매너다.

한편 영어에서 인사에 해당되는 단어는 greeting과 bow로 나눌 수 있다. 우리의 절 인사에 해당되는 것에 bow가 있으나 우리와 같이 허리를 구부리는 인사가 아니라 '머리를 숙이는' 정도의 절을 하거나, 특히 여성이 왕에게 하는 커티시(courtesy)는 왼발을 뒤로 빼고 가볍게 무릎을 굽혔다 펴는 인사를 하고 왕이 청한 손을 잡고 악수를 하는 인사가 있을 뿐이다. 웹스터 사전에 다음과 같이 기술되어 있다.

greet : to speak or write to with expressions of friendliness, respect, pleasure, etc, as in meeting or by letter; hail; welcome

이와 같은 의미에서 인사는 사람을 만나거나 편지에서 남에게 인사를 할 때를 뜻하는 것으로 이 때의 핵심은 우정(friendliness), 존경(respect), 기쁨(pleasure)의 표정을 담고 있어야 한다. 다시 말하면 동양식 절인사 문화는 경(敬)을 기본으로 하고 있어 공손성에 가치를 두고 있는 데 반하여 서양의 인사 문화는 친(親)에 역점을 두어 반가움을 강조함이 다른 점이다.

동서양의 인사 ⟨ 동양 → 敬(bow) → 공손 → 절 → 상하 구별
서양 → 親(greet) → 친근 → 악수 → 평등 의식

악수는 우정과 신뢰의 표현

1) 악수(shake hands)의 역사

악수는 앵글로색슨계 민족들이 자연 발생적으로 나누던 인사 방식으로 남자가 격투하고 싶지 않은 상대를 만났을 때, 우호적 관계를 맺고 싶다는 뜻으로 무기를 버리고 오른손을 내민 데서 나온 것으로 알려지고 있다. 오른손이 무기를 쥐는 손이기 때문이다.

이와 같은 악수는 산업혁명 이후 생활화의 계기가 되었다. 산업혁명의 부흥으로 상업이 발전하여 중산 계급의 남성들이 상거래가 성립되었을 때 제스처로 손을 내밀어 악수를 하게 되었다. 이것이 일상생활에 널리 확산되었고 현대에 와서는 우정과 신뢰의 심벌로서 악수할 필요가 생기게 된 것이다. 어떤 의미에서 악수는 너무 표현력이 강하기 때문에 그것만으로도 인격을 완전히 드러낸다. 선거시 후보자들의 악수 공세, 비즈니스맨의 첫 만남에서의 악수 매너가 중요하다는 것도 모두 이와 같은 뜻에서 강조되고 있다.

2) 악수할 때는 눈을 똑바로 보고 해야

미국인들의 악수는 '상대의 눈을 보면서 힘있게 하는 것'을 요구하고 있다. 손을 느슨하게 잡고 악수하는 사람이 많은데 이런 악수는 dead fish라 하여 사교에서 터브로 여기고 있으며 '아이 콘택트'(eye contact)를 하지 않으면 미국인들에게는 상대가 떳떳하지 못한 데가 있어서 시선을 돌리는 것으로 오해하므로 유의한다.

그러나 악수는 항상 힘있게 흔드는 강한 악수만이 능사는 아니며, 오히려 사교적 상황에서는 함부로 강한 악수를 하지 않는다. 리셉션에서 리시빙 라인에 있는 초청자와 파티장에서 초대면의 여성에게는 우아하고 가볍게 잡는 것이 에티켓이다. 주빈이나 호스트는 많은 사람과 악수를 해야 하며 후자는 상대가 여성이기 때문에 가볍게 잡고 악수하는 것이 자연스러운 매너가 되기 때문이다.

뿐만 아니라 악수할 때 손을 꽉 쥐고 하는 악수는 주로 미국식이며, 반면 유럽에서는 오히려 느슨하게 잡고 하는 것이 선호되고 있다. 악수 매너도 지역에 따라 다르다. 미국의 악수(yankee-style handshakes)는 느슨하게 잡는 악수(limp handshake)와 꽉 잡고 하는 악수(firm handshake)로 대별된다.

3) 악수는 상위자가 먼저 손을 내민다

악수 에티켓으로 누가 손을 먼저 내미느냐, 즉 이니셔티브(initiative)의 순위다. 원칙으로는 상위자가 이니셔티브를 하는 것이 매너이며, 보다 구체적인 순위는 다음과 같다.

선	후	비 고
여 성	남 성	• 직위가 높은 남성은 예외
상위자	하위자	• 직위는 연령을 우선한다
선 배	후 배	
연장자	연소자	
기혼자	미혼자	

4) 악수할 때 특히 주의해야 할 점

□ 상위자는 악수할 때 왼 손으로 상대의 어깨쪽을 가볍게 두드릴 수 있다. 이것을 젊은 사람이 한다면 매너 위반이다.

□ 악수할 때 왼 손으로 상대의 손을 맞잡고 굽실거리며 하는 악수는 매너 위반이다(한국인들 사이에는 상대가 연장자이면 이와 같은 악수가 보통이나 서양식 악수에서는 매너 위반이 된다).

□ 상사가 부하에게 악수할 때 상대의 어깨를 가볍게 두드리며 '당신은 나의 부하다'라는 심리적 위압을 주는 제스처는 미국의 관리자가 의식적으로 하는 동작이나 이성(異性)의 부하에 남용하면 성희롱

(sexual harassment)으로 오해받을 수도 있으므로 유의한다.
- □ 한국의 국회의원이 해외에 나가 대사관 차를 이용한 후 현지 채용 외국인 운전기사에게 수고했다며 악수를 청하는 것은 과잉 행동으로 치부될 수 있다. 계급이 다른 하위자에게 악수를 청하는 것은 언뜻 보기에는 민주적으로 보일 수 있으나 통상 구미 사회에서는 계급이 다른 인간을 무시하는 경향이 있어 이런 경우 악수를 청하지 않는다.
- □ 상대가 악수를 청할 때는 남성은 자리에서 일어나서 받는 것이 예의이나 여성은 앉은 채로 받아도 무방하다.
- □ 악수시에는 남성은 장갑을 벗고 하는 것이 매너이나 여성은 장갑을 반드시 벗을 필요는 없다.

5) 태국의 '와이'(wai) 인사법

와이(wai ; 합장이라는 뜻)는 태국 생활에서 최고의 규범으로 여기고 있다. '와이'는 인사와 함께 '고맙다'는 의사 표시다. 뿐만 아니라 존경의 표시로도 이 합장 인사를 한다. 이는 태국인의 보편화된 인사법이면서 생활 태도이며, 사회 반영의 상징이기도 하다.

우리 나라의 스님이 합장의 형식을 취하나 우리와 의미가 다른 점은 사람에 대해서만 아니라 물건에 대해서도 한다. 사람에 대해서 할 때는 하위자가 먼저 상위자에 와이를 하는데, 그 방식은 양 손으로 합장함과 동시에 머리를 숙이는데 머리가 합장한 손으로 가까이 갈 수록 존경의 도가 높아진다. 다음은 서열별 '와이'의 예절이다.

- □ 상위자가 하위자의 와이에 응할 때는 양 손을 합장하고 머리는 숙이지 않는다.
- □ 서로 같은 서열에 있는 평교 인사에는 양 손 끝이 목 근처로 올라오며, 그렇다고 코 위까지 올리지 않는다. 이런 인사는 상대의 지위를 모를 때도 하게 된다.

□ 하위자가 상위자에게 인사하는 경우로 하위자가 먼저 합장하면서 동시에 머리를 숙이는데 이 때 손 끝이 코 높이로 올라오면서 머리를 숙이게 된다.
□ 끝으로 최고의 경의를 표시하는 경우로 얼굴을 합장한 엄지손가락 근처까지 숙이면서 허리를 굽히는 인사다.

6) 러시아식 포옹 인사와 기타 인사법

절 인사, 악수 인사법 이외에도 포옹(hug) 인사법이 있다. 이는 주로 러시아와 라틴아메리카에서 볼 수 있는 인사법으로 독특한 인사법이다.

이외에도 민족에 따라 인사법이 다르다. 몇 가지 예를 들어보면 다음과 같다.

에스키모족은 서로 뺨을 치는 것이 반가운 인사법이며, 티벳인들은 자신의 귀를 잡아당기며 혓바닥을 길게 내밀어 친근감을 표시하고, 통가인들은 머리를 맞대고 두 눈을 부라리며 아래 위로 굴리고, 폴리네시아인은 콧등을 서로 비벼댄다. 그런가 하면 아프리카에서는 뺨과 발바닥을 핥거나 얼굴에 침을 뱉는 것으로 인사하는 종족들이 있다.

소개의 에티켓

1) '소개받는 사람'이 상위자

초대면으로 사람을 만날 때는 양 쪽을 아는 지인이 두 사람을 소개하는 경우와 자기가 스스로 초대면 인사에 접근하여 자기 소개(self-introduction)하는 두 가지 경우가 있다. 이 때 인사말로는 성명, 소속 회사 및 직위, 자기와의 관계(제3자 소개시)가 밝혀져야 하는데 이런 일련의 소개 인사가 끝나면 필요에 따라 명함 교환과 악수(또는 절 인사)가 따르게 된다.

여기에서 유의해야 할 것은 소개할 사람과 소개받을 사람의 순위를 어떻게 할 것인가가 포인트가 된다. 물론 자기 소개를 하는 경우는 이와 같은 문제가 일어날 수 없겠으나 3자가 인사 소개를 할 때 '난처한 입장'이 우리 주변에서 많이 경험되고 있다. 인사 소개 순위를 다음에서 본다.

~를	~에게	비 고
연소자 남 성 후 배 하위자 지명도 낮은 사람 집안 사람	연장자 여 성 선 배 상위자 지명도 높은 사람 손 님	• 직위는 연령을 우선한다. • 남성이 직위가 높으면 예외.

2) 인사 소개말은 정식과 약식이 있다.

인사 소개는 정식(formal)과 약식(informal)으로 구분된다. 이 때 중요한 것은 이름 중 본명(given name)과 성(surname)을 어떻게 부르느냐와 소개말을 정식으로 표현하느냐 약식으로 하느냐다.

▶ *정식 소개는 'I would like to introduce…'의 문형을 쓴다*

George　　: Mrs. Carr, I would like to introduce a friend of mine; Albert Douglas. Albert, this is Mrs. Elaine Carr.
Albert　　 : Pleased to meet you, Mrs. Carr.
Mrs. Carr : I've heard so much about you. Mr. Douglas.

위의 사례는 George가 Mrs. Carr와 Mr. Albert Douglas를 서로 소개하는 경우로, 다음 형식을 갖는다.

(1단계) *Mrs. Carr*① I would like to introduce *Albert Douglas*②.
(2단계) *Albert*③, this is *Mrs. Elaine Carr*④.

국제화 시대의 에티켓　127

①은 소개자가 먼저 소개받을 사람의 라스트네임만을 부르고 I would like to introduce~의 문형을 쓴다. ②는 소개할 사람은 풀네임을 다 부른다. 이어서 2단계로 ③은 다시 소개받을 사람 역시 라스트네임을 브르고 소개하는 사람의 풀네임을 교호적으로 부른다.

▶ *사람을 소개할 때는 introduce 보다 present가 정식이다*

가령 대통령에게 사람을 소개할 때는 "**Mr. President**, I have the honor to *present* **Mrs**…"라고 하여, '소개합니다'를 introduce 대신 present로 하는 것이 정식이다. 같은 맥락으로 May I present Mr.……?가 May I introduce Mr.…? 보다 정식 표현이 된다.

대통령은 다른 사람과는 달리 항상 소개를 받는 입장이 되며 결코 소개를 당하는 일은 없다. 이 말은 보통 소개자는 먼저 소개받을 사람의 이름을 불러 가령, "대통령 각하, 이 분이 Mr. A입니다"라고 하는 것으로 끝난다는 뜻이다. 통상적인 형식을 취한다면 "대통령 각하, 이 분이 Mr. A입니다. Mr. A, 이 분이 대통령이십니다"고 피소개자의 이름을 '교호적'으로 불러 준다는 점에서 예외가 된다는 의미다.

▶ *약식 소개는 이름만 불러서 소개한다*

약식 소개일 경우 이름 호칭은 정식의 경우와 같이 부르나 소개 형식은 I would like to introduce~의 문형에서 This is~ 또는 다음과 같이 이름만을 불러 소개한다.

   □ Mrs. Carr, Mr. Douglas.(카 여사, 더글라스 씨입니다.)
   □ Mrs. Carr, (*this is*) Mr. Douglas.
      (카 여사, 이 분이 더글라스 씨입니다.)

이상에서 본 바와 같이 소개받을 사람의 이름을 먼저 부르고 소개할 사람의 이름을 뒤이어 부르는 것으로 약식 소개는 끝난다.

3) 자기 소개(self-introduction)는 파티에서는 보통이다

자기 소개는 주로 파티에서 이루어지게 되는 경우가 많다. 그 외에도 상황에 따라 옆사람에게 자기 소개를 하여 서로 인사를 나눌 수 있다. 이 때 May I introduce myself? 또는 Let me introduce myself. My name is ~ 식의 인사말이 뒤따르게 되는 것이 보통이다. 예를 들면,

Let me introduce myself. My name's Hong Kil-dong.

I'm from Seoul, Korea. I'm working for ABC company.

(제 소개를 하겠습니다. ABC회사에 근무하고 있는 홍길동입니다. 서울에서 왔습니다.)

국제화 시대에 많은 외국 사람을 만나는 기회가 많아지고 있다. 이제는 누가 인사 소개를 해주기를 기다리고 있는 소극적 자세보다 자기가 먼저 접근하여 자기 소개를 함으로써 자기를 많은 사람에게 알리려는 적극적 자세가 요구된다.

명함 교환의 예의

1) 명함에는 사교용과 업무용이 있다

명함은 프랑스의 루이 14세 시대에 시작된 것으로 알려지고 있다. 당시 사교계에서 귀부인들이 자신의 이름을 카드(트럼프)에 손으로 써서 왕에게 올렸다. 이것이 이후 전용의 흰 종이에 손으로 이름을 쓰는 것으로 바뀌어 내려왔고 동판 인쇄의 명함으로 진화되어 오늘에 이르고 있다. 명함은 현대에 와서는 특히 비즈니스맨에게는 없어서는 안될 업무상 소도구의 하나다. 명함이 없는 비즈니스맨은 한 사람도 없는 것을 보아도 그 필요성을 짐작할 수 있다.

명함은 한 마디로 사교용(calling card)과 업무용(business card)으로 구별하여 세일즈맨은 업무용으로 명함을 돌리는 것이 보통이나 일반

적으로 사교에도 마치 세일즈맨 같이 명함을 돌리기 때문에 사교용과 업무용을 혼동하여 쓰므로 남용시되어 보이는 것이다.

2) Calling card는 사교용이다

사교용 명함의 사용 방법은 우리 나라에서는 잘 알려져 있지 않고 대신 업무용 명함이 일반화되어 있다. 콜링 카드에 대하여 반더빌트의 『에티켓 북』(The army vanderbilt complete book of etiquette)에 다음과 같이 기록하고 있다.

20세기 전반, 예의 바른 사교 생활에는 명함은 대단히 중요한 지참물 중 하나가 되었다. 그러나 최근들어 공식, 비공식을 막론하고 인사차 방문의 습관이 거의 없어진 현재(외교관이나 군인 사회에는 아직도 남아 있지만) 사교용 명함은 사라져 가고 있다.

따라서 서양의 일부층에서는 아직도 콜링 카드 사용의 관행을 유지하고 있으나 대다수의 사람들은 비즈니스 카드의 사용으로 대신하고 있다.

▶ *명함에 축의, 조의 메시지를 적어 보낼 경우*

예전에는 다음과 같은 경우에 명함이 사용되었다.

☐ 경조 방문시에는 접수구의 명함함에 넣고 나왔으며, 꽃다발·선물을 보낼 때 이 명함을 첨부하였다.

☐ 비공식적 파티에 초대할 때 초대장 대신에 사용하였다.

☐ 축하해 줄 때 명함의 좌측 아래에 **p.f.**라고 연필로 써 남겼다. 이는 프랑스어의 'pour féliciter to express congratulation; (축하합니다)'의 약자이며, 조문할 때는 **p.c.**(pour condoler = to offer sympathy; 조의를 표합니다)의 약자를 소문자로 써 넣었다. 이 때 연필을 사용하는 것은 본인이 전달하는 것이 예의이므로 현관 앞에서 즉석 적어 넣었다는 것을 나타내기 위함이었으나, 부부가 함께 갔을 때는 아내의 명함에 적어 넣는 것이 관행이다.

□ 이 외에 명함에 써 넣는 사연으로 다음과 같은 것이 있다.
- 소개시 — **p.p.** : pour présenter(= to present; 소개합니다)
- 문병시 — **p.p.n.** : pour prendre nouvelle
  (= to inquire; 쾌유를 빕니다)
- 이임 인사시 — **p.p.c.** : pour prendre congé
  (= to say good-bye; 작별 인사드립니다)
- 축하시 — **p.f.** : pour féliciter
  (= to express congratulation; 축하합니다)

□ 이상의 명함을 우송하거나 대리인을 통해서 보낼 때는 연필로 쓰지 않고 펜으로 썼다.

□ 이상의 표기된 명함을 받으면 답례로 곧 자신의 명함에 **p.r.**(= pour remercier)를 써서 전하는 것이 예의다.

▶ *명함 귀퉁이를 접어 사용하는 경우*

명함의 귀퉁이를 접어 말 대신 사용하는 것이 관행화되었다. 구미 사회에서는 콜링 카드를 사용하는 경우로, 본인 자신이 방문차 '다녀갑니다'라는 표시로 명함의 왼쪽 머리 귀퉁이를 접어 놓고 나온 것이 관행이었다. 명함의 왼쪽 귀퉁이를 접으면 visit의 뜻으로 '제가 다녀갑니다'의 의미가 되며, 오른쪽 귀퉁이를 접으면 félicitation으로 '축하합니다'가 된다. 같은 방법으로 오른쪽 아래를 접으면 condolence로 '조의를 표합니다' 왼쪽 아래를 접으면 congé로 '이임(離任)합니다'의 인사가 된다.

이와 같은 콜링 카드의 이름 앞에는 Mr. Dr. 또는 Miss를 써야 하고, 이름 바로 아래에는 관직명을 써 넣게 되었다.

남성의 경우는 명함에 주소를 써 넣지 않고 대신 부인의 명함에 주소를 넣는다.

인사차 방문에는 방문 상대가 부부인 경우에는 자신(방문자)의 명함 2장과 아내의 명함 1장을 합해서 3장을 남겨 놓는 것이 관례다.

▶ *약식 초대시 명함 사용 매너*

정식 초청장 대신 약식으로 초청할 때는 콜링 카드를 사용하여 부부를 식사에 초대하는 경우에는 보통 약식 초청을 하게 된다.

명함 왼쪽 아래에 일시 파티의 종류를 적어 필요에 따라서는 참석 여부의 회답을 해 달라는 뜻에서 R.S.V.P.(Rcpondez sil ous platt의 약어 : 회답을 바람)를 적어 보낼 수도 있다. 물론 콜링 카드에는 자신의 이름은 인쇄되어 있으므로 초청 사항 기재는 손으로 쓰는 것이 원칙이라 할 수도 있다.

```
Mrs. Elaine Carr

Friday
March the 6th
Tea at four o'clock
```

```
Mrs. Elaine Carr

Fri. March 6th
4:30 o'clock
Buffet Supper
```

이상과 같은 초대용 명함을 보낸 후 일정 시간이 지나 다시 초청날이 가까워지면 초청 수락 여부를 확인하는 의미에서 당초 보냈던 대로의 초청용 명함 우측 상단에 to remind라고 적어 보내면 되는데 이를 reminder card라고 한다. 비단 이 경우만이 아니라 가령 세금 납부 통지서를 보낸 후 이를 독촉할 때도 당초 통지서 사본에 이 표시를 해서 보내면 완곡하게 독촉하는 효과를 낼 수 있다.

4) Business card는 우리들이 사용하고 있는 명함이다

업무용 명함은 문자 그대로 업무와 관련되는 경우에 사용하는 것이 원칙이다. 그렇기 때문에 명함에 쓰여진 이름 소속 회사 직위를 적어 놓은 카드를 단순히 전달하는 것으로는 큰 의미가 없다.

왜냐하면 서로 헤어진 후에는 그 명함이 누구의 명함인지에 관심이 없어져 그 의의는 소멸되게 마련이다. 문제는 초대면때 상대에게 자신의

첫인상을 강하게 주어 좋은 인상을 각인시키는 것이 무엇보다 중요하다. 그런 다음에 상대편이 자연히 명함에 관심을 가져 보관하도록 하면 이 명함은 하나의 기록물로 생명이 길어진다. 명함에 필요 이상의 타이틀을 나열하여 마치 이력서 식으로 만들면 좋지 않다. 이런 명함은 오히려 나쁜 인상을 준다는 데 유의해야 한다.

그러려면 첫 인사 때 명함을 건네는 데 급급하지 말고 먼저 상대의 눈을 똑바로 보고(아이 콘택트) 힘있게 악수를 하고 간단한 인사말을 나눈 후에 명함을 건네는 것이 좋다. 즉 만나자 마자 명함부터 건네려고 급급하는 것보다 더 효과적이라는 점이다.

4) 업무용 명함을 주고 받을 때의 매너

□ 명함은 반드시 명함 지갑에서 꺼내고 받은 명함도 명함 지갑에 넣는다(명함을 호주머니에서 휴지 꺼내듯 하면 안된다는 뜻).
□ 상대의 명함을 받으면 받은 즉시 호주머니에 넣지 않는다(그렇게 하면 상대는 자신에 대한 관심이 없다는 느낌을 주게 되어 실망한다).
□ 명함은 원칙으로 하위에 있는 사람이 먼저 내는데, 이 때 오른쪽 끝을 엄지손가락과 집게손가락으로 잡고 건넨다.
□ 명함은 상위자에 대해서는 왼손으로 가볍게 받쳐내는 것이 매너이며 동위자·하위자에게는 오른손으로만 쥐고 건넨다.
□ 명함을 받으면 일단 명함에 관해서 한두 마디 대화를 건네 본다(가령 성이 같으면 본이 어디신지요라고 묻거나 일본인인 경우 한문의 발음을 물어 본다).
□ 받은 명함은 응접실 테이블 위에 올려 놓고 빨리 이름을 기억해 둔다. 상대가 복수인 때는 앉은 순서대로 명함을 나란히 놓아 이름에 착오가 없게 한다.
□ 쌍방 동시에 명함을 꺼낼 때는 왼손으로 서로 교환하고, 곧이어 오

른손으로 옮겨 쥔다.
- 스마트한 명함 교환을 위해서 사전에 명함지갑을 꺼낼 수 있도록 대비해 둔다(이 호주머니, 저 호주머니 뒤지지 않기 위함이다).

5) 외국인과의 명함 교환

　구미인은 초면 인사때 명함을 잘 주지 않는다. 파티에서 명함을 돌리는 것 자체가 주최자에 대하여 실례로 볼 정도다. 왜냐하면 명함을 콜링카드, 비즈니스 카드로 구분해서 사용하는 관행에서 본다면 파티장에서의 명함 돌리기는 후자의 경우로 간주하기 때문이다. 그러나 현실적으로 명함을 파티장에서 교환하는 것이 관례인 점에서 볼 때, 우리와 서양인 간의 명함 사용은 차이가 있다. 우리는 만나자 마자 명함을 건네 신분을 강조한다. 그러나 구미인들은 상대와 대화를 나누어 보아 차후 접촉해 볼 필요가 있다고 판단되면 대화가 끝나고 헤어질 무렵에 명함을 준다.

　서양인과 명함을 교환할 때는 반드시 오른손으로 받고 주고 한다는 데 유의한다. 구미의 전통으로는 우수신성(右手神聖), 좌수부정(左手不淨) 사상이 있기 때문이다. 또한 명함은 장갑을 낀 채 받아도 무방하다.

▶ *명함 교환시 영어 표현*

△ : Could I have your name card?(명함 한 장 주시겠습니까?)
— : Sure. Here it is.(그러시죠. 제 명함입니다.)
△ : Let me give you my name card.(제 명함을 드리겠습니다.)
— : Here's my name card.(제 명함입니다.)
△ : Thank you. Here's mine.(고맙습니다. 제 명함입니다.)
명함이 없을 때 : I'd give you mine, but I'm all out.
　　　　　　　(제 명함을 드려야겠으나 다 나가고 없습니다.)

3
호칭 에티켓

호칭의 중요성

 동양은 상대의 이름을 가급적 부르지 않고 직위나 아호를 부르는 사회인데 반해 서양은 직위 대신 이름을 부른다.
 호칭은 사교 생활에서 중요한 에티켓의 하나다. 특히 구미인을 만났을 때 이름을 어떻게 불러 주어야 좋을지 호칭 제도(address system)에 관하여 알아 보자.

 1) 서양인 이름의 구성과 호칭 관행
 영어권 국민의 이름은 본명·중간 이름·성으로 구분된다.
 첫째로 퍼스트네임(first name)은 기븐네임(given name)이라고도 하여 우리 나라의 본명에 해당되어 이름 순서상 맨 앞에 온다.
 둘째는 미들네임(middle name)으로, 중간 이름에 해당되나 우리 나라에는 없는 이름이다. 이 중간 이름은 보통 머리 글자로만 적는다.
 끝으로 라스트네임(last name)은 성(姓)에 해당하여 패밀리네임(family name) 또는 서네임(sur name)이라고 한다.

▶ *이름의 종류*

first name	middie name	last name
James	Arthur	Phillips
Dan	D.	Newton
John	F.	Kennedy

이상 3가지 이름 중에 중간 이름은 호칭할 때 생략되나 다만 편지를 쓸 때 수신인명·발신인명으로 공식 문서에서만 기록될 뿐이며, first name + last name 형식으로 부르거나 경우에 따라 이 중 하나씩 부르는 것이 관행이다.

이 밖에 크리스찬네임은 성에 대해 세례받은 이름, 즉 세례명 (baptismal name)을 말한다. 기독교 가정에서 아이가 태어나면 등록소에서 호적부에 올리고 몇 주일 후에 교회에서 세례식을 갖는데 이 때 주어진 이름이 세례명이다. 대개 성서에 나오는 인명이나 일가 친척의 이름을 따서 짓는 것이 보통이다. 그러나 비기독교 가정에서는 퍼스트네임쪽을 부르게 된다.

2) 정식 호칭과 약식 호칭

이름을 부를 때는 정식과 약식으로 구분된다. 정식 호칭은 공식 석상이나 초면 인사에서 부르며, 약식 호칭은 보통 아는 사람간에 격의 없이 부른다. (클린턴 미국 대통령의 정식 이름 : William Jefferson Clinton)

우리 나라는 친한 친구간에는 약식으로 호칭하다가 그 친구가 사회적으로 지위가 높아지면 곧 정식 호칭으로 바뀌지만 구미 사회는 우리와 정반대의 호칭 관행을 가지고 있다. 친구간에는 이름(first name)을 부르다가 가령 친구가 중앙부서 국장이 되면 '이 국장'식으로 이름에서 '타이틀 + 성'의 호칭인 공식으로 가는 것이 한국식이다.

그러나 구미 사회에서는 공식 석상이 아니고는 사생활에서는 곧 퍼스트네임으로 불러 약식 관계를 설정한다. '정식'으로 사람을 대한다는 것은 덜 친하다는 뜻이며 '약식'으로 갈 수록 친밀감을 느낀다. 특히 미국인들은 첫 인사 소개가 있고 그 자리에서 퍼스트네임을 불러 줄 것을 요구하는 경향이 있다. 그래서 미국인들은 이름으로 불러 주는 것을 선호한다. 이 말은 한국인이 외국인을 사귈 때 퍼스트네임으로 부를 정도의 친밀한 관계를 빨리 설정하는 것이 사교 효과를 높일 수 있다는 말이다.

호칭의 정식·약식의 예를 다음에 소개한다.

① formal address ; title + family(last name)

정식 호칭으로 공식 석상이나 초면 인사를 할 때 부르게 되는데 개인적으로 친밀해지면 퍼스트네임의 약식 호칭으로 서로 부르게 된다.

예 : Dr. Johnson(존슨 박사)
　　Professor Shults(쉴츠 교수)
　　Dean Schoolcraft(스쿨크래프트 학장)
　　Mrs. Newman(뉴먼 여사)

② Informal address

▶ last name only(성만 부를 때)

상위자가 하위자에게, 같은 지위자간에 부르며, 친한 사이에서도 부른다. 예 : Anderson, Smith, Pearson

▶ short first name only(닉네임을 부를 때)

모든 구미인이 다 short name을 갖고 있지는 않으나 많은 사람이 갖고 있다. 아주 친한 사이에 부른다. 예 : Sue, Barb, Pat

3) 퍼스트네임과 닉네임

퍼스트네임은 다시 쇼트 퍼스트네임(short first name)과 디미뉴티브 퍼스트네임(diminutive first name)으로 구분한다. 전자는 풀 퍼스트네임을 부르기 쉽게 음절을 단축한 것으로 보통 구면 인사간에 부르며, 디미뉴티브 퍼스트네임은 쇼트 퍼스트네임을 지소형(指小形)으로 만들어 부르는 이름이다. 어린 아이 이름의 뉘앙스를 주어 주로 부부간 또는 아주 친한 사이에 부르는 이름이다. 이런 이름들은 대개 어미 변화가 -ie, -sy, -y로 이루어지고 있다.

한편 닉네임(별명·애칭)은 크리스천네임을 단축한 약칭으로, 에드워드의 닉네임은 Ed로 쇼트 퍼스트네임이 같은 이름을 말한다.

▶ 미국 퍼스트네임의 예

	first name (full)	first name (short)	first name (diminutive)
여성 이름	Barbara Christina Jean Patricia Susan Roselyn	Barb Chris, Tina Jean Pat, Trish Sue Rose	Barb*ie* Chris*sy* Jeann*ie* Patt*y*, Patt*i* Suss*ie*, Suz*y* Ros*ie*
남성 이름	Alfred Charles David James Richard Joseph Patrick Robert	Al Chuck Dave Jim Rich Joe Pat Bob, Rob	Alf*ie* Charl*ie* Dav*y*, Dav*ie* Jimm*y* Rich*ie* Joe*y* Padd*y* Bobb*y*, Robb*y*

서양 이름의 호칭

1) 남녀가 공용으로 쓰고 있는 이름

여성·남성간 공용해서 쓰고 있는 퍼스트네임은 Chris, Pat, Bobby, Terry 등을 들 수 있다. 다시 말하면 남성 이름 Christopher의 쇼트 퍼스트네임으로 Chris를 쓰면서 여성의 Christina의 쇼트 퍼스트네임에서도 다같이 Chris로 쓰고 있는 것이 그 예다.

2) Jr. 2nd, 3rd는 이름을 자식·형제에게 물려 줄 때 쓴다

구미에서는 자신의 이름을 자식 또는 형제에게 물려 주는 관습이 있어 부자 또는 형제가 동명인 경우는 이름 끝에 Sr.(Senior)나 Jr.(Junior)를 붙여서 John Smith, Sr.와 같이 구별한다.

아버지의 이름을 물려받은 아들이 다시 자신의 아들에게도 이름(할아버지 이름)을 물려 줄 때는 3rd를, 사촌의 이름을 물려 받으면 2nd를 붙인다.

① 로마 숫자로 표기할 때는 이름 뒤에 Ⅱ, Ⅲ세 식으로 표시한다.
  예 : Mr. James Arthur Phillips Ⅱ

② junior, Jr.로 표기할 때는 junior와 같이 스펠 아웃으로 표기할 때는 소문자로 쓰며, 약자로 쓸 때는 대문자로 표기(Jr.)하고 약(略)의 표시인 종지부를 찍는다.
  예 : Mr. James Arthur Phillips junior
      James Arthur Phillips Jr.

3) 여성의 이름은 maiden name과 married name이 있다

구미에서는 여성이 결혼하면 남편의 풀네임 앞에 Mrs.를 붙이는 경우와 자기 이름에 남편의 성(last name)을 붙여 결혼 이름(married name)으로 부르는 경우가 있는데 그 쓰임은 다음과 같다.

① 미혼 여성은 결혼하면 결혼 전 이름이 없어지고 남편의 풀네임 앞에 Mrs.를 붙여 부르는 것이 보통이다. 한편 다음과 같은 경우도 있다.

② 가령 Richard Murphy라는 남성과 Elaine이라는 이름을 가진 여성이 결혼하면 maiden name(여성의 결혼 전의 성)은 없어지고 그 대

신 남편의 last name인 Murphy로 대체되어 Mrs. Elaine Murphy가 된다. 더러는 업무면에서 여성이 남편의 이름과 자신의 maiden name을 합해서 쓰고 싶을 때는 maiden name과 married name 사이에 하이픈(-)을 넣어 표기하는 부인도 있다(예 : Mrs. Janice Evans-Sloane). 한편 부부라는 말을 남이 호칭해 주는 경우(a)와 자신이 남에게 호칭하는 경우 (b)가 있다.

a. You must be Mr. and Mrs. Murphy.
   (댁은 머피 씨 부부인 것 같습니다.)
b. We'r the Murphys. Bill's parents.
   (우리들이 머피 부부입니다. 빌의 부모가 됩니다.)

위 b항은 The + 남편 last name에 복수형 s를 붙여서 가족, 부부를 뜻한다.

③ 초청장에 부부 이름을 쓸 때 Mr. and Mrs.+남편 이름의 형식으로 가령 Mr. and Mrs. Richard Murphy(리처드 머피 부부)와 같이 한다.

④ 미망인은 남편의 풀네임 앞에 Mrs.를 붙여 부르나, 사업을 할 때는 자신의 First name과 Married name 앞에 Mrs.나 Ms.를 붙인다.

⑤ 이혼녀 이름은 전 남편 이름이 남아 있는 경우에 따라 사용이 달라진다.

▶ *남편과 부인의 호칭*

남편 이름 사용의 경우		본명 사용의 경우
사업상	사교상	사업·사교 공용
Mrs. Margaret Weeks Mrs. Margaret Barkley Weeks Ms. Margaret Barkley Weeks Ms. Margaret Weeks	Mrs. Barkley Weeks	Mrs. Margaret Barkley Ms. Margaret Barkley Miss Margaret Barkley

⑥ 남편의 타이틀을 부인은 사용하지 않으며, 가령 남편의 타이틀이 Dr. Judge로 남편과 함께 불릴 때는 다음과 같다.
 Dr. and Mrs. Robert E. Adams
 Judge and Mrs. Irving Levey
⑦ 학위를 가진 여성은 이름 앞에 이를 표기하여 주며, 다음과 같은 경우는 호칭에 차이가 있다.
  • 부부가 같은 학위가 있을 때
    Dr. John Williams and Dr. Mary Williams
    Drs. John and Mary Williams
    Dr. and Mrs. John Williams
  • 부인은 학위가 있고 남편이 학위가 없을 때
    Mr. and Mrs. John williams
    Dr. Mary Williams and Mr. John Williams
    Dr. Mary and Mr. John Williams

경칭

1) 경칭은 나라에 따라 다르다

프로토콜 중에서도 경칭(an honorific)은 상당히 까다롭다. 경칭(titles, correct forms of address)에 대하여는 일반 에티켓에서는 상식과 임기응변의 판단에 의존하는 경우가 많다. 비록 규격화가 되었다 하더라도 경칭을 붙이는 방법에는 나라에 따라서 약간씩 다르다. 대신(大臣)이라고 하면 어느 나라의 대신이나 다 His Excellency라 붙여 불러 주는 것이 아니라 영국 총리는 The Right Honourable을 쓴다. 만약 옛날 영국 총리에게 편지를 보낼 때는 예를 들어 마거릿 수상의 경우 Her Excellency Mrs. Margaret Thatcher라고 부르지 않고, The

Right Honourable Margaret Thatcher라고 하는 것이 옳다.

관행상 사기업의 사장이나 고문에는 이러한 경칭을 사용하지 않으나, 과거 공직에 있었던 전직 장관, 퇴직 대사에는 의례상 His Excellency 를 붙여 부르는 것이 관례다.

2) 경칭에는 정식, 약식, 구어 호칭이 있다.

경칭에 대해서는 크게 나누어 다음과 같이 구분할 수 있다.

① *정식 수신인 경칭(formal address, official address, business address)* : 공식 문서 서한의 경우에 사용하는 경칭.
② *약식 수신인 경칭(informal address, social address)* : 일반적인 문서의 경우에 사용하는 경칭.
③ *구어(口語)의 호칭(speaking address)* : 말을 할 때 본인을 향하여 부르는 경칭.
④ *회화 중에 언급(reference)* : 본인이 자리에 없을 때 그 사람을 언급할 때의 어법.
⑤ *소개(introduction)* : 다른 사람이나 대상에 대하여 소개할 때 부르는 경칭.
⑥ *좌석표(place card)* : 좌석표를 기술할 때 사용하는 표기 호칭.

이상의 6가지 유형에서 정식 또는 약식 수신인 경칭 사용에는 봉투의 표기, 편지의 인사란과 경구란(敬具欄)에서 경칭을 어떻게 표현하는가가 문제가 된다.

3) Mr. Mrs. Ms.의 사용 용례

① **Mr.** : 일반인 사이에서 널리 사용하고 있는 경칭이다. Mr.는 mister의 약자이며, …씨 …선생 …님 …군 …귀하로 남성 이름 앞에 붙여 부르며, 복수형은 Messrs다.

이 밖에 Mr.를 붙여 경칭을 사용하는 예로는 Mr. President.

(대통령 각하), Mr. Speaker.(국회의장 귀하), Mr. Chairman.(의장 귀하)가 있으며, 이름을 모르는 사람에게 여보세요라는 뜻으로 쓰여 What time is it now, mister?(여보세요, 지금 몇 시죠?) 등이 있다.

▶ *한국의 경칭*
한국의 경칭으로는 다음과 같은 것이 있다.

폐하(陛下) : 황제나 황후를 높여 일컫는 말이다. 옛날에 천자를 높이는 말로 陛는 대궐 섬돌 폐자이며 '대궐 섬돌 밑'이라는 뜻으로 직접 천자에게 상주(上奏)하지 않고 대궐 섬돌 아래에 있는 근신(近臣)을 통해서 상주함에서 나온 말이다.
전하(殿下) : 왕이나 왕비 등 왕족을 높여 일컫는 경칭.
성하(聖下) : 가톨릭에서 교황을 높여 일컫는 경칭.
각하(閣下) : 높은 지위에 있는 사람에 대한 경칭으로, 閣은 누각 각으로 누각의 아래라는 뜻. 우리 나라에서 대통령, 군대에서 장군을 부르는 경칭.
귀하(貴下) : 편지 등에서 상대방을 높여 그 이름 밑에 쓰는 말이다. 귀중(貴中)은 편지나 물품 등을 보낼 때 받는 쪽의 기관이나 단체 이름 밑에 쓴다.
(예 : 동대문 구청장 귀하, 동대문 구청 귀중)

② Mrs. Miss Ms. : 여성에게 붙이는 경칭으로 Mrs.는 기혼 여성 앞에 붙여 쓰며 mistress의 약자. 복수형은 Mmes[meidaːm]이다. …(씨) 부인, …여사, …씨로 남편의 성 앞에 써서 Mrs. Jones.(존즈 씨 부인)식으로 부른다.

　　Miss는 미혼 여성에게 쓰는 경칭이나 미혼, 기혼이 분명치 않거나 결혼 경험이 있어도 현재 독신 여성에게 붙여 부를 수도 있다.
Miss만 써서 가령 Yes, Miss.(네, 그렇습니다)식으로 사용할 수도 있으나, 영국에서는 약간 저속한 표현으로 여기고 있는 경향이다.
Ms.는 Miss와 Mrs.를 합친 여성의 경칭으로, 최근에는 여성의 사회 진출이 활발해져 직장 여성들이 기혼, 미혼을 밝히기를 싫어할 때 편의

상 많이 쓰고 있다.

4) 여성이 경칭을 자신에게 직접 사용하는 경우

경칭은 남이 불러 주는 것으로 자신이 자기를 경칭하는 것은 자연스럽지 않다. 그러나 여성의 경칭은 다음과 같은 경우에는 본인이 직접 쓸 수 있다.

전화상 자신의 이름을 밝힐 때로 가령 전화를 받고 Good evening, Mrs. Zoli here.(안녕하십니까, 미시즈 졸리입니다)라고 말하는 경우와 상대에게 자기 이름을 소개할 때 가령 I am Mrs. Young-Sook Kim.(김영숙입니다)이라고 말할 때는 스스로 Mrs. 등 경칭을 부르는 것이 정상이다. 여성은 기혼, 미혼을 상대에게 밝혀야 그에 합당하는 경칭을 상대가 사용하게 되므로 스스로가 기혼 여부를 밝히기 위하여 관행상 허용하고 있는 것이다. 심지어는 편지를 보낼 때 서명란에 미혼 여성은 자신의 이름 뒤에 Miss를 추가로 붙여 주어 미혼임을 밝히는 것이 관행이다.

5) madame과 sir의 용례

madame[mdm]은 부인·마님과 같이 본래는 귀부인에 대한 호칭으로 프랑스에서 사용하여 영어의 Mrs.에 해당되는 경칭이나 지금은 보통 기혼 여성에 대한 호칭으로 널리 쓰이고 있다. 구어로 ma'am[mm]을 써서 문장·문 중 또는 말 끝에 붙여 Yes, ma'am.(네, 마님)과 같이 쓰며, 보통 여성에게 '감사합니다'라고 할 때 Thank you, ma'am.이라고 한다.

sir는 님, 귀하, 각하, 선생 등의 남성에 대한 존칭어로, 점원들이 Excuse me, sir(손님, 실례합니다)로 사용된다.

영국에서는 경의 존칭으로 가령 Sir Winston Churchill(윈스턴 처칠 경)과 같이 사용한다.

그런데 sir의 사용에 유의할 것은 일반적으로 군대에서 상사에게, 서비스 종업원이 손님에게 쓰는 경우가 많으므로 그 남용에 조심해야 한다.

6) Esquire(에스콰이어)의 사용법

Esq(Esquire)는 영국의 준남작(Baronet), 훈작사(Knight) 등 신사족 이 외의 남성에게 사용하는 경칭이다. Mr.보다 더 경칭이 된다.

즉 John, Esq.(Mr. John Jones, Esq.)라고 Mr.와 같이 사용하지 않으며, 여성에게는 Esq를 붙이지 않는다. 화분을 보낼 때는 ○○Esq로 경칭하는 것이 정중하고 격이 높은 인상을 준다.

7) 경(卿)으로서의 sir 사용법

영국에서 sir로 부르는 대상은 준남작과 나이트 작위이며 이들은 귀족은 아니나 sir의 칭호가 허용된다. 준남작은 세습이나 나이트는 일대에 한하여 받는 영예다.

나이트에는 2가지 종류가 있다. 하나는 나이트 커맨더(knight commander, 훈장의 약문자 K.C.) 이상의 훈장을 받은 사람으로 이들에는 sir라는 경칭을 붙이고, 훈장의 약문자를 풀네임 뒤에 표시한다. 예를 들면 Sir John Smith, K.C.M.G.라고 표기한다. 또 하나는 sir의 호칭만을 받는 사람으로 나이트 베철러(knight bachelor)가 있다. 훈장의 약문자는 붙이지 않고 sir만 붙인다. 나이트 베철러는 어느 훈작사단에도 속하지 않은 최하급 훈장사다.

국제 회의장에서의 사용

1) 일반 경칭

국제 회의장에서 경칭은 일반적인 것이 Ladies and gentlemen.이다. 하지만 참석자 중 여성이 단 1명일 때라도 Lady and Gentlemen.

이라거나 그 반대의 경우 Ladies and Gentleman이라고 하지 않고 양쪽 다 복수형을 취한다.

- Your Excellency, Ladies and Gentlemen :
  Excellency(각하, 각하 부인)는 나라 또는 교회의 고관, 고위 직위자와 그 부인에 대해서, Your Excellency는 본인 앞에서 직접 부를 때에 사용하나 His(Her) Excellency는 간접의 지칭어로서 사용한다. Their Excellency는 간접으로 2인 이상일 때 부르는 경칭이다.
- Mr. President of the congress, ladies and gentlemen :
  Mr. President는 대통령을 의미하거나 시장, 학장을 의미하여 부르는 경칭으로 사용할 때는 of the congress(학회 회장)과 같이 of the~를 붙여 쓴다.
- President A, Chancellor B, President C, distinguished honorary president of the International Union of XYZ, members of the congress and invited guests : 당해 학위 회장의 A, 대학(미국의) 총장의 B, the International Union of XYZ의 회장 C와 명회회장 2인 이상, 당해 학회 회원과 초청자에 대한 인사말이다.

2) 왕족에 대한 경칭

각종 국제적 모임에서 황족이나 왕족 또는 귀족이 참석할 때는 그 경칭이 신분에 따라 여러 형태로 불린다. 가령 Imperial은 황제, 천황(Emperor) 내지 황족에 대해서 쓰며, Royal은 왕(King) 내지 왕족에 대해서, Highness(전하)는 Imperial, Royal 양 쪽 다같이 사용한다.

천황 폐하는 His Imperial Majesty, 여왕 폐하는 Her Imperial Majesty, 국왕 폐하는 His Royal Majesty, 여왕 폐하는 Her Royal

Majesty로 각각 부른다. Your ~는 직접 면전에서 부를 때 사용하고 His(Her) ~는 간접 경칭의 경우에 사용한다.

다음은 국제 행사 때 이와 같은 경칭을 사용하는 예를 소개힌다.

□ Your Imperial Highness Prince and Princess ABC, Professor D, Dr. E, distinguished guests, ladies and gentlemen: 왕자 부처가 참석할 때 이들에 대한 경칭을 Your Imperial Highness로 받고 있다. distinguished는 '저명한, 유명한' 뜻의 경의 형용사로 경칭 표현으로 널리 쓰인다.

□ Your Royal Highness the Prince of Wales, My Lords, Members of the British ABC Association, ladies and gentlemen: 영국의 황태자만은 The Prince of Wales로 부르며 이 외의 황태자는 The Crown Prince, 황태자비는 The Crown Princess라고 한다. Lord(경)는 영국의 후작, 백작, 자작, 남작, 공작, 후작의 자식, 백작의 장자, 상원의원, 대주교(archbishop), 주교(bishop)에 대한 경칭이며, My Lord의 발음은 [milɔ́rd]로 한다.

▶ *일본 왕에 대한 '호칭' 논란*

왕(王)에 대한 호칭은 나라의 특성에 따라 그 표현이 다르게 나타나나 특히 일왕(日王)에 대해서는 한일간의 미묘한 관계 때문에 그 호칭에 대해서 양국 국민간에 논란이 일어난 적이 있었다.

즉 일본의 아키히토(明仁) 일왕(日王)을 한국 정부가 천황(天皇)이라고 불러 주어야 하느냐의 문제가 그 논란의 핵심이다. 일본은 자국의 왕을 천황이라고 부르고 있음에도 불구하고 우리들은 '일왕'으로 부른 바 있다. 국내 정치권에서 외교관례상 '아키히토 일본 왕을 천황으로 공식 호칭하겠다'는 발표가 나와 이 문제는 일단락되었다. 이와 같이 결정된 배경에는 '상대국 호칭 그대로 불러 주는 것이 국제 외교 관례'라는 데 있다. 영어 호칭은 His Majesty Emperor of Japan이 된다.

3) The Honourable의 사용법

영국에서는 백작 이하의 귀족의 자녀, 여관(女官) 최고 재판관, 영 연방 제국 정부의 각 성 대신에 The Honourable을 사용하고, 미국은 공선에서 선출된 사람과 주지사·시장·각부 장관(연방 또는 주의 secretary)·상원의원·하원의원·대통령 비서관·각부 차관(under secretary)·각 부 차관보(assistant secretary)·대통령 비서관 보좌(assistant secretary of the President) 재판관(judge)·전 대통령 전 각부 장관에 사용한다.

The Honourable은 풀네임 앞에 사용하며, 서네임(성)만 있을 때는 사용하지 않는다.

① 풀네임과 같이 사용할 때

   The Honourable John Jones Smith, Secretary of State

② 직위와 같이 사용할 때

   The Honourable, The Governor of New York

Honourable에는 The를 붙이는 여부는 자유이며 구어로서는 Honourable이라고 부르지 않고 소개할 때는 풀네임에 Honourable을 붙여서 소개할 수 있다.

May I present the Honourable John Jones Smith?

(May I present the Honoruable Smith? 라고 하지 않는다.)

4) His Excellency의 사용법

His Excellency는 외국 대사에 사용하는 것이 국제적 관행이 되고 있다. 미국에서는 자국 대사에는 The Honourable을 사용하고 있다. His Excellency 뒤에는 성명이 오는 경우(a)와 직명이 오는 경우(b)가 있다. 다음에서 그 예를 들어본다.

① 외교관 호칭
  □ a의 예 : social용법
    His Excellency Mr._____,
    Ambassador of the United States of America
  □ b의 예 : official용법
    His Excellency,
    the Ambassador of the United States of America

② 부부 연명일 때
  His Excellency,
  the Ambassador of the United States of America and Mrs. Smith
여성이 대사일 때는 His 대신 Her, Mr. 대신 Mrs.로 표기한다.

4. 일상 생활 에티켓

가족 관념의 차이 — 서양의 경우

유럽 전통 사회에서는 가족이란 혈연적인 인간 관계 그 자체일 뿐, 가문을 존속시키기 위하여 양자를 들여서라도 이어가야 한다는 생각은 없다. 원래 가족이란 배우자와 자녀, 거기에 친형제로 구성된 생활 공동체로 간주하여 같은 지붕 밑에서 빵을 나누어 먹고 하나의 그릇에서 수프를 마시는 혈연적인 공동체다. 자식이라도 도시로 나가 가족 생활 공동체로부터 떨어지면 프랑스의 봉건 사회에서 프랑스 근대 사회까지는 토지 재산의 상속을 인정하지 않았다는 것만 보아도 혈연보다 공동체임을 알 수 있다.

따라서 유럽에서는 집안을 이어가고, 제사를 지낸다는 생각은 12세기 이래 지금까지 존재하지 않고 있다. 유럽 봉건 사회의 기독교는 지역 신앙으로 그 기능을 발휘하여 마을의 공동체 유지에 크게 기여하였기 때문에 가족은 이 마을 공동체 안에 매몰되었고 사회적 단위로서 적극적인 의미를 잃게 되었다.

1) 가정은 하나의 성이다

유럽인이 객차내에 있는 의자를 서로 마주보고 앉게끔 만든 것은 16~17세기의 마차 시대 이래 지금까지 남아 있다.

이는 상대의 공격 가능성을 전제로 하여 방어적 자세를 취하려고 하는 데서 나온 것이다.

이와 같이 사회적 긴장 속에서 싸워 살아 남아야 하는 유럽인은 필요에 따라 자연히 전사 문화(戰士文化)의 기틀을 마련하게 되었다.

근대 시민에게는 집은 하나의 성(城)으로 다지면서 동시에 자식들을 미래의 전사로 만드는 훈련장·도장으로 활용하기에 이르렀다. 항상 위험이 도사리고 있는 사회에서 살아 남기 위하여는 각자 전사로서 실력을 갖추어야 했으며, 그러한 전사 문화의 토양 속에서 자라온 유럽인들은 근대 사회로 이어진다. 즉 자식들은 식사 시간에 아버지와 대화를 통해서 무예를 몸에 익힌다는 정신으로 임하고 있다. 다시 말하면 아버지는 자식들을 전사로 양성시켜 전쟁터와 같은 사회에 진출할 때 살아남도록 강하게 훈련을 시켜 자립성, 독립성을 기르는 것을 교육 목표로 삼는다.

그 과정에서 아버지에 대한 반항은 인정되지 않는다. 또한 아버지와는 생활도 떨어지게 가져 레스토랑 등 외식이나 극장에도 손님을 초대해서 식사할 때도 전사(戰士) 부부(부모)만이 참가해서 즐길 자격이 있다. 자식들은 아버지의 행동 반경에 끼워 주지 않고 독자적으로 각각 행동하게 한다. 사람들 앞에서 아이를 엄하게 하는 것도 보통으로 여긴다. 전사로서의 훈련 과정으로 보기 때문이다.

이와 같이 아버지가 소년 시대의 자식에 대하여 전사 교육을 하는 데가 '집'이며, 교육 내용은 합리적 정신과 보편적 투쟁의 기술, 낯 모르는 사람과 어울려 사는 방법 등의 생활 감각을 몸에 익히는 것이다.

2) 구미 사회의 가족 관계는 부부·자녀 이중 구조

서양인들의 친자 관계는 이상에서 본 것과 같이 부부 중심이며 상대적으로 자녀들은 부모와는 별도의 독자적 영역을 형성한다. 동양은 이와는 반대로 부모와 자녀와의 관계가 밀접하게 연결된 공동생활 체계를 갖는다.

① 구미형
- 부부와 자녀와의 관계가 떨어진다. 사회생활에서 부부·자녀로 나누어 별도로 행동한다.
- 자식은 상하 랭크가 없다. 형·동생의 관념이 없고 서로 동등하게 취급한다.
- 부부가 가정의 중심이 된다. 자녀는 17세가 되면 독립해 나가는 것을 전제로 한다.

② 동양형
- 부부 관계는 자식을 매개로 연결된다. 특히 가정내에서 장남의 역할과 기대가 중요시된다.
- 자식의 부양과 교육은 가정의 존속, 번영을 위한 의무다. 부모는 가족의 발전을 자녀에게 의존한다.
- 아버지를 정점으로 가정이 운영된다. 가족에서의 아버지의 가부장적 권위는 가정 운영의 핵이 된다.

3) 가족간의 호칭은 이름으로 부른다

우리 나라에서는 형제간에 상하를 분명히 하기 위하여 이름 앞에 형, 언니, 동생 관계를 밝힌다.

그러나 구미 사회에서는 단순히 이름만으로 호칭한다. 예를 들면, 자매 중 한 사람이 어느 집에 놀러 와서 다음과 같은 대화를 했다 하자. 이들의 형제 관계를 살펴보자.

A : My sister is in town.(누이가 도심에서 살고 있습니다).
B : Which one?((자매 중) 누군데?)

A : Pam(팜이에요).

B : Pam? Let's see. Is she the older one?
(팜? 가만 있자, 팜이 언니든가?)

A : No, that's Laura. Pam is the younger one.
(아니예요, 언니는 로라예요. 팜은 제 동생인 걸요.)

B : OK. So she's in town.
(알았어. 네 동생 팜이 도시에서 산다 그 거지.)

A : Yes!(맞아요!)

우리 식으로 my elder sister, my younger brother라고 일일이 언니·동생을 밝히지 않고 각각 Laura, Pam하고 퍼스트네임으로 부르고 있는 것이 구미인들의 형제간 호칭임을 알 수 있다.

4) 친척들의 호칭은 친가, 외가 구분이 없다

한국은 친가와 외가가 분명하게 구분되어 각기 칭호가 다르다. 하지만 영어권에서는 양가를 구별하지 않는다.

	친 가	외 가	비 고
grandfather grandmother	할아버지 할머니	외할아버지 외할머니	증조부는 great-grand father이며, great가 붙으면서 1대씩 올라간다.
uncle(남) aunt(여)	백부, 숙부, 삼촌 백모, 숙모, 고모	외삼촌, 이모부 이모	부모 형제, 부모 자매 또는 그 아내.
nephew(남) niece(여)	조카 조카딸	외조카 외조카딸	조카의 아들은 grand nephew이다.
cousin(남·여)	사촌	외사촌	

5) 동서양의 가족 관계에서 본 '며느리' 관념

말은 문화를 잘 반영하고 있다. 그런 의미에서 동서양에서 며느리를 어떤 입장에서 보고 있느냐에 따라 문화의 차이를 엿볼 수 있다.

일본 사람은 며느리를 일본어로 嫁(요메)를 쓴다. 이 말은 남편에 대하여 처라는 개념보다 가부장제하의 가족 단위로 남편은 물론 시집의 친형제, 친척도 섬길 것을 기대하는 며느리의 입장을 내포하고 있다.

嫁(가)에 상당한 말은 중국어에서도 볼 수 있다. 즉 媳(식)자를 쓰고 있는데 이 역시 남편은 물론 시집 식구까지 부양 의무를 요구하고 있다. 일본의 며느리(嫁)는 한문의 뜻으로는 '시집갈 가'이며 중국의 媳은 '며느리 식'이다.

반면 구미의 언어에서는 며느리를 동양과 같은 남편의 양친에서 보는 '자식의 배우자'라는 어휘는 없다. 영어의 daughter-in-law(의리의 girl)나 독일어의 schwiegertochter(인척상의 girl의 뜻), 프랑스어의 belle-fille(사랑스런 girl의 뜻)와 같이 합성어로 나타내고 있다는 것은 어디까지나 이들 나라들은 며느리는 집(家)를 부양한다는 뜻은 없으며, 며느리를 맞이하는 남편의 양친 입장에서도 'girl · 각시 · 어린 여자아이'의 뜻으로 받아들이고 있어 서양에서는 며느리의 집안내 역할을 가족 관계로 반영하는 뜻은 없다.

6) 유럽의 가족형 분포

유럽은 지역에 따라 가족형(家族型)이 다르게 나타나고 있다. 에마뉴엘 도트가 쓴 『신유럽 대전』에서 밝힌 내용을 보면 가족형을 4가지 형태로 구분하고, 그의 유럽내 분포 사항을 다음 그림과 같이 표시하고 있다.

그 가족형의 내용으로는 다음과 같다.

직계가족형 : 부친의 권위가 절대적이며, 그 권위는 가족 중 장남 한 사람에게만 이어지는 가족형을 의미한다. 동양의 가족형과 비슷하다.

불완전 직계가족형 : 부친의 권위는 절대적이지만, 재산은 자식들에게

균등하게 배분된다.

절대 핵가족과 평등주의 핵가족형 : 핵가족에서는 부친의 권위는 약하다. 약하기 때문에 자식들은 성장하면 차차 부모로부터 떠나며 독립한다. 그 중에서도 어느 형제도 동등한 권리를 갖는 경우는 평등주의 핵가족이 되며, 특정의 한 사람에게 권리가 집중되는 경우는 절대 핵가족이 된다.

▶ *유럽대륙내 가족형 분포도*

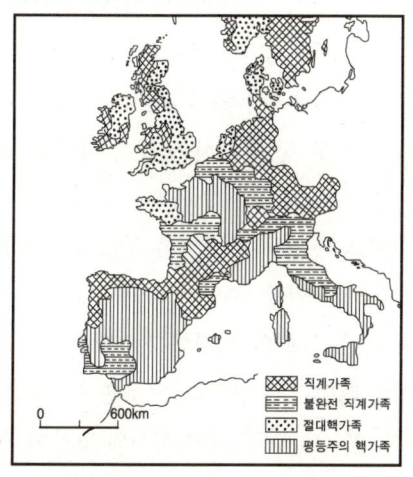

남편에 대한 아내의 역할

1) 남편에 대한 내조의 역할이 크다

유교 전통 사회에서는 가정에서 아내의 역할은 남편이 하는 일에 간섭을 하지 않고 가사(家事)와 자녀를 기르는 일만을 담당하는 데 그쳐 극히 제한적이다.

그러나 구미 사회에서는 부인의 역할은 대단히 넓고 그 기여도 또한 높다. 직장이 없는 하우스 와이프(house wife)는 단순히 가사만을 전담

하는 '살림 잘 하는 아내'라는 개념보다는, 남편이 사회적으로 지위가 높거나 경제적으로 고수입자여서 부인이 직장을 가질 필요가 없을 만큼 부유한 가정 주부가 많아, 그 대신 남편의 사회 활동에 참여하고 있어 사교 활동에 그 나름대로 일과가 바쁘다. 매일 같이 열리는 만찬회의 부부 동반 참석, 해외 출장시 동행 등 남편의 사회 활동에 간접적으로 참여함으로써 직업을 갖고 있는 주부 못지 않게 바쁜 시간을 보내게 된다. 다음은 남편에 대하여 부인의 역할 5가지를 소개한다.

① **남편·아내의 친구 개념의 공유(共有)** : 우리는 남편의 친구를 아내가, 아내의 친구를 남편이 서로 잘 알지 못한다. 그러나 구미 사회에서는 부부의 각자 친구는 부부가 공유하여 서로가 사교적 관계로 만들고 있다. 다시 말하면 부부 동반 행사가 많아 자연히 교제가 된다는 뜻이다.

② **남편 업무에 조언** : 남편의 사회적 활동에 부인은 공개적으로 협조한다. 한국은 남편이 '밖에서 하는 일'을 부인이 알 필요가 없는 영역으로 생각하나 이것과는 다른 부인의 역할이다. 미국 대통령이 주재하는 국무회의에 퍼스트 레이디가 참석하는 것은 자연스러운 것으로 국민들이 받아들이고 있으며 남편 역시 자신의 업무에 관하여 부인의 의견을 물어 서로 상의하는 것이 보통이다.

③ **부부가 가사 분담** : 우리 나라는 집안 일은 남편이 관여할 영역으로 보지 않는 대신 가사는 주부의 독자 영역이다. 그러나 구미인들은 남편도 집안 일을 일부 담당한다. 홈 파티에서는 오히려 손님 대접은 호스티스가, 호스트는 호스티스의 보조 역할을 한다.

④ **저녁 모임 부부 동반** : 디너는 사교 모임의 성격이 강하여 이와 같은 모임에는 부부 동반이 원칙이다. 뿐만 아니라 각종 사교 모임은 부부 동반이 많다. 비즈니스맨들도 해외 출장에는 부부가 가는 경우가 많다.

⑤ 별개의 경제권 : 우리는 남편의 지배하에 가계가 집행된다. 주부가 경제를 주로 주관하고 있다 하여도 어디까지나 남편의 승인이 전제가 된다. 그러나 구미인의 가계(家計)는 부부 각자의 독립된 계정이 있고 가계는 공동용이다.

필자는 주한 미군 REUNION 프로그램에 따라 열리는 칵테일 파티에 참석하였다. REUNION은 주한 미군이 미국 본토에 있는 부모, 친지를 한국 관광을 하도록 초청하는 프로그램이다. 이 프로그램에 어느 미군 장교가 장인·장모를 초청하여 부부와 함께 4명이 파티에 참석한 것이다. 필자는 그 미군 장교에게 "당신은 애처가시군요. 장인·장모를 초청했으니까요"라고 칭찬을 해 주었다. 이 말을 옆에서 듣고 있던 미군 아내는 정색을 하면서 "그건 남편이 초청한 것이 아니고 제가 초청했습니다"라고 했다. 놀라운 대답이었다. 우리는 가정내에서의 모든 결정은 남편의 이름으로 하나 서양 사람들은 다르다. 아내가 자기의 돈으로 자기의 결정하에 자기의 부모를 초청했다는 뜻을 그때서야 알 수 있었다.

2) 미국인에 직업 주부가 많게 된 사회적 배경

미국 사회에는 의외로 부부가 직장을 가진 가정이 많다. 과거에는 여성들은 가정을 지키면서 현모양처로 만족했으나 이제는 직장 여성으로의 변신이 보편화되고 있다. 이렇게 여성이 변화하게 된 과정과 사회적 배경은 제2차 세계대전으로 거슬러 올라간다. 2차 대전시 여성들은 군수공장에서 일하는 기회가 늘어났다. 이때부터 자신의 시간이 돈이 될 수 있다는 것을 알기 시작하였다. 그 후 베트남 전쟁 이후 미국 사회가 급격히 변하여 현재는 반수 이상의 가정 주부가 가정 밖에서 일을 하고 있다. 그렇게 된 이유는 개인에 따라 다르겠으나, 크게 다음 3가지로 나눌 수 있다.

첫째는 경제적 필요성 때문이다. 미국의 생활 수준은 세계의 여타국과 비교하여 높지만 그나름의 생활의 어려움이 있다. 옛날에는 남편 수입만으로 가계를 꾸릴 수 있어 생활이 가능했으나 지금은 부부가 벌지 않으면 생활하기가 어렵게 되어있다.

둘째는 만약 남편이 없게 된 경우를 대비하기 위함이다. '남편이 없다'는 경우는 남편의 사망의 경우를 들 수 있을 것이며, 이혼이 많은 미국 사회에서 이혼의 가능성도 있어 이렇게 될 때 자신과 자녀들의 생활을 부인이 이끌어 가지 않으면 안될 것이므로 그에 대비함이다.

셋째는 의사, 변호사, 관료 등 이른바 커리어 우먼(career woman)이라고 부르는 여성의 전문직에의 진출이다. 과거에는 국제 회의에 남편(대표)을 동반한 부인을 위하여 남편이 회의를 하는 동안 부인을 위한 별도 시간보내기 프로그램으로 lady's program을 운영하였으나, 지금은 주객이 전도되어 부인(대표)이 남편을 동반하여 오는 경우가 많아 남편의 시간보내기 프로그램이 생겨 lady 대신의 spouse program(동반자 프로그램)으로 바뀐 것도 이러한 커리어 우먼의 사회 진출 현상을 보여 준 예이다.

3) 국제 결혼한 가정의 문화 마찰

국제 결혼한 가정은 부부간에 문화가 달라 이로 인한 문화 마찰이 일어난다. 이해를 돕기 위하여 본 란에서는 한국인 남편, 미국인 부인 사이에 식탁에서 일어나는 대화를 소개한다.

다음의 대화는 우리들이 가정 안에서 평소 해오는 대로 남편이 아내에게 하는 한국식 말투가 영어로 나타날 때 일어날 수 있는 문화 마찰의 예를 엿볼 수 있게 한다.

남편 : 여보, 밥 좀 더 줘!
부인 : Honey, I don't like the way you say it.
  (여보, 그렇게 말하는 것 싫어요.)
남편 : 밥 좀 달라는데, 더 줘!

부인 : No, that's not a polite way to ask. Will you say,
(그런 식으로 시키면 점잖지 않아요. '밥 좀 주지 않겠습니까'라고 말씀해 보세요.)

남편 : 마누라에게 일일이 그런 식으로(예의 바른) 말을 꼭 해야 하나?

부인 : How can you be so impolite? You make me angry. I won't give you rice unless you say,
(당신 그런 실례가 어디 있어요? 당신 나를 화나게 했어요. 그런 식으로 말하면 밥 더 안 줄 거예요.)

남편 : 곤란한데….

부인 : OK. If it's awkward for you to make a polite request to your spouse in Korean, why don't you switch to English?
(좋아요. 만일 당신이 당신 아내에게 한국말로 예의있게 달라고 말하기가 곤란하다면 영어로 말씀해 보세요.)

남편 : 글쎄…. 그 식도 괜찮겠는데.

부인 : Say, "Could I have another bowl of rice?"
("밥 한 그릇 더 주겠습니까?"라고 말해 보세요.)

남편 : Could I have another bowl of rice?

부인 : That's better.
(바로 그 말씀이에요. 얼마나 좋아요.)

남편 : 내가 졌군.

부인 : (밥 한 그릇을 주방에서 가져와) Here you are.
(여기 밥 가져 왔습니다.)

옛날 우리 조상들은 아내에게 경어를 사용해 왔다. 하지만 오늘에 와서 이상스럽게 변했다.

동서양의 가옥 구조로 본 가정 생활 형태

나라에 따라 주거 문화가 다르다. 가옥 구조는 그 나라 국민 의식에도 중요한 영향을 미치고 있다. 역으로 말하면 국민의 의식이 가옥 구조를 결정하고 있다는 양면성을 갖고 있다 하겠다. 다음은 서양식, 동양식 가옥 구조를 이해하기 위해 3가지 형태를 소개해 본다.

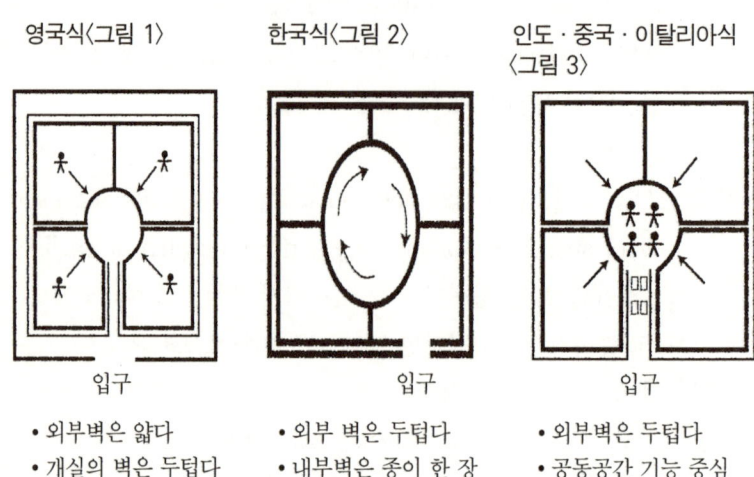

1) 프라이버시를 존중하는 영국식 가옥 구조

〈그림 1〉에서 보는 바와 같이 가족 각자가 자기의 방을 갖고 가족간의 공동 생활은 거실(living room; parlor)을 중심으로 이루어지고 있다. 다시 말하면 손님을 맞고 독서를 하며 가족간의 담소를 나누는 생활의 중심지가 거실이 되나 일단 이들이 자기의 방에 들어가면 그곳은 사실(私室; private room)이 된다. 개인적 생활은 이곳에서 이루어지며 같은 가족이라도 함부로 들어가지 않는다. 부모라도 자식의 방에 들어갈 때는 반드시 노크를 해야 할 정도로 개실(個室)은 보호되고 있다. 개실은 이중 벽으로 되어 사생활 보호를 강조하고 있다.

2) 가족 공동 생활을 중시하는 한국식 가옥 구조

한국의 가옥 구조는 〈그림 2〉에서 보는 바와 같이 가족 전체의 생활에 필요한 기능에 따라 방이 나누어지나 방은 취침 기능이 주가 될 뿐 사실로서의 기능이 약하다. 이곳에서의 사적 생활은 중요치 않으므로 각 방은 옆 방에서 기침을 해도 들릴 정도로 격벽(partition)을 얇게 한다. 대신 서양식 거실은 아니지만 개실 밖 공간, 즉 대청과 같은 장소에서는 공동 생활이 활발하도록 되어 있다. 반면 담은 견고하여 외부와의 차단을 엄격히 하고 있으면서 내부는 벽이 느슨하게 되어 있다. 개방적이기보다 가족 중심의 가옥 구조를 보이고 있다는 의미가 된다.

3) 절충형의 인도 · 중국 · 이탈리아식

인도 · 중국 · 이탈리아식 가옥 내부 구조는 〈그림 3〉과 같이 개실(個室)은 있으나 공동의 공간이 보다 중요한 기능을 갖도록 된 것이 이들 나라의 특성이다. 영국식 같이 견고한 개실은 없으나 개실의 문은 개방되고 가족들의 생활 중심은 거실과 같은 공동의 공간을 절충적으로 쓰고 있는 것이 특징이다.

이웃집 방문

구미에서는 이웃집을 방문하는 몇 가지 경우 중에 새로 이사온 이웃이 있으면 거주민이 먼저 이사를 환영한다는 뜻으로 이사온 집에 찾아가 인사를 한다.

한국에서 이사온 사람이 떡을 해서 이웃을 먼저 방문하는 것에 비하여 다른 관행이다. 뿐만 아니라 신혼여행에서 돌아온 신접살이 신부와 신랑을 방문하고 친구 가정에 불행이 있을 때는 곧 찾아가 위로하고 직접 가족을 만나지 못하면 명함(사교용 카드(calling card)를 사용)을 놓고 돌아온다.

이웃이 오랫동안 집을 비우고 있다가 돌아오면 방문하고 병에서 회복되거나 아기를 낳은 여성을 이웃 사람들이 방문해 준다. 이렇게 이웃을 찾아보는 것이 구미 사회에서는 이웃으로서 해야 할 에티켓이라고 생각한다.

가정을 방문하는 경우는 초대를 받고 가는 방문, 먼저 인사차 스스로 찾아 가는 방문을 들 수 있다. 어떻든 방문할 때는 주인은 반갑게 손님을 맞도록 할 것이며, 손님은 손님으로서 예의를 지키는 것이 중요하다. 다음은 가정 방문시 지켜야 할 에티켓이다.

1) 코트는 주인이 벗으라고 해야 벗는다

손님이 찾아오면 반가운 손님맞이가 되기 위하여는 '어서 들어오십시오'라는 인사말에 반가움이 들어 있어야 한다. 가령 영어로 Come in으로 말할 때는 손님맞이의 기분이 덜 들어 있는 말일 수도 있으므로 좀더 정감있게 표현하려면 Come on in.이나 Please do come in.으로 하면 된다. 이어서 손님이 코트를 입고 있을 때는 May I take your coat?로 외투를 벗게 하는 말을 잊어서는 안된다. 한국에서는 손님이 현관에서 외투를 먼저 벗고 주인과 인사를 하나 구미에서는 주인이 외투를 벗으라고 할 때까지 입고 있는 것이 매너다.

일단 집안에 들어오면 Won't you sit down?으로 자리에 앉기를 권하고 이어서 Please make yourself at home.의 한 마디를 곁들여 손님으로 하여금 편안하게 앉도록 권한다.

2) 손님으로서의 에티켓

주인은 다음과 같이 먼저 마실 것(beverage)을 권하는데 손님으로서도 그 대응을 잘 해야 한다. 가령 다음의 경우를 상정해 본다.

Host : "마티니나 맨해탄 어느 것으로 드시겠습니까?"

        (Would you prefer a Martini or a Manhattan?)

Bad Guest 1 : "아무 거나 주십시오(Whatever you're having.)."

Bad Guest 2 : "스카치는 없습니까?(Have you got any Scotch?)"
Good Guest   : "마티니가 좋겠습니다(Martini sounds good.)."

이상의 대화에서 흔히 한국인들은 '아무 거나 주십시오.'라는 말을 하기 쉬운데 이는 개성이 없는 주문이 될 것이고 주인이 손님에게 어떤 것을 줄지 선택에 갈등을 느끼게 되므로 자제할 말이다. 또한 주인이 제의한 음료 외에 다른 것을 요구할 때 만일 준비가 안된 것이라면 주인은 당황하게 된다. 그래서 주인이 내놓는 것 중에서 하나를 선택하여 본인의 의사를 분명히 밝히는 것이 좋다.

손님은 주인의 환대를 감사히 받고 있다는 점을 주인이 느낄 수 있도록 처신을 해야 주인은 만족한다.

방문시의 대화는 생활 주변의 이야기, 취미, 주인의 애완동물에 관한 이야기, 정원이 있으면 정원가꾸기 등에 화제를 갖고 짧게 서로 말을 주고 받는다. 혼자서 길게 화제를 독점하는 것은 모처럼의 방문 분위기를 해치는 요인이 되기도 한다. 방문 시간은 20분 내외가 좋으며, 너무 오래 앉아 주인을 곤란하게 해서는 안된다.

3) 방문 후 주인은 답방하는 것이 매너다

방문한 손님은 다음 날 전화를 해서 방문이 즐거웠다는 인사를 하는 것이 예의다. 역시 방문을 받은 주인은 가까운 날에 답방을 가는 것이 매너다. 이 외에도 홈파티에 초청받아 방문했다면 감사 편지로 초청해 준 데 감사하는 인사도 한다.

음식 습관

1) 1일 3식 중 1식은 주식이 된다

1일 3식은 현대인의 기본식 식생활이 되어 왔으나 과거 중세기 이전까지는 1일 2식의 식습관을 갖고 있었다. 이와 같이 1일 3식·2식은 하나의 사회적 소산으로 최근에는 brunch(breaktast + lunch)라는 새로운 식사 습관이 나온 것을 보면 사회의 변천에 따라 식습관도 바뀌고 있음을 알 수 있다. 그런데 1일 3식의 식생활 중 아침을 간단히 먹는 것은 세계 공통이다(한국은 옛날에는 아침이 3식 중 주식이었다). 아침을 주식으로 하는 민족은 대개 농업 민족이었다.

　독일은 3식 중 점심을 주식으로 하고 있는 사회이나 영국은 저녁 식사를 주식으로 하는 식문화를 갖고 있다. 이는 산업혁명 이후 경제 발전을 이룩한 영국인들이 저녁 시간을 보다 즐겁게 갖기 위하여 디너 시간을 화려하게 갖게 된 데 그 원인이 있다.

　이와 같은 큰 틀에서 점심을 많이 먹은 날에는 자연히 저녁이 가벼워지고, 점심을 가볍게 먹으면 저녁을 많이 먹는 것처럼 1일 3식 중 한 끼를 주식으로 하는 것만은 세계 공통 현상이다.

　2) 아침 식사에는 미국식과 대륙식이 있다

　아침 식사는 미국식·대륙식(프랑스·스페인·포르투갈·이탈리아 등)·영국식·스칸디나비아식 등으로 나눌 수 있다. 레스토랑에서는 주로 American breakfast와 Continental breakfast를 취급하고 있다. 메뉴로는 주스·빵·커피는 미국식, 대륙식 다같이 공통으로 되고 있으나 미국식은 계란 요리를 곁들여 포함시킴으로써 대륙식보다 잘 먹는 것이 특징이다.

　3) 나라에 따라 점심 시간은 noon과 midday로 시차가 있다

　보통 점심 시간은 12시(noon)에서 1시 30분 사이에 먹는 나라가 있는가 하면, 라틴 아메리카·스페인 같은 나라는 이보다 늦게 오후 1시 30분~3시 30분 내외로 점심을 먹는 식습관을 갖고 있다. 늦게 점심을 먹는 나라는 대개 더운 지방 사람들이다. 하루 세 끼 중 점심을 잘 먹는 편이다.

미국인들은 최근에 점심을 겸해서 늦은 아침(brunch)을 먹는 사람이 많이 늘어나고 있다. 런치는 간단히 먹는 light와 잘 먹는 heavy로 나누어지는데 대개 미국인들은 간단히 먹는 편이며, 독일·스페인·라틴 아메리카는 점심을 잘 먹는다. 비즈니스계에서는 주로 점심 시간을 활용하여 업무 겸 점심의 형식을 취하여 소위 '비즈니스 런치'라는 말을 자주 쓰고 있는데 그렇다고 점심을 잘 먹는 것이 아니다. 특히 미국인들은 점심을 수프와 샌드위치 정도로 가볍게 먹는 경우가 많다. 그러나 라틴 아메리카의 나라들은 점심을 잘 먹고 대신 디너를 가볍게 먹는다.

4) 디너와 서퍼를 구별해서 먹는 식습관이 있다

미국·영국은 하루 3식 중 디너를 잘 먹고 저녁 식사 자리는 주로 사교장으로 활용하여 부부 동반 참석하는 것이 보통이다. 남자가 여자를 단독으로 디너에 초청하는 것은 어떤 의미에서는 데이트 신청을 의미할 수 있으므로 신중히 해야 한다. 물론 그 반대도 마찬가지다. 그러므로 저녁 식사는 부부 동반이거나 그렇지 않으면 남녀의 경우 데이트 형태로 이용한다.

디너 시간은 미국 사회에서는 오후 7시경부터 가지나 다른 나라들은 이보다 더 늦어 스페인과 라틴 아메리카에서는 9시경에 만나 밤 10시 이후에 저녁을 먹는 것이 보통이다.

5) 영국의 afternoon tea와 high tea는 일종의 식사다

영국에서는 티와 케이크를 대접하는 습관이 1840년경부터 시작되어 내려온 식습관이 있었다. 이것이 발전하여 지금은 오후 3시 30분에서 4시 사이에 주로 먹는 식사로 손님을 접대할 때 '애프터눈 티'를 갖는다. 주로 집안에 경조사가 있을 때 제공되며 정원에서 가든 파티식으로도 한다.

한편 '하이 티'는 오후 5시에서 6시 사이에 차를 곁들여 먹는 저녁 식사로 이 때는 고기가 나온다. 극장 구경을 갈 때는 하이 티로 요기를 하고 구경을 한 후 저녁 늦게 late supper로 간단히 먹는다. 영어로 Could you come over for a cup of tea?하면 이 때의 차는 간단한 식사를 의미한다.

6) 구미 사회는 조찬회를 업무에 활용한다

서양 속담에 An early bird catches the worm(일찍 일어난 새가 벌레를 잡아 먹는다)이라는 말이 있다. 하루 중 아침 시간을 얼마나 유효하게 사용하느냐의 여부에 따라 비즈니스를 경제적으로 할 수 있다.

미국을 비롯하여 선진국에서는 아침 식사 시간을 업무와 연관시켜 시간을 경제적으로 활용하고 있는 것이 보통이다. 소위 조찬회동(breakfast meeting)이 그 예다.

미국의 경영자들은 아침 일찍 회사에 출근하여 9시 이후 부하에 지시할 업무를 미리 정리하는 일을 하거나 아예 사내 간부들의 아침 식사를 조찬회로 연결시켜 식사를 하면서 하루의 업무를 논의한다. 과거에는 "7시에 식사를 합시다"라고 말할 때 7시를 보통 오후 7시로 생각하여 왔으나 최근에는 조찬 만남의 뜻도 있으므로 오전·오후를 확실하게 하는 것이 중요하다

▶ *breakfast, lunch, dinner의 의미*
breakfast : 이 단어는 break-fast로 합성된 단어이다. fast는 단식·절식의 뜻으로 특히 종교적 행사로 어떤 음식 외에는 먹지 않는다는 뜻이다. 회교에서 라마단 기간 중 절식(fast)을 하다가 그 기간이 끝나서 fast를 '그만두다' (break)를 의미하여 breakfast가 된 말이다.
brunch : (br)eakfast +(l)(unch)의 합성어로, 점심을 겸한 늦은 아침 식사다.
lunch : 점심은 lunch이나 공식 행사에서의 정찬은 luncheon으로 한다.
dinner와 supper : 디너는 the chief meal of the day의 뜻으로 하루 3식 (3meals) 중 가장 잘 먹는 식사를 저녁으로 한다는 의미이다.

supper : light, evening meal, as one eaten after attending the theater의 뜻으로, 디너보다 가벼운 식사를 말한다. 따라서 점심을 잘 먹었으면 supper가 될 것이며, 가벼운 점심이었다면 dinner가 될 것이다.

차와 커피

1) 중국인들은 우롱차를 즐긴다

차의 종류에는 주로 동양에서 즐기는 녹차(green tea), 영국인·인도인 등이 즐기는 홍차(black tea), 중국인들이 많이 마시는 우롱차(烏龍茶)가 있는데 이외에도 포종차·전차 등 많은 종류들이 있다.

홍차는 잎을 끓이지 않고 말려서 잎의 천연 효소 작용에 의한 발효를 방지하여 만든 것이나, 녹차는 잎을 끓여서 발효를 방지하므로 녹색을 유지하고 있다. 따라서 우롱차는 중간 발효에서 멈추게 한 홍차의 일종이지만 녹차의 맛을 간직하고 있다.

2) 영국인들은 홍차를 즐긴다

홍차는 원래 인도에서 시작하였다. 1642년 크롬웰의 청교도혁명이 영국에서 일어났을 때 영국은 금주국이 되었다. 그때 술 대신 차(tea)가 영국인 생활에 정착하였다. 금주가 해제된 후에도 차를 마시는 것이 습관이 되었다. 특히 영국의 동인도 회사 보호 정책으로 자국민에게 많은 차를 마시는 습관을 계속할 수 있도록 정책을 편 데서도 영향을 받았다.

3) 영국의 차 파티 매너

영국에서 차 파티가 정착한 것은 크롬웰 정권 이후 스튜어트조에서부터다.

당시 티 파티에서는 차를 왼손에 잡고 과자를 오른손에 쥐고 먹고 마셔 가면서 대화를 나누었다. 이 때 티 컵을 서브한 사람은 왼손에 잡고 차를 마셨기 때문에 여기에 맞추어 컵의 손잡이를 왼쪽으로 해 놓았다.

나폴레옹 전쟁 중에 영국인들은 과자를 빼고 티 파티를 열게 되었다. 이 경우 손잡이를 왼쪽으로 해서 서브한 컵을 오른쪽으로 다시 돌려 오른손으로 바꾸어 들어 마셔도 실례가 안되는 것으로 여겼다. 그 이유는 손잡이를 왼쪽으로 해서 나온 찻잔을 오른손으로 돌리면서 "자, 차를 듭시다"라고 한 마디 하고 마시는 기분도 나쁠 것이 없다고 생각했기 때문이다.

이런 관행은 빅토리아 여왕 시절에 티의 정식 매너로 확립되었으며 지금도 영국에서는 공식 파티에서 그대로 나타나고 있다.

한편 티 스푼은 컵의 앞쪽에 놓고 내며 손님은 티 스푼으로 차를 저은 후에는 컵의 뒤쪽으로 옮겨 놓는 것이 매너다.

• 컵의 손잡이를 오른쪽으로 돌린다.

4) 커피의 종류와 커피 마시는 매너

커피는 870년대에 페르시아에서 처음 마셨다고 한다. 1000년경 에티오피아 원산 커피콩이 아라비아에 전해져 일반화되었다. 1450년경 아라비아는 커피콩을 볶아서 커피를 끓여마시는 방법으로 진일보하였다. 1500년경에는 터키에서 최초로 커피 숍이 나왔는데, 1554년에 콘스탄티노플에 '카페 가네스'(화려한 커피 전문점)가 개점되어 유럽에서는 최초로 커피 숍 제1호가 되었다.

1616년 아라비아의 모가항으로부터 모가 커피가 수출되어 네덜란드를 경유지로 유럽 진출의 발판을 잡았다. 1637년에 프랑스로부터 대량의 커피가 런던으로 들어와서 일반 서민들이 마시게 되었다. 1699년 네덜란드인이 인도네시아에서 커피 재배에 성공하였으나 종자는 모가에서 가져왔다. 1600~1700년대 유럽에서 마시는 커피가 오늘날의 에스프레소(espresso)였다.

▶ *커피의 종류*

커피 중 주로 미국인들이 즐겨 마시는 레귤러 커피는 커피가 아주 묽어 우리들이 숭늉마시는 것같이 양을 많이 해서 마신다. 그러나 유럽인들은 이보다 커피 농도가 짙으면서 상대적으로 양이 적은 에스프레소를 즐겨 마신다.

한국인들은 미국식, 유럽식의 중간 형을 선호하고 있다.

coffee(일반 커피)

• coffee with without cream • coffee with sugar • black coffee

espresso(에스프레소) : 볶아서 빻은 커피에 증기를 쐬어 만든 진한 커피.

capuccino(카푸치노) : 이탈리아 커피.

decaffeinated coffee : 카페인을 뺀 커피.

Irish coffee(아이리시 커피) : 뜨거운 커피에 위스키를 타서 향미를 내고 생크림을 띄운 것.

Turkish coffee(터키 커피) : 시럽으로 단맛을 낸 짙은 분말 커피.

▶ *커피 마시는 매너*

□ 커피는 코스 식사에서는 모든 코스가 다 끝난 마지막 과정이다.

□ 에스프레소는 작은 커피잔인 드미타스(demitasse) 잔으로 마시게 될 때는 엄지·검지만으로 잡고 마시며, 레귤러 커피는 보통 찻잔을 사용한다. 컵은 더운 것을, 잔은 찬 것을 담는 용기로 각각 쓰인

다.
☐ 컵의 손잡이가 왼쪽으로 오게 해서 서브되면 오른손으로 돌린다. 설탕이나 밀크는 낮은 위치에서 넣는 것이 안전하며, 설탕 그릇이 멀리 있을 때는 앞으로 옮겨 사용하도록 한다. 각설탕은 스푼에 얹어 그대로 커피에 넣는다.
☐ 커피나 차가 뜨겁다 하여 불거나 흔드는 것은 잘못이며, 사용 후 스푼 위치는 컵 뒤쪽으로 한다.
☐ 커피를 마실 때 공손성을 보인다 하여 왼손으로 잔 밑을 받쳐 마시는 것은 좋지 않다. 동양에서는 공손성을 보일 수 있으나 서양에서는 그같은 매너는 없다.

화장실 사용 문화

한 나라의 문화 수준을 보는 데는 여러 면이 있다. 특히 화장실을 문화척도로 삼을 수 있다.

화장실은 가장 불결한 장소이나 그 '불결의 도'를 어느 정도 극복하느냐가 요체라 할 것이다. 생활 수준이 높으면 화장실도 깨끗하고 고급스러워질 것임은 당연하다. 문제는 국민이 화장실을 보는 의식이 문제다.

그런 의미에서 구미 사회의 화장실 문화를 정리해 본다. 화장실을 단순히 수세식 변소로만 볼 때는 water closet(W.C.)가 된다. 그러나 화장실을 보다 문화적 공간으로 활용하려 할 때는 rest room, powder room, 화장실을 일상 생활과 연결할 때는 bathroom, 이를 기능적으로 사용할 때는 lavatory 등이 있다.

- Water closet : 시골 변소와 같은 용도로 문화적 요소는 없다. 주로 유럽에서 많이 쓴다.
- Rest room : 극장이나 백화점 등에 있는 화장실로 화장실을 갖춘 휴게실의

개념.
- Powder room : 레스토랑 등에서 여성용 화장실 내부를 사치스럽고 화려하게 꾸민다.
- Toilet : 변소, W.C.보다는 한 단계 높인 화장실을 의미한다.
- Lavatory : 한 공간에서 변소·세면소·화장실 기능을 갖추고 있으며 유럽의 여러 나라에서 쓰고 있다. 주로 비행기 안의 남녀 공용 화장실을 부를 때 쓴다.
- Bathroom : 원래는 가정의 욕실을 뜻하나 완곡한 말로 화장실이 된다.

☐ 화장실을 지칭할 때는 완곡어법으로 하는 것이 매너다. 남자 화장실은 gentlemen, 여자 화장실은 ladies라고 표기한다. 캐나다에서는 아담(남자용), 이브(여자용)로 표시하고 있는 경우도 있다.

☐ 화장실을 찾을 때도 직설적으로 '화장실이 어디 있습니까?'라고 하는 것보다 보통 Where's the restroom?하면 무난하나 좀더 완곡히 하려면 Where can I wash my hands?로도 할 수 있다. 가정에서는 Could I use your bathroom?식으로 말하거나, Do you have a restroom that I could use?라고도 완곡하게 말한다.

☐ 용변을 본 후에는 변기 뚜껑을 반드시 닫아 둔다. 배스룸에 들어가 만약 뚜껑이 열려 있으면 용변 후 닫아 놓고 나오는 것이 매너다.

☐ 토일렛 페이퍼는 여분으로 하나 더 비치하는 것이 좋다.

☐ 벽에 걸어 놓은 두루마리 화장지를 사용한 후에는 길게 늘어지지 않도록 한다. 두루마리 화장지는 승용차 안에 두는 것은 부끄러운 일이다.

☐ 화장실문을 노크할 때는 안에서 사용 중인 사람이 응답을 할 때까지 기다린다.

우리들은 공중 화장실을 이용하고자 할 때 각 화장실 문 앞에 서서 기다린다. 그러다 보면 줄을 잘못 서 빨리 와서 줄을 서서 기다리고 있어도 자신보다 뒤늦게 와서 다른 화장실 앞에서 기다리는 사람이 더 빨리 화장실을 차지할 수 있다. 어떻게 보면 불합리한 줄서기가 아닐 수 없다. 그러나 구미인들의 공중 화장실에서의 줄서기는 보다 합리적이다. 화장실 입구에 모두가 한 줄로 서서 기다리고 있다가 여러 화장실 중에서 비어 나가는 순서대로 한 사람씩 배당받듯이 들어간다.

또한, 구미인들은 화장실 문이 닫혀 있으면 '사용 중'(occupied) 임을 뜻하고, 약간 덜 닫힌 상태는 '비어 있다'(vacancy)가 되어 노크하지 않고도 사용 여부를 확인할 수 있다. 그러나 우리들은 사용 중, 비어 있을 때 모두 문을 닫아 놓고 있어 일일이 노크하지 않으면 확인할 수 없어 사용 중에 있는 사람은 노크에 응답을 해야 하는 곤욕을 겪게 된다.

화장실은 본래 대·소변을 보는 곳이지만 구미에서는 다음과 같이 부차적으로 사용하고 있다.

- □ 바지·스커트·신발 등을 고쳐 입거나 신는다.
- □ 호주머니 안의 금품(金品)을 바꾸어 넣는다. 이와 같은 일은 방안에서 하는 것이나 집의 거실에 갈 수 없거나 외출할 때는 볼 수 없기 때문에 화장실을 이용한다.
- □ 항공기나 열차 안의 화장실이 특히 이런 용도로 많이 쓰인다.

목욕탕 이용법

프랑스의 오래된 아파트에는 욕실이 없다. 지금도 프랑스에는 옛날에 지은 아파트를 보면 배스룸(bathroom)이 붙은 아파트가 없다. 단지 변소만 있고 대신 아파트 각 층에 공동 욕탕이 있다. 호텔에도 욕탕이 달려 있는 객실은 2인용밖에 없으며 1인용 방은 비데(bidet ; 여성의 뒷물 세척기)만 있고 욕조가 없다는 것은 상식이다. 혼자 자는데 욕실이 있는 것은 무의미한 것인지 모른다. 그 대신 큰 타올이 두 장 있어 프랑스인들은 이것을 뜨거운 물로 적셨다 꼭 짜서 몸을 닦는 정도로 목욕을 대신한다.

프랑스는 고온다습한 우리 나라 기후와는 달리 저온 건조 지대로 한국과 같은 온도라도 땀이 날 정도는 아니어서 이런 정도의 목욕으로 만족하는 것 같다.

이와 같이 배스룸이 붙지 않은 객실이 있기 때문에 특히 유럽 호텔을 예약할 때는 I'd like a room with a bath(배스룸이 달린 객실을 쓰고 싶습니다)라고 하거나 I'd like a room without a bath(with a shower.)(배스룸이 없는(샤워만 있는) 방을 쓰겠습니다)라고 밝힌다. 물론 목욕시설이 없는 객실 요금이 저렴하다.

1) 호텔 배스룸 이용법

배스룸에는 타월이 3종류가 있다. 하나는 핸드 타월(hand towel)로 몸을 닦는데 사용하고, 페이스 타월(face towel)은 세수 수건으로 사용하며 배스 타월(bath towel)은 목욕 후 몸을 닦는 데 사용하는 것으로 용도가 각기 다르다.

욕조 안에서만 목욕을 하는 것이므로 목욕할 때는 커튼을 쳐 놓은 상태에서 하게 되는데 이 때 커튼 아래 끝쪽이 욕조 안의 물에 잠기도록 해야 물이 욕조 밖으로 넘치지 않는다. 커튼 안에서 샤워를 한 후 목욕을 마치면 커튼을 열어 놓는다.

욕조의 냉(冷) 온(溫)수의 수도꼭지에는 Cold의 C(冷)와 Hot의 H(溫)로 표시되어 있으나 유럽 지역의 호텔은 Chaud의 C(溫), Froid의 F(冷)로 표시되어 C를 찬물로 잘못 알고 틀어 몸을 데이는 수도 있다. 물을 틀 때는 찬물을 먼저 틀고 난 후에 더운물을 트는 순서가 안전한 방법이다.

욕조 커튼은 끝이 물에 잠기도록 욕조 안으로 오게 한다.

- 냉·온수의 수도꼭지에
  H·C의 표시가 되어 있다.

- 욕조에서는 타월의 용도를
  잘 가려 사용해야 한다.

2) 비데(bidet)

배스룸에는 좌변기 옆에 비데라는 용기가 놓여 있는 호텔이 있다. 특히 유럽의 호텔에 많다. 이 비데는 여성 전용으로 '뒷물'하는 용도로 쓰이고 있다.

축하 인사

축하 인사를 하는 경우는 계절에 따라 하는 인사와 명절 인사가 있다. 한국은 구정(舊正)과 추석이 제일 큰 명절이다. 구미 사회에서는 신년 인사(New Year's greetings)를 기본으로 하고 기타는 종교적 이유에서 명절을 찾아 지키고 있는데, 그 대표적인 것이 기독교의 크리스마스와 부활절(Easter)이 있다. 개인적으로 축하 인사를 하고 받는 경우는 생일, 결혼(식), 결혼기념일 등이 대표적이다.

구미 사회에서는 기념일을 연중 일정한 날로 고정시켜 매년 같은 날에 기념하는 경우와 '몇 월의 몇 번째 요일'식으로 해서 매년 기념일이 바뀌는 경우가 있다. 부활절은 춘분(3월 21일) 다음 첫 번째 만월 후의 일요일에 행해지며, 이 날을 Easter Day라 하여 축일로 하고 있다. 추수감사절(Thanksgiving Day)은 11월의 넷째 목요일이며, 수난 성(聖) 금요일제(Good Friday)는 부활절 직전의 금요일로 그리스도의 수난과 죽음을 기념하는 날이다.

인사 카드는 되도록 친필로 안부 몇 마디를 써 보낸다

축하할 때는 선물을 주면서 인사장을 함께 주는 경우가 있다. 또는 선물 없이 인사장만 보내 상대에게 기억하고 있다는 뜻을 알려 축하할 때도 있다.

이와 같이 인사장 또는 인사 카드(greeting cards)의 종류로는 쾌유를 비는 카드(get well cards) · 우정 표현 카드(friendship cards) · 생일 축하 카드(birthday cards) · 감사 인사장(thank you cards) 등이 있다.

이와 같은 카드는 인쇄되어 상업용으로 시중에서 파는 카드와 자신이 정성들여 만든 자작 카드도 있다. 특히 인쇄된 카드를 보낼 때는, 가령 크리스마스 카드를 보낼 때는 친필로 '그간 협조해 주어 고맙습니다.'식으로 개인적인 메시지를 추가로 적어 보내면 더욱 정감이 가는 카드가 될 것이다. 모든 것이 인쇄된 카드에 자신의 친필이 담겨진다면 그것이 곧 자신의 마음의 표시가 되는 것이다.

신년 인사는 크리스마스 카드로 대신한다

한국에서는 신년 인사로 근하신년(謹賀新年)이라고 인쇄된 카드를 보내는 것이 관습으로 되어 있으나 구미 사회에서는 크리스마스 카드를 보내면서 A Merry Christmas and A Happy New Year라는 메시지로 크리스마스와 신년 인사를 겸해서 하는 것이 보통이다. 크리스마스와 신년 원단(元旦)이 짧아 자연적으로 동시 절후 인사(season's greeting)를 하게 된다. 그러나 신년을 맞이하여 특별히 신년 선물(A New Year gift)을 할 때는 카드에 I wish you a Happy New Year 또는 Best wishes for a Happy New Year라고 써서 보낸다. 그러나 유의할 것은 구미에서는 비즈니스와 관련이 있는 인사에게는 신년 선물을 주는 습관은 없으므로 한국에서와 같이 선물을 보내면 받는 사람이 부담이 된다.

생일 축하

구미인들은 나름대로 생일 축하를 성대히 한다. 단순히 의식으로 끝내는 것이 아니라 가족이 모여서 집안에서 파티를 열어 주어 생일 케이크를 중심으로 생일 축하 노래를 부르며 축하해 주고 이 때 선물을 준다. 축하해 줄 상대를 더욱 즐겁게 해 주려면 소위 surprise birthday party를 열어 주어 상대가 깜짝 놀라게 하는 효과를 내어 서로 즐겁게 기념하는 풍조도 구미 사회에서는 관행화되고 있다. 비즈니스 세계에서도 비서는 반드시 상사의 가족 생일을 기억해 두어 상사가 잊지 않도록 신경쓸 정도로 생일 기념일은 중요한 날로 지키고 있다.

생일 선물은 물론 본인이 좋아하는 것을 선택해서 주면 더 이상 좋을 수 없으나 상대가 무엇을 좋아하는지 모르는 정도의 보통 사이라면 꽃이 좋으므로 생일의 달(月)에 맞는 꽃을 선물하면 더욱 뜻있는 축하가 될 것이다. 이 때 주의할 것은 꽃송이가 불행을 뜻하는 13개가 안 되도록 주의한다.

▶ 생일 축하 인사 카드

> *My dear Mr. A,*
> *A very happy birthday and many, many more of them to come.*

(생일을 축하합니다. 내내 더욱 행복하게 사시기를 빕니다.)

출산 축하

아기를 낳으면 친척이나 친한 친구에게 곧바로 전화로 출산 소식을 알리고 다른 친구에게는 탄생 통지 카드를 보내는 것이 구미에서는 보통 하는 관행이다.

탄생 통지 카드를 받았다고 해서 바로 축하를 하는 것은 아니다. 더러는 출산을 축하하는 카드를 보내는 것으로 충분하며 부디 출산을 축하하기 위하여 방문하는 경우는 적어도 일주일이 경과한 후에 가는 것이 좋다. 방문시 출산 뒷바라지를 하고 있는 산모의 어머니가 손님을 맞으면 그에게 반드시 수고한다는 인사를 하는 것도 예의다. 축하 방문은 현관에서 하는 것으로 충분하며 선물을 전하고 돌아오는 것이 매너다.

한국에서는 출산 축하를 한 사람이 여성이라면 갓난 아이를 품에 안고 보는 경향이 있는데 이는 서양식으로는 잘못된 매너다. 물론 한국인은 이렇게 자기 아이 같이 안아 보아야 정감이 넘치는 것으로 여기는 것은 우리가 그만큼 정이 많다는 뜻으로 받아들여 줄 수 있을 것이다.

다만 옆에서 아기를 보고 He looks very strong.(아기가 건강합니다)이라거나 Her eyes look like her father's and her mouth like her mother's.(눈은 아버지를 빼 박았고 입은 어머니를 닮았군요)라는 말로 축하한다.

출산 축하 선물은 아기옷·장난감·베이비 용품이 좋다. 구미에서는 아기를 낳으면 교회에서 세례를 받게 한다. 가톨릭에서는 생후 곧바로 세례를 받으나 개신교에서는 생후 2개월에서 6개월간에 주어지며(이를 우리 나라에서는 유아세례라고 함) 세례 파티를 열어 주는데 이 때 은제 컵이나 사진틀 같은 것을 선물하는 것이 관행이다.

크리스마스 카드 에티켓

구미에서는 크리스마스 카드를 보내는 일이 한국의 연하장과 같이 일반화되어 있다. 객지에서 살고 있거나 연락이 소원해진 친지, 최근 인사를 해서 새롭게 알게 된 인사, 회사의 상사, 동료, 업무 관계 인사 등 두루 보내는 것이 크리스마스 카드다.

연하장은 원단(元旦; 1월 1일)에 도착하게끔 보내는 것과는 달리 크리스마스 카드는 12월 25일에 맞추어 도착할 필요는 없다. 12월 중순에서부터 24일까지 도착하면 된다.

1) 크리스마스 카드의 메시지

크리스마스 카드(Christmas card)를 X-mas card라고 표기할 수 있으나 전자가 정식 표기이며, 후자는 약식으로 점잖은 표기라고 할 수 없다. 카드 발송인의 성명 앞에는 Mr.나 Mrs.와 같은 경칭은 붙이지 않는다.

메시지가 인쇄된 카드 여백에 친필로 특히 개인간의 이야기를 곁들여 보내는 것이 더욱 정감있는 카드가 된다는 것은 전술한 바 있다. 크리스마스 카드 작성 사례는 다음과 같다.

□ Merry Christmas and Happy New Year.
□ Best wishes for a Merry Christmas and Happy New Year, from Mr. And Mrs. Arthur Phillips.

2) 크리스마스 카드를 받으면 회신하는 것이 예의다

크리스마스 카드를 보내지 않았는데 상대가 카드를 보내 왔으면 어떻게 할까 뒤늦게나마 보내 크리스마스 날까지 도착할 것 같으면 지체없이 카드를 보내는 것이 좋으나 시일이 너무 늦어 그렇지 못할 때는 답신으로 자신의 근황을 적은 편지를 보내면 될 것이다.

3) 상중(喪中)에도 크리스마스 카드는 보내나 Merry는 쓰지 않는다

상중에 있는 사람에게 카드를 보낼 때는 카드의 메시지에 주의해야 한다. 보통 시중에서 입수한 크리스마스 카드에는 Merry Christmas and Happy New Year로 되어 있어 맞지 않는 표현이다. 때문에 예수님의 탄생을 기념하고 세계 평화를 기원하고 두 사람간의 우정을 돈독히 하자는 내용과 같은 표현으로 바꾸어 보내면 무방할 것이다.

4) 크리스마스 선물은 가족, 아주 친한 친구간에만 한다

한국 사회에서는 세모가 되면 거래처에 인사차 선물을 보내는 것이 관행이다. 한편 크리스마스에 즈음하여 선물을 돌리는 사람이 많아지고 있으나 구미에서는 없는 풍조다.

구미에서는 크리스마스 선물은 가족간에 또는 친한 친구간에 주고 받으며 거래처에 돌리는 일은 없다. 선물은 대개 털장갑, 털목도리 등을 비롯하여, 초콜릿, 주류, 장신구 등이 주가 되고 있으며 특히 포장을 할 때는 선물과 함께 크리스마스 카드를 넣어 두도록 한다. 다른 때의 선물은 받으면서 선물을 풀어보는 것이 매너이나 크리스마스 선물 만큼은 뜯지 않고 크리스마스 트리 밑에 모아 두었다가 크리스마스 날에 가족들이 보는 앞에서 뜯어 본다. 선물시에는 반드시 누구에게 주는 선물인가를 명확히 한다.

5) 복싱 데이(Boxing Day)는 영 연방국에서는 잘 지켜지고 있다

'복싱 데이'는 크리스마스 다음날 12월 26일로 하지만 그날이 일요일이면 그 다음날로 잡아 이 날에는 고용인, 우편 배달부들에게 Christmas box를 선물하는 날이다.

특히 영국을 비롯하여 영 연방국에서는 현재도 이 날을 잘 지키고 있는데 홍콩 · 자마이카 · 케냐 · 뉴질랜드 · 호주 · 네덜란드 · 스웨덴 · 스위스 · 영국 등이 이 날을 지키고 있는 나라들이다. box란 상자의 뜻 외에 영국 영어로는 '크리스마스 선물'이란 뜻을 갖는다.

결혼 에티켓

1) 결혼 청첩장은 형식을 지키는 것이 중요하다

결혼 청첩장을 받으면 구미에서는 회답을 하는 경우와 하지 않는 경우가 있다. 교회에서 행하는 결혼식만을 참석해 달라는 청첩장을 받으면 참석 여부를 회신할 필요가 없으나 피로연에 초청을 받으면 그때는 회답을 보내야 한다. 왜냐하면 주최측에서 음식을 준비하는데 참석 인원을 사전에 파악해야 하기 때문이다. 정식 청첩장을 받으면 일정한 서식(書式)에 따라 회신을 보낸다.

정식 청첩장은 3인칭으로 표기하므로 그 회답 서신에도 3인칭으로 한다. 청첩장에 반신 엽서가 동봉되어 오면 Will attend(참석) 또는 Will not attend(불참) 난에 표시하여 보내면 된다.

청첩장을 보내는 시기는 보통 2~4주 전 미리 보내는 것이 구미 사회의 관행이다.

2) 축의금은 현찰로 하지 않는 것이 구미인의 관습

한국에서는 축의금을 현금으로 하고 있으나 구미에서는 현금 대신 수표로 한다.

또한 신부측에서 상점 두, 세 곳을 미리 지정하여 결혼 축하 선물로 받고 싶은 물품 리스트를 그 상점에 비치해 놓고 하객이 자신의 예산에 맞게 그 중에서 선택을 하고 돈을 상점에 지불하는 것이 관행이 되고 있다. 신랑측의 친·인척이라도 결혼 축하로 선물을 보낼 때는 반드시 신부측 앞으로 하게 되어 있다. 신부측에서는 결혼식날에 오는 선물은 면식이 없더라도 일단은 신부 앞으로 하는 선물로 받아들인다. 우리 나라와 같이 신부·신랑측으로 구분하여 선물을 하지 않는다. 일단 결혼식이 끝나면 그때부터 부부가 되므로 결혼식 후에 주는 선물의 경우는 Mr. 또는 Mrs. ~ 앞으로 하게 된다.

3) 선물에는 축하 카드를 첨부해서 보낸다

구미에서는 결혼 축하는 물론, 생일·졸업 축하 등 여러 경우 축하를 할 때는 거의 축하 선물에 카드를 첨부해 보낸다. 비즈니스 관계 인사라면 명함(business card)만을 첨부해 보내면 되나 개인적 친분 관계라면 자신의 뜻을 적은 카드를 첨부하는 것이 상례가 되고 있다.

가령 결혼을 축하할 때는 다음과 같은 문장을 쓴다.

Love, and best wishes to you both. May happiness and prosperity be with you through the years to come.

(신랑 신부에게 축하드립니다. 두 분 앞날에 번영이 있기를 기원합니다.)

최근에는 시중에 이와 같은 내용을 담은 카드가 인쇄되어 팔리고 있으므로 이를 사용할 때는 서명만 하고 보내면 된다. 그러나 손으로 직접 써서 보내는 것이 친근감을 줄 수 있으며 아울러 카드에 자신의 축하말을 추가해서 간단히 적어 보내면 받는 사람은 더욱 기뻐한다.

4) 축하 인사말(영어)

교회에서 결혼식이 끝나면 피로연으로 이어지는데, 피로연 회장의 입구에는 신랑·신부를 비롯하여 양가의 부모와 가족이 손님을 맞이한다. 여기에서 축하객은 신랑·신부에 축하말로 보통 Congratulations!(축하합니다!)라고 인사하게 되는데, 신부에게는 이 말을 쓰지 않는다. '용케 남자를 붙들어 축하한다'라는 뉘앙스가 있기 때문이다.

그러므로 신부에게는 "I hope you'll have a very happy marriage.(행복한 가정을 이룰 것을 바랍니다)"하고 축하해 주며, 신랑·신부에 축하할 때는 "You both look very fine. We hope you'll have a happy life.(두 분 아주 좋게 보입니다. 행복하게 사시기를 바랍니다)"라고 하면 된다.

한편 양친에 대해서는 "It was such a beautiful ceremony.(결혼식이 아주 훌륭했습니다)"라는 축하 인사말을 건넨다.

5) 결혼 축전

구미의 결혼 피로연에는 참석자 전원에게 샴페인을 따라 주고 신랑·신부에 건배를 한다. 그 다음 신랑이 인사말을 간단히 하고 신부측에 건배를 제의한다. 이후부터 좌중에 유머러스한 말로 신부·신랑에 건배를 돌아가면서 제의한다. 몇 차례의 건배가 끝나면 신랑측 인사가 축전을 읽어주는데 그 중 잘 쓰는 문구를 보면 다음과 같은 것들이 있다.

- ☐ Congratulations on this very important day.
  We wish you all the best in your future.
  (결혼을 축하합니다. 내내 행복하기를 기원합니다.)
- ☐ Congratulations and every happiness on your wedding day.
  (결혼일을 축하하며 행복을 빕니다.)
- ☐ Have a wonderful marriage.
  Lots of love and very best wishes to you both.
  (행복한 가정을 이루기를 바랍니다.)

선물의 의미와 선택

선물을 주고 받는 것은 즐거운 일이다. 선물은 인간 관계를 돈독히 하고 우정을 확인하는 계기가 될 뿐 아니라 주는 사람은 '주었다'는 것으로 마음이 뿌듯하고, 받은 사람은 상대가 자기에 대하여 관심을 보였다는 점에서 기쁨을 갖게 된다.

그러나 이와 같은 '선물 주고 받기'는 가족간·친구간에 있는 인지상정이겠으나, 사회생활에서 이러한 선물이 어느 한계를 넘으면 역효과가 난다. 선물을 주는 동기가 뇌물성이거나 값이 비싸 받는 사람에게 오히려 부담되는 경우도 있으며 선물을 잘못 선택하여 받는 사람에게 오히려 짐이 되는 경우가 있다. 이를 이른바 white elephant라고 하는 것으로 '주체할 수 없는 물건'이란 말이다.

white elephant : 이 말은 옛날 태국의 국왕으로부터 흰코끼리를 선물받았으나 받은 선물이 너무 커서 집에서 기를 수는 없고 왕이 준 선물을 함부로 버릴 수 없어 그야말로 주체할 수 없는 선물이 되었다는 데서 연유한 말이다. 오늘날에도 선물을 잘못 선택하면 받은 사람에게 아무런 기쁨이나 만족을 주지 못하는 일이 많이 일어나고 있다.

gift와 **present** : 이 두 단어는 '선물'이라는 뜻을 갖고 있으나 **gift**는 의례적으로 보내는 present로 크리스마스 선물(Christmas gift), 결혼 선물(gift for a wedding) 등으로 쓰이며 **present**는 가벼운 마음으로 호의 등의 표시로 주는 선물로 생일 선물(birthday present) 등으로 쓰인다.

선물은 여러 가지 부류로 나눌 수 있다. 알람 시계·찻숟가락 같이 선물의 실용성을 고려해서 선택할 수 있을 것이며 한국 신라 시대의 금관 모형, 거북선 모형과 같은 국가 홍보성에 의미를 부여할 수도 있고, 향수·스카프와 같이 개인적인 용품에 착안할 수 있고, 회사 건물 모형·회사 심벌이 담긴 술잔과 같은 기념성을 살리는 선물도 있을 수 있고, 양주·캔디(박스)와 같은 소모성 선물로 일상 생활에 계속적으로 필요로 하는 선물도 있다.

국제 사회에서의 선물

국제 사회에서 선물(gift-giving)을 주는 관행은 정도의 차이가 있을 뿐 모든 나라에서 보편화되고 있다. 다만 국민성에 따라 선물 주고받기를 좋아하는 나라로는 일본과 중동 국가 등이고, 구미 사회에서는 가족 간에는 크리스마스나 생일에 이루어지나 이웃간, 비즈니스 상대에게는 보편화되어 있지 않다.

다음은 선물 주고 받을 때 유의할 사항이다.

① 상대가 아주 값비싼 선물을 할 때 이를 받을 것인가의 여부다. 특히 구미 사회에는 자국의 법이 고가품의 선물을 못 받게 규정한 나라가 많으므로 직무상 선물받는 문제에 대해서는 엄격히 규정하고 있다.
② 하지만 고가품이란 이유로 받기를 거절하면 상대의 체면에 관한 문제가 될 수 있어 사업 관계에 영향을 미칠 수도 있다.
③ 국가의 법이나 소속 회사의 규정된 범위에서 선물을 주고 받는 것은 가장 이상적이나, 주로 일본인·한국인·아랍인들로부터 고가품의 선물을 받게 되면 구미인들은 곤란한 입장에 놓이게 된다.
④ 선물을 받으면 답례를 해야 하는데 어느 정도의 선물을 어떤 식으로 답례를 해야 하느냐의 문제가 따른다.

①의 경우를 보면, 가령 미국인은 공무원이면 귀국 후 소정 규정에 따라 등록을 하여 관리케 하고, 회사 임직원은 소속 회사 사장에 보고하여 적절한 조치를 받는다. 다시 말하면 이 고가품의 선물은 개인 소득으로 하지 않는다.

②, ③의 경우는 상대에게 소속 국가의 관계 법령과 소속 회사의 관련

규정을 설명하여 이해를 구하고, 가능하면 합당한 선물로 바꾸어 받게 한다. 선물을 아예 받지 않는다는 것은 피해야 할 일이다.

④는 선물을 받으면서 바로 답례를 하는 것은 적절치 않다. 선물을 주는 사람의 호의를 반감시키는 효과를 주기 때문이다. 선물을 감사히 받으면 주는 사람도 기뻐한다. 다만 적당한 기회를 선택하여 답례를 하는 것이 좋다. 가령 상대의 생일을 기억해 생일 선물을 한다거나, 자녀들에게 선물을 하여 자연스럽게 답례를 하는 것이 예의가 된다.

미국 상원의원들이 한 번에 받을 수 있는 선물 가격의 상한선이 미화 50달러로 그 이상의 가치가 있는 선물을 받으면 법을 위반하게 된다. 또한 한 사람으로부터 연간 받을 수 있는 선물 종합 가격의 상한선은 1백 달러로 제한되어 있다. 1백 달러 상한선에는 10달러 이상의 선물만이 계산에 포함되며 친지나 가족들로부터 받은 선물은 250달러가 넘을 경우 윤리위원회에 신고해야 하지만 상한선은 적용되지 않는다. 다만 공무 수행에서의 대접은 문제가 되지 않는다.

선물은 가격보다 가치가 있는 선물이 의미가 큰 것이다. 주는 사람의 '생각이 깊이 담겨 있는' 선물이라는 메시지가 담겨야 그 마음을 높이 받아들인다.

다음은 일본 오사카에서 한국 상사원으로 3년간 주재하다가 일본인이 보여준 '사려 깊은 선물' 사례다.

한국 상사원 A씨 부부는 송별을 위하여 이웃에서 알고 지냈던 부인들 10여 명이 마련한 송별회에 초대되었다. 막상 참석해 보니 이들이 그간 몇 차례 모여 연습을 했다는 노래를 합창으로 불러 주었다. 단순히 음식을 차린 장소가 아니라 노래를 연습까지 해서 불러 주는 그들의 성의와 사려에 감명을 받게 되었다. 뿐만 아니라 한 부인은 A씨 자녀가 다녔던 학교 건물이며 주변 마을을 비디오로 촬영, 추억거리를 만들어 선물을 하였다. 이러한 선물이 사려 깊은 선물의 예가 될 것이다.

선물 매너와 금기 사항

선물은 자기 나라 제품으로 주는 것이 예의다. 가령 미국인이 전자 제품이 일본제가 좋다고 Made in Japan으로 적혀 있는 상품을 주는 것은 의미가 없다. 한국인 A씨는 태국에 신혼 여행을 갔다가 돌아와 친지에게 선물을 주었는데 상품에 Made in Hong Kong이라고 인쇄되어 있다면 태국 제품을 주는 것만 못할 것이다. 유의해야 할 매너를 소개한다.

- □ 한국에 온 외국인에게 선물할 때 부피에 신경을 써야 한다. 부피가 너무 크거나 깨지기 쉬운 것은 주체할 수 없는 선물이 된다.
- □ 양보다 질을 택한다. 가령 와인을 선물할 때는 상표가 세계적으로 유명한 것이거나 브랜드 지명도가 높은 상품을 선택한다.
- □ 특히 중동 국가에서 온 손님, 아랍계 인사, 모슬렘 교도에 대한 선물은 종교적 관점에서 세심히 주의를 한다. 미국 케네디 대통령이 인도 뉴델리를 방문할 때 참모들이 소가죽 틀로 짠 대통령의 초상화 50벌을 준비해 갔다. 소가 힌두교에서는 신성시된다는 사실을 염두하지 못한 실수였던 것이다.

한국 정부는 한국이 유엔 회원국으로 정식 가입한 것을 축하하기 위하여 유엔에 용고(龍鼓)를 기념물로 선정하였다. 서양 사람들은 용을 좋아하지 않는다는 점을 뒤늦게 알고 이를 취소한 적이 있었다. 뿐만 아니라 한국의 달력은 탤런트들이 노출된 인물 사진이 많다. 연말 한국에 온 구미인·아랍인들에게 이런 달력을 선물로 주어 상대로 하여금 당황하게 한 경우가 적지 않다. 서양에서는 이와 같은 사진을 '야한 것'으로 간주하며 더욱이 중동 지역은 여성의 모습이 대중 앞에 나타난다는 것은 상상할 수 없는 일이다.

- □ 외국을 방문할 때나 우리 나라에 온 외국인에게 선물할 때는 주는

시기가 문제가 된다. 가장 좋은 때는 방문 마지막에 주는 것이 좋다. 한국을 방문한 외국 손님이라면 체한 중 활동 상황을 사진을 찍어 기념 앨범으로 만들어 주면 효과적이다.
□ 받은 선물에 비교될 만한 비슷한 답례 선물을 하지 않도록 한다. 가령 상대가 열쇠고리를 선물할 때 받은 사람이 시계를 선물하는 경우다.
□ 선물에는 받을 사람의 이름이나 이니셜을 새겨 넣는 등 특별 제작을 해서 주면 받는 사람은 더욱 기뻐한다. 그렇지 못한 상황이라면 가령 한국제의 보석함을 선물했다면 With the compliments of A(A 증정)의 증정 표시를 해서 주도록 한다.

선물을 줄 때는 받는 사람의 문화적 정서를 깊이 생각해야 한다. 문화가 다르면 가치관이 다르고 관행도 다르다. 가령 한국인에게 독일 사람이 독일제 식칼이 세계적으로 유명하다 하여 식칼을 선사하면 한국인은 당혹감을 갖지 않을 수 없다. 한국인들에게는 칼은 헤어진다는 불운을 상징하고 있기 때문이다. 반대로 중국인에게 최근 한국산 시계가 국제적으로 인기가 있다고 하여 시계를 선사하면 중국인에게는 소름이 끼치는 선물이 된다. 시계는 그들에게는 장례식을 연상케 하기 때문이다.

나라별로 금기시하는 몇 가지 사례를 소개한다.

□ 일본인들은 선물을 포장할 때는 흰 종이로는 싸지 않는다. 이때 흰 색은 '죽음'을 상징하는 컬러이기 때문이다. 또한 일본인들은 선물 포장지를 반짝반짝하는 색채가 선명한 종이를 쓰지 않으며 선물에 리본도 달지 않는다.
□ 한국인이나 일본인은 4라는 숫자 발음이 죽을 사(死)와 같다 하여 이를 기피하는 것과 같이 구미인들은 13자를 싫어한다. 이 숫자는 예수의 최후의 만찬에 참가한 인원이 13명이라는 데서 연유한 것으로 특히, 13자에 금요일이 끼면 최고의 불길한 날로 여긴다. 따

라서 이와 같은 숫자는 피하는 것이 좋다.
- 라틴 아메리카인들은 칼을 선물하면 '칼이 자른다'하여 한국인과 같이 우정에 금이 가서 헤어진다는 것을 상징한다.
- 중동 지역에서 오는 손님에게 손수건을 선물하면 안된다. 손수건은 눈물, 헤어짐을 의미하여 적절한 선물이 못된다.
- 프랑스인에게 향수 선물은 정말 쓸데 없는 선물이 될 수 있다. 프랑스가 향수로 유명한 나라인데 향수를 선물하는 것은 어쩐지 부자연스럽다.
- 중동에서 온 손님에게 남녀를 막론하고 육체가 많이 노출된 사진, 가령 한국의 화려한 달력과 같은 것을 선물하는 것은 적절치 못하다. 이외에도 개·고양이와 같은 애완동물 사진도 부적절하다. 그들은 이러한 동물을 불결하고 신분이 낮은 사람들이 기르는 정도로 생각한다.

꽃 선물

가정을 방문할 때나 홈 파티에 초청을 받아 갈 때는 주로 꽃을 가지고 가는 경우가 많다. 꽃을 선물할 때에 지켜야 할 매너에는 다음과 같은 것들이 있다.

- 꽃은 종류와 컬러에 따라 상징하는 의미가 있다. 브라질인·멕시코인들은 자주빛 꽃을, 일본인은 흰색 꽃을 죽음을 뜻하는 것으로 여긴다. 우리나라에서는 노란색 꽃은 생일 꽃으로 쓰지 않는다.
  유럽에서도 국화꽃을 '죽음'의 뜻으로 받아 장례식용으로 쓴다. 꽃송이 수는 짝수는 불운을 뜻하고 있으므로 홀수로 해서 선물하되 구미에서는 13만 피한다. 몇 개를 모아 세트로 되어 있는 것을 일본인에게 선물할 때는 수가 10개 미만일 경우 짝수가 되도록 한다.

일본인들은 도자기를 5개로 한 세트로 하고 있으며 구미식이라면 반 다스 단위로 하는 것이 보통이다.
□ 독일인에게 꽃을 선물할 때는 꽃다발을 싼 포장지를 벗겨 주는 것이 매너다. 또한 빨간 장미꽃은 상대에게 로맨스의 메시지가 담긴 뜻으로 받아들일 수 있다는 데도 유의한다.
□ 일본인에게 선물할 때는 꽃다발 포장을 집에서 자신이 직접 하지 않는 것이 좋다. 유명한 백화점 같은 데서 전문적으로 포장하는 것이 고급스럽게 보일 뿐 아니라 받는 사람도 기뻐한다.
□ 부인을 동반한 외국 손님을 맞이할 때는 꽃다발을 주는 것이 매너다. 미국이나 유럽에서는 여성을 손님으로 맞이할 때는 꽃다발이나 꽃송이를 주는 것이 습관화되어 있다.

▶ **월별 지정꽃과 꽃말**(The Calendar of Flowers)

생일 축하 꽃으로는 다음의 달별 꽃말에 맞추어 보내는 것이 한층 의미가 더해진다.

1월 :	수선화 narcissus (존경, 자존)	7월 :	글라디올러스 gladiolus (견고)
2월 :	제비꽃 violet (성실, 겸손)	8월 :	다알리아 dahlia (화려)
3월 :	튤립 tulip (사랑, 사랑의 고백)	9월 :	용달꽃 pentstemon (슬픈 사랑)
4월 :	카네이션 carnation (플라토닉 러브)	10월 :	코스모스 cosmos (흰꽃은 소녀의 순결, 붉은 꽃은 애정)
5월 :	장미 rose (사랑, 아름다움)	11월 :	국화 chrysanthemum (고결)
6월 :	치자꽃 gardenia (청결)	12월 :	양란 orchid (미인)

문병과 조문 — 기본 준수사항

병원에 입원한 환자나 자택에서 치료 중인 사람을 문병할 때는 간호원이나 가족의 면회 승락을 받는 것이 예의다. 환자의 상태를 알아보지도 않고 불시에 문병을 가는 것은 에티켓에 반한 일이다. 문병 인원수는 3인 정도가 좋으며 많은 사람이 몰려가는 것은 환자를 위해서도 좋지 않다. 하지만 이성의 병실에는 혼자 가는 것보다 복수의 인원이 가는 것이 좋다. 문병할 때 환자나 가족과의 화제가 문제가 될 수 있는 경우가 있다. 가령 교통사고로 입원해 있는 환자를 위로한다는 뜻으로 사고 당시의 참혹상을 꼬치꼬치 묻는다거나, 다친 상태를 너무 구체적으로 '뼈가 어떻게 부러졌느냐'는 식으로 묻는 것은 적절하지 못하다.

면회 시간은 환자의 상태에 따라 다르겠으나 보통 10분, 회복기에는 20~30분이 좋다.

1) 병 문안 때는 꽃송이가 무방

병 문안시에는 꽃을 갖고 가는 것이 일반적이나 기타 필요한 음료 등도 무방하다. 꽃을 갖고 갈 때는 병실에 화분이 없는 경우에 대비하여 간단한 꽃병을 준비해 가는 것도 사려깊은 일이며 꽃의 종류로는 장미 · 카네이션 · 튤립 · 다알리아 · 난 · 아네모네가 적당할 것이다.

이와 같은 꽃을 들고 갈 때 다음과 같은 쾌유를 비는 카드(get-well card)를 꽃다발에 붙여 주면 더욱 정다운 문병이 될 것이다.

> *Dear Miss Lee,*
> *We hope you will take good care of yourself and be all right soon.*
>   *Catherine, Margaret*
>   *Barbara, Tom*
>   *Jack*

2) 문병시 영어 표현

□ I cannot tell you how sad I was to hear of your sickness.
  (아팠다는 말을 듣고 얼마나 놀랐는지 몰라요.)
□ I hope you will soon be all right.
  (곧 쾌유되기를 바랍니다.)
□ We miss you very much at office.
  (회사에서 당신이 없으니까 다들 섭섭하게 생각하고 있어요.)
□ Don't worry about your job. Take things easy.
  (회사 문제는 걱정하지 말고 편안히 있어요.)
□ If you want something, ask me anything.
  (필요한 것 있으면 나에게 말해 줘요.)

장례식은 일반적으로 교회에서

가족 중 한 사람이 사망하면 곧 장례의 날짜, 시간과 장소를 명시한 사망통지를 신문의 사망 통지난(The obituary column)에 내는 것이 구미 사회의 관행이다. 이 밖에 특히 가까운 친·인척에게는 전화나 전보로 개별적으로 통보한다.

미국에서는 장례식(funeral service)은 가정에서 거행하는 경우는 없고 교회나 장의사(funeral homes)에서 행해지는 것이 보통이다. 장의사에서는 시신을 깨끗이 씻고 화장을 해서 안치(安置)한 후 시신을 관에 넣어 이장을 맡는 일을 한다.

1) 조의(弔意) 방법 ; 조화, 부의금

구미의 장례식에서는 꽃송이를 제단에 올려 놓는 것이 관행이다. 한국에서와 같이 향불을 올리거나 꽃다발을 보내는 일은 없다. 꽃집에서 꽃을 살 때는 하얀 카드에 With deepest sympathy 라거나 With love and sympathy 라고 써서 꽃에 첨부하는 것이 예이다. 그러나 상주가 유대교인이라면 꽃을 바치는 것은 절대 금물이다. 유대교의 경우 조화(弔花)는 어떤 경우에도 좋아하지 않기 때문이다.

또한 유족과 특별히 가까운 조문객이라면 꽃을 자택으로 보내기도 한다. 특히 상대가 가톨릭교인인 경우에는 교회에서는 근친자의 꽃만 받기 때문에 집으로 보내는 것이 좋은 조문 방법이 된다.

꽃 외의 조의 방법으로 돈으로 부조(扶助)하는 경우가 있다. 이 때는 현금으로 하지 않고 수표로 만들어 봉투에 넣는 것이 우리와 다르다. 경우에 따라서는 신문 사망 광고난에 "꽃값은 ○○재단에 기부해 주시면 고맙겠습니다"라고 명시되어 있으면 다음과 같은 뜻을 기재하여 수표를 그 재단으로 부친다.

한국에서는 사회적으로 통용되는 액수 기준이 있고 부조 명부를 보고 이전에 받았던 액수를 참고로 해서 정하나 구미는 그런 기준이 없기 때문에 내는 사람의 생각에 따라 정해진다. 가톨릭교인은 꽃값 대신 교회에 기부하는 것이 보통이다. 그렇게 되면 교회에서는 유족에게 미사의 일시를 적은 카드를 보내 고인의 사후 1년간 추도미사를 올려 준다.

▶ *부조금으로 기부금을 낼 때의 표현*
This donation is sent in living memory of Mr. John Shore, of 200 Sheffield Court, Boulder, Colorado.
(이 기부금은 콜로라도 주 볼더 시 시펠드 코트 200번지의 존 쇼어 씨를 기념해서 보낸 것입니다.)

2) 장례식에 참석할 수 없을 때

불가피한 사정으로 장례식에 참석하여 추모를 할 수 없는 경우가 있다. 한국에서는 화환을 상가에 보내거나 조전(弔電)을 쳐놓으면 일단 예를 갖춘 것으로 보지만 구미에서는 약간 다르다.

구미의 조전은 해외에 나가 있는 경우가 아니면 국내에서 이와 같은 처세는 곤란하다. 대신 정중히 조의를 표하는 조문 편지(카드)를 보내는 것이 예가 된다. 이 편지는 타이핑으로 하지 않고 자필로 써서 보내는 것이 매너이며 조문을 표하는 카드(sympathy card)가 인쇄되어 시중에서 팔고 있으므로 이것을 사서 보낼 때는 가급적 자필로 조문의 뜻을 표한다. 가령, I am so sorry to hear of the loss of your daughter.(따님을 잃었다는 소식을 접하고 무어라 위로의 말씀을 드릴 수가 없습니다)라고 써서 보낸다.

3) 조문시 영어 표현

이 밖에 조문할 때 일반적으로 쓰이고 있는 영어 표현들은 다음과 같은 것이 있다.

☐ We will always remember in our prayers.(명복을 빕니다.)
☐ With deepest sympathy.(편지의 경구 표현으로 쓰는 경우)
☐ Mr. Smith was a wonderful man. May he rest in peace.
  (스미스 씨는 훌륭한 분이었습니다. 명복을 비는 바입니다.)
☐ You have my deepest sympathy.
  (고인에 심심한 조의를 표합니다.)

☐ Mr. Smith was always kind to us. Please accept our sincere sympathy.
(돌아가신 스미스 씨는 언제나 우리들에게 친절히 대해 주셨습니다. 우리들의 심심한 조의를 받아 주십시오.)

▶ *장례식 통보(예시)*

◆Notification◆

A Memorial Requiem Service
on the Anniversary of the Repose
of the Servant of God
John H. Smith was celebrated
at the cathedral of the Holy
Resurrection of the Orthodox church in Korea
on October 15, 2000
Daughters Mary, Dana and Jane
Mrs. Elaine Smith
Request You
to Continue to Remember Our Departed Brother
in Your Prayers.
May His Memory Be Eternal.

제 **4** 장

국제화 시대의 사교 에티켓

파티 에티켓
테이블 매너
동양 요리 식탁 매너
동서양의 음주 매너
양주 매너
복장 매너

1 파티 에티켓

파티는 사교의 기회

파티는 많은 관련 인사가 초청되어 대화를 나누면서 사교하는 자리다. 주최자의 비용으로 많은 사람을 초청해 놓은 자리이므로 처음 대화는 사람을 사귀는 데 이보다 더 좋은 기회가 없는 것이다. 그러려면 짧은 시간에 보다 많은 사람을 만나 대화를 나누는 과정에서 자기를 상대에게 좋은 인상을 강하게 부각시키는 것이 파티 참석의 포인트다. 다음은 파티에 참석할 때 익혀야 할 요령이며 에티켓이다.

사교 파티의 의미

1) 적절한 인사(appropriate greetings)
파티 석상에서의 인사는 누가 소개시켜 주는 것이 아니라 자기가 자기를 소개하면서 대화하는 장소다. 따라서 파티에서는 참석자끼리 말 붙이기에서 대화가 시작된다.

2) 대화의 유도(conversation starters)

상호간의 대화는 중대한 문제를 심각하게 주고 받는 것이 아니라, 그저 '말하기 위한 지껄임' 정도로 이해하면 된다.

3) 덕담의 분위기(compliments)

대화를 명랑하게 전개시키기 위해서는 상대를 칭찬하고 모든 것을 즐겁게만 이끌어가는 것이 좋다. 다시 말하면 대화는 덕담(德談)이 주가 된다.

4) 대화는 간단히(getting out of conversations)

한 사람만을 상대로 장황하게 시간을 끄는 것이 아니라 제한된 시간에 많은 사람을 돌아가면서 만나야 하기 때문에 간단히 해야 한다.

파티의 준비와 순서

1) 파티 준비시 고려할 사항

파티 주최자가 파티를 준비할 때는 다음 사항에 유의한다.
□ 초청장 발송시 초청장에 파티장의 위치를 알리는 지도를 넣는다.
□ 회의의 목적을 파악하여 주빈이 누구인가를 명확히 한다.
□ 초청자의 인원수 및 구성에서 성별·연령·종교·국적 등을 균형있게 조정한다. 물론 이러한 경우는 개인적 파티에 그 필요성이 더욱 요청되나 국제 행사시의 파티는 참가 대표 전체를 초청 대상으로 하기 때문에 그 선별의 폭은 그만큼 좁아질 것이다.
□ 요리의 종류는 초청자에 맞도록 선택한다. 특히 동남아·중동의 국적을 가진 손님에게는 종교적 고려에 의한 금기 음식에 유의하고 경우에 따라서는 채식주의자를 위한 식단도 마련한다.
□ 좌석 배치에서 적대 국민간의 감정을 고려한다. 즉 인도와 파키스탄, 이스라엘과 아랍, 그리고 최근의 긴장이 고조된 양 국가의 국

민간의 접촉에는 주최측의 충분한 배려가 있어야 한다.

2) 파티 준비의 순서

파티는 주빈 행사 운영, 영접 안내 등 조금의 착오가 없도록 철저를 기하여야 할 것이다. 다음은 파티 준비에 따른 절차다.

▶ *사전에 주빈과 상담한다*

주빈이 있는 파티는 먼저 그 주빈과 사전에 충분한 의견을 교환한다. 개최 일시, 초청장의 문안 등도 상담의 대상이 된다. 예를 들면 왕족이 주빈일 때는 그에 맞는 특별한 표현, 관행이 있으므로 그에 따르도록 해야 한다.

▶ *호텔측의 연회 담당 지배인과 협의한다*

장소가 호텔인 경우는 호텔 뱅큇(banquet) 서비스가 협의 대상이 되며, 기타 다른 장소일 때는 캐터링(catering) 전문 업체가 협의 대상이 될 것이다. 먼저 견적을 받기 위해 요리와 마실 것의 종류 선택, 바나 테이블의 배치, 실내 장식, 진행 수순, 클록 설치, 차의 유도 기타 관련 행사가 있으면 그에 따른 호텔측의 지원, 예를 들면 공연이 있을 때는 무대 설치·조명·분장실 등을 명확히 해야 정확한 견적이 나온다.

▶ *바(Bar)와 테이블의 배치*

바는 손님을 분산하는 효과를 고려하여 설치한다. 3백명의 파티에 바가 하나밖에 없을 때는 긴 줄을 서게 되어 손님의 동선(traffic flow)을 방해하게 된다. 통상 50명당 하나의 바가 적당하다.

▶ *파티에서의 음료는 1인당 평균 2잔 반으로*

술을 마시지 않는 사람을 위하여 오렌지 주스 등 소프트 드링크(soft drink)를 마련한다. 회교국에서는 알콜 음료는 금지되어 있으며 현지의 습관에 따라 대응한다. 아시아에 있는 회교국의 파티에서는 알콜을 내지 않으나 별도로 알콜실을 마련하여 마시고 싶은 손님에게 안내하는 경우도 있다.

▶ *주차권을 초청장에 동봉해서 보낸다*
대규모 행사에는 주차가 큰 문제다. 주차장의 확보는 물론 페이징 시스템과 도어맨의 숙련된 손님 영접과 차량 통제, 그리고 운전사의 식사 등도 고려해 넣어야 한다.

▶ *영접원은 여성인 경우 한복 차림이 최적이다*
주최자측의 내부에서 직원들을 동원하여 당일 도착 손님을 회장 입구에 설치된 접수처에 안내하고, 그곳에서 명찰을 달도록 하여 리시빙 라인까지 안내를 맡는다. 이들 안내원은 파티의 도입 단계에서부터 분위기를 이끌어 주는 효과도 있어 한국에서 행사를 할 때는 한복 차림이 더욱 화려하고 분위기 조성에 도움이 된다.

▶ *3~5인조 실내악단은 파티 분위기를 연출하는 데 효과적이다*
통상 리셉션에서는 백그라운드 뮤직(BGM)은 불필요하나 분위기 고조를 위하여 실내악의 조용하고 격조 높은 음악은 고려할 수 있다. 이때는 곡명 선택을 잘 해야 할 것이다.

사교 파티의 종류

1) 디너 파티(dinner party)
디너 파티는 풀코스의 만찬을 내용으로 하는 파티로 가장 정중한 파티다. 복장은 정장으로 하며 정식 초청장에 의한 초청을 원칙으로 한다.
디너 파티는 초청자와 주빈이 입구쪽에 일렬로 서서 손님을 마중하는 소위 리시빙 라인(receiving line)을 이루어 손님을 맞이한다. 식사전(pre-dinner) 칵테일을 가지며 식당 입장은 호스트가 주빈 부인을 동행 선도하고, 다음으로 주빈이 호스테스를, 그 이하는 남성이 여성에게 오른팔을 내어 잡도록 하여 좌석순에 따라 착석한다.
국제 행사 기간 중 개최되는 디너 파티는 참가자 전체를 초청 대상으로 하는 대규모 만찬 파티에서부터 임원 또는 특별 위원회의 위원들만이 갖는 소규모 파티가 있다.

구체적인 것은 다음 디너 파티 운영편을 참조한다.

2) 리셉션(reception)

손님을 접대하는 데는 공적인 것과 사적인 것이 있다. 보다 공적인 손님 접대는 리셉션이라 하여 개인적 파티와 구별한다. 물론 사적인 모임으로 결혼 피로연도 리셉션이라고 하고 있으나 대부분 공공 기관이 공적인 목적으로 손님을 접대하는 것은 바로 리셉션에서 이루어지고 있다.

리셉션은 주최자와 주빈이 함께 리시빙 라인에서 손님을 맞이한다. 개최 시간은 주야 일정하지 않으나 시간에 따라 복장이 다소 다르게 된다.

리셉션장에는 분위기를 높이기 위하여 공연 프로그램을 비롯하여 도어 프라이즈를 갖는 등 다채로운 프로그램을 편성한다. 주최측은 연설이 길어서는 안되며 1~2분 정도의 극히 의례적인 인사말의 형식을 갖춘다.

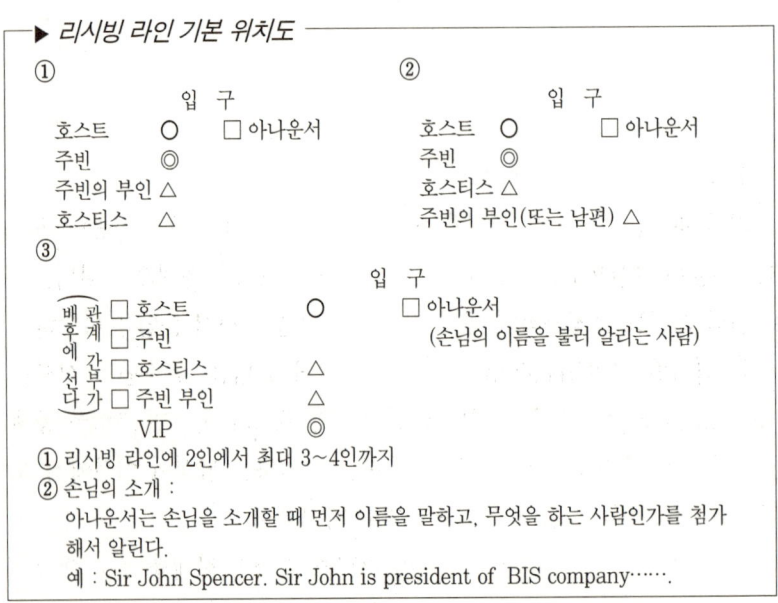

3) 칵테일 파티(cocktail party)

칵테일 파티는 미국의 비즈니스맨들이 고안해 낸 파티의 형식이다. 사업상에서 개인 초대에 이르기까지 널리 이용되고 있다. 국제 행사 중에 가장 많이 갖게 되는 사교 행사다.

칵테일 파티는 개최 시작 시간 정각에 도착하는 것이 아니라 편의에 따라 개최 시간 중 적당한 때에 참석하여도 무방하므로 동시에 두 곳에 번갈아가면서 참석하는 이점도 있다. 국제 행사 기간 중 이러한 칵테일 파티가 회의 종료 후 많은 장소에서 개최되는 경우가 많다. 더욱이 호텔을 달리하면서 개최되는 경우도 있다.

칵테일 파티는 보통 퇴사 시간 이후의 오후 5시부터 저녁식사가 시작되는 7시경까지 진행된다. 칵테일 파티는 리셉션과 달리 리시빙 라인을 설치할 필요는 없으나(설치해도 무방) 그 대신 입구 부근에서 주최자는 오는 손님을 맞이한다.

cocktails 파티와 cocktails and dinner 파티는 다르다. 디너까지 겸한 칵테일 파티는 내놓은 메뉴가 디너에 준하는 음식으로 차려져 식사까

칵테일 글라스

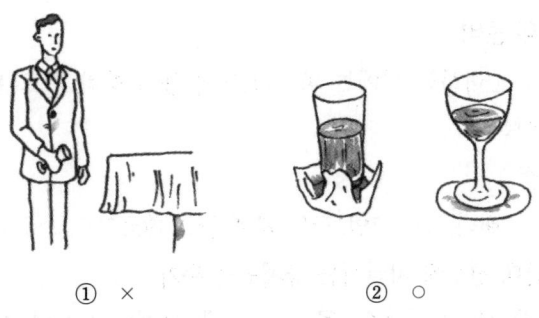

① ✕　　　② ○

① 칵테일 파티 중 칵테일 글라스를 비스듬히 잡는 일이 없어야 한다.
② 칵테일 잔은 종이 냅킨으로 밑을 싸고, 이동시에는 왼손으로 잡는다. 마실 때는 선 상태에서 마시며, 잔은 오른손으로 바꿔 마신다.

지 할 수 있는 경우와 칵테일과 디너의 장소를 구분하여 칵테일이 끝나면 옆 방에 마련한 디너 장소로 옮기는 두 종류가 있다.

뷔페 파티 음식

• 뷔페 음식은 2~3종의 요리를 접시에 담고 글라스는 접시 위에 놓는 것이 미관상 좋다.

▶ 칵테일 파티의 준비 사항

파티는 그 목적과 초대 손님의 수, 남녀별 연령층, 그리고 계절 등에 따라 그 방법이 여러 가지 있을 수 있다.
다음에 칵테일 파티 때 참고할 사항을 소개한다.

① 칵테일 준비
칵테일을 준비하는 데에는 파티의 목적 등에 따라 다르다. 양주의 종류를 알아본다.

준비 양주
위스키, 브랜디, 진, 고안드로, 페파민트, 베르모트(스위트와 드라이) 등 7종인데 경우에 따라서는 샴페인을 추가한다.
기타 믹서류로는 탄산수, 콜라, 진저엘, 그레나딘 시럽, 계란 레몬 설탕 젤리 올리브 안고 스튜라비터 등이다.

만들 수 있는 칵테일
쇼트 드링크 : 맨해탄, 마티니, 퍼펙트, 사이드카, 스틴카, 화이트 레이디, 위스키 온더럭스, 고안드로후 자페, 고안드로 피즈, 페파민트 후랏페, 베르모트 온더럭스.
롱 드링크 : 하이볼, 진피즈, 텍사스 피즈, 골덴 피즈, 실버 피즈, 로얄 피즈, 데이지, 위스키 & 진저엘, 진 & 진저엘, 위스키 & 콕, 진 & 콕.

② 양주의 용량 계산 요령
하이볼의 경우 위스키 1병 720ml, 싱클의 양은 30ml이므로 한 병에서 24잔이 나온다. 탄산수는 최저 1다스가 필요하다. 마티니 칵테일인 때는, 드라이 진 병 760ml, 드라이베르모트 1병(수입품) 1,000ml, 계 1,760ml, 칵테일 글라스 한 잔의 양은 60ml. 따라서 약 30잔이 나온다.

▶ *미국인의 cocktail hour*
　미국인들은 칵테일을 즐기는 국민이다. 이렇게 칵테일 마시기를 좋아하는 데는 그럴만한 이유가 있다. 미국인들이 말하는 the roaring twenties(광란의 1920년대란 뜻으로 미국에서 재즈 음악이 맹렬히 유행하던 시절)에 prohibition(금주법) 때문으로 당시는 집안에서만 술마시는 것이 허용되었으므로 손님이 도착하여 식사가 서브될 때까지 약 한 시간 동안 칵테일을 대접하고 마시는 것이 생활화되어 이 시간을 cocktail hour라고 미국인들은 부르고 있다. 금주법이 해제된 이후에도 이와 같은 음주 습관이 이어져 오늘에 이르고 있다. 칵테일 라운지의 문간에 happy hour란 푯말이 붙은 것은 술집에서 염가 서비스하는 시간을 의미하는 '서비스 타임'이란 뜻으로 이 시대와 관련이 있는 것이다. 미국인들은 칵테일 파티에 초청하는 사람은 디너에까지 초청해 깊이 사귀고 싶지 않다는 뜻을 갖고 있다.

4) 가든 파티(party in the garden)
　파티 장소를 정원으로 옮기는 연회의 일종이다. 기후가 좋은 봄·가을이 가든 파티에 적합하며 동남아 등 상하의 나라는 주로 가든 파티가 유행하고 있다. 국제 행사 중에 가든 파티를 개최할 때는 반드시 우천시에 대비해야 한다. 호텔 시설 밖의 다른 정원에서 행사를 개최할 때에는 음식과 음료를 호텔로부터 케터링 서비스를 받도록 한다.

　미국에서는 손님을 가정으로 초대하여 홈 파티를 갖는데, 장소를 정원으로 옮겨 갖는 것을 가든 파티라고 한다. 보통 오후 3시 전후에 바베큐 스타일로 한다. Let's enjoy a barbecue outside for dinner.(저녁 식사를 정원에서 바베큐로 합시다)로 손님을 안내하면 가든 파티에 쓰이는 테이블 세팅, 바베큐용 난로나 숯과 불쏘시개, 접시 나르는 일은 남자들이 도맡아 처리한다.

▶ *초청장*

　초청장은 정식과 약식으로 구분하여 가정에서 여는 가든 파티는 약식으로 한다. 정식은 초청장에 a garden party로 기재해서 보내나 약식에서는 at home으로 표기하는 것이 다르다.

정식

Mr. and Mrs. Albert Douglas
request the pleasure of the company of
피초청자 풀네임
at a Garden Party
on Friday afternoon the 2nd August
at 3 o'clock

약식

피초청자 풀네임	
Mrs. A	
At Home	
Friday, 2nd August	
a band	R.S.V.P.
3 to 5:30	256 - 7897

　약식 초청장을 보낼 때는 위의 약식 초청장 예시에 나타난 피초청자의 이름은 카드 상단에 연필로 기록하여 보낸다. R.S.V.P.는 참석 여부를 알려 달라는 뜻이며, 불참시에만 통보해 달라고 할 때는 Regrets only 라고 대신 쓰면 된다.

5) 뷔페(buffét)

뷔페라는 말은 프랑스어의 '요리를 손님 앞에 차려 놓은 상'이라는 뜻이다. 현재는 입식 파티의 회합을 의미하는 것으로 정식으로는 점심의 경우는 buffet luncheon, 저녁은 buffet dinner라 한다. 좌식 파티로는 따뜻한 요리를 주로 하는 메뉴가 있게 되나 입식은 따뜻한 요리와 찬 요리로 구성되어 그 중에도 찬 요리가 주가 된다.

뷔페 파티는 대중을 상대로 하는 대형 연회에는 가장 능률적이며 비용도 다른 것에 비하여 저렴하게 든다는 이점이 있다.

뷔페는 많은 인원수를 대상으로 할 때는 입식이 원칙이지만 편의에 따라 테이블을 세팅하여 놓고 셀프 서비스로 하여 각자가 뷔페 라인에 가서 음식을 가지고 와서 앉아서 먹는 좌석식 뷔페의 편법도 많이 이용되고 있다. 칵테일 파티에서는 나오는 음식이 손으로 집어먹는 오도볼류가 주가 되나 뷔페는 나이프와 포크를 사용할 수 있는 음식이 나온다. 요리 코스로는 전채 → 수프 → 생선 요리 → 고기 요리 → 디저트의 순으로 차려져 있고 이 순서를 따라 취한다.

뷔페 매너는 다음과 같다.

☐ 뷔페 테이블은 시계 방향으로 돌면서 취향 대로 음식을 덜어낸다.
☐ 뷔페 음식은 처음 한 접시에는 빵 · 야채 · 굴 등 전체 음식을 담아 먹은 후, 다음은 생선 요리를 중심으로 해서 먹고, 다시 세 번째 접시는 고기(肉)를 먹는 식으로 하며 끝에는 후식으로 한다. 한 접시에 많은 양의 음식을 올려 놓으면 미관상 좋지 않다. 김치를 가져 올 때는 김치 국물이 다른 음식에 배이지 않도록 한다.
☐ 뷔페 테이블에서 집게로 이것 저것 들었다 놓았다 하지 않고 한 번에 접시에 옮긴다.
☐ 뷔페 테이블에서 먹고 싶은 음식을 지나쳤다고 역순으로 다시 가지 않는다. 뒷사람에 지장이 되므로 다음 기회로 돌린다.

☐ 음식 양은 한 번에 많이 취하지 않고 적당하게 하고 가지런히 놓도록 한다.
☐ 음식을 취하러 자리를 뜰 때는 냅킨은 식탁 위에 놓지 않고 의자 위에 올려 놓고 나오며 나올 때 뺀 의자는 다시 테이블 안으로 밀어 넣고 나온다.

6) 모금 파티(party for fund raising)

선거가 가까워지면 특정 후보를 위하여 자금 모금을 위한 파티가 성행한다. 정당 및 개인 주최 등 다양한 모임이 되는 것이다. 회비는 1인당 1백달러에서 1천달러까지 있다. 민간 단체에서도 white elephant sale이라고 부르는 파티가 있다. 이는 흰 코끼리라는 뜻이나, 이 물건을 유지하는 데에는 비용이 많이 드는 무용의 거물이라는 뜻이다. 불용품 교환회(burdensome possession)가 이러한 모임의 일종이다. 술을 못 먹는 사람에게는 위스키는 불용품이나, 물건 자체는 가치있는 사장품인 것이다. 헌 원피스 · 커피 · 액세서리 등 이러한 것들을 지참케 하여 일정한 장소에 모아 경매에 붙여서 그 판매 대금을 모금하게 된다.

7) 포트럭 디너(potluck dinner)

미국인이 고안해 낸 파티로 각자 일품 요리를 지참하여 다같이 즐기는 파티로서 이를 cooperating party라고도 한다.

주관자가 음식 목록을 작성하여 main dish, salad, dessert로 분류하고 참석자 중에서 그 중 한 가지 음식을 지참케 하는 것이다. 이러한 파티는 주로 개인적 성격의 파티로서 서로의 친분이 두터운 것을 전제로 가능한다.

> ▶ 포트럭 디너 준비 분담표

※ (　　)은 준비자

Main dish
roast beef(Jane)
ham(Linda)
spring rolls(Betty)
fried chicken(Lee)
sandwich(Yoko)

Dessert
lemon pie(Mary)
cheese cake(Jim)
cookie(Park)
tea and green tea(Chang)

Salad
shrimp salad(Grace)
vegetable salad(Kay)
fruit salad(Massko)

Seasoning
sugar, salt, mayonnaise, garlic …
　(Lee Yung-ja)

8) 티 파티(tea party)

홍차 · 주스 · 케이크 · 쿠키 · 샌드위치 등을 내놓는 회합이다. 시간은 오후 3~5시경에 여는데, 보통 30분 정도 진행된다. 자녀 중심의 입학 · 졸업 축하, 여성의 동창회, 생일 파티에 적용되며, 음식은 1인분씩 다과를 세트로 하여 차려 놓고 서서 자유스럽게 먹는다.

정식으로는 티 포어러(tea pourer)라고 하는 차를 딸아 주는 역(원칙으로는 호스티스가 맡는다)이 있는데, 손님은 받침 접시(saucer) 위에 컵을 올려 놓은 채 그의 앞에 내어서 밀크 · 레몬 · 설탕 등 자기가 원하는 것을 받아 타서 마신다. 차를 딸아 주는 포어러가 있기 때문에 손님이 임의로 타서 먹는 것은 좋지 않다.

복장은 다크 수트나 애프터눈 드레스를 입으면 무방하다.

9) 샤워 파티(shower party)

친한 친구끼리 모여 축하를 받을 사람을 중심으로 하여 그에 대한 환담으로 화제를 유도하며 참석자 전원이 선물을 하는 파티다. 즉 우정이

비와 같이 쏟아진다는 샤워(shower)의 의미를 붙인 것이다. 이는 극히 개인적 파티로 주로 여성들이 중심이 되어 개최하는 파티다. 신혼 부부에게 필요한 선물을 하는 bridal shower, 출산을 축하하는 baby shower, 주방용품을 모아 주는 kitchen shower가 있다.

샤워 파티의 선물감은 다음과 같은 것이 있다.

□ 결혼 축하 샤워

　　table cloth, sheet, spread(베드 커버), pajamas, cushion, alarm clock, electric stand, etc.

□ 부엌용품 샤워

　　knives and spoons, pan, towel, cooking book, table cloth, dishes(식기류), luncheon mat, etc.

□ 아기용품 샤워

　　diaper(기저귀), diaper cover, baby dress, rattle(달랑달랑 소리나는 장난감), bib(아기의 턱받이), crib(어린이 침대), silver spoon, etc.

10) 무도회와 댄스 파티(ball and dance)

우리 나라에서는 무도회(ball)와 댄스 파티(dance)를 분명히 구별하지 않는 경향이 있으나, 영어로는 이 양자를 구별한다.

즉 댄스는 보통 일정한 연령에 달한 사람을 초대하지만 무도회에의 초대자는 연령에는 관계없이 호스티스와 친한 관계 인사는 누구나 초대될 수 있다. 다시 말하면 볼은 댄스보다 많은 사람이 출석하여 보다 큰 규모의 댄스 파티를 이룬다는 의미다. 미국의 사회 단체에서는 매년 12월 초 자금 모금을 위하여 댄스 파티를 개최하고 회원에게 티켓을 팔게 하여 자금을 만들며, 이 때 티켓을 산 사람들은 친구들끼리 와서 댄스를 한다. 남성·여성이 따로 와서 서로 인사를 나눈 후 춤을 추는 기회를 마련해 주는 것이 댄스 파티다.

① 댄스 매너
- 남성은 소개받은 여성에 한 번 응해 주는 것이 에티켓이다.
- 여성은 댄스를 하다가 중간에 쉬고 싶으면 상대에게 말해서 쉬어도 좋다. 다만 상대의 자존심을 상하지 않도록 예를 갖추는 것이 중요하다.
- 볼이나 댄스에서는 커틴(cutting-in)이 허용되는 관행이 있다. 이 커틴은 여성이 춤을 추고 있는 동안 다른 남성의 프로포즈를 거절하지 않는 관습으로 춤을 추고 있던 남성은 섭섭히 생각해서는 안 되며 여성도 파트너가 있다는 이유로 거절해서는 안된다.
- 파트너가 댄스를 잘 추지 못할 때는 도중에 Let's sit out the rest of this dance(나가서 좀 쉽시다)라고 하고 자리에 가 앉아도 무방하다.
- 남성은 춤을 추러 가거나 자리에 돌아올 때는 여성을 앞세워 걷는 것이 매너다.
- 여성이 남성의 프로포즈를 사양했다면 그 곡이 끝날 때까지는 다른 남성과 춤을 추지 않는 것이 예의다. 상대의 자존심을 상하게 하기 때문이다.
- 부부 동반의 경우는 제일 먼저 부부가 춤을 한번 추고 그 이후는 다른 상대와 추며, 부부가 추는 것으로 끝낸다.

② 댄스할 때 영어 표현
- Let's go to the dance, shall we?(춤추러 가실까요?)
- Would you care to dance?(춤 한 번 추실까요?)
- May I have this dance?
  (이번 곡에 맞추어 한 번 추시겠습니까?)
- May I have the next dance?(다음에 한 번 출까요?)
- Certainly.(좋아요, 춥시다)

- Yes, I'd like to very much(그러시죠, 좋습니다).
- Not just now. I'm very tired.
  (지금은 사양하겠습니다, 피곤해서요.)
- Let's rest a while(잠깐 쉽시다).
- Come and sit with us(여기 오셔서 같이 앉으시죠).
- Thank you very much. Your dancing step is wonderful.
  (잘 추었습니다. 댄스를 참 잘 추십니다.)

디너 파티의 의미

정식 디너 파티는 다른 어느 파티보다 정중하고 의례적 규칙이 요구된다. 외국의 원수나 귀빈들을 위한 규모가 큰 궁중 만찬회에서부터 수십 명에 이르는 소규모 파티 등이 있다. '정식'이라는 말이 사용될 때는 수순이 일정한 의례적 규칙에 따라 집사(butler) 이하 몇 명의 사용인(footman)이 시중을 들게 되는데 이들은 전원 남성이 원칙이다.

1) 정식 초청장
정식 디너는 초청장에 의한 참가자의 초청으로 이루어진다. 정식 초청장의 문안은 3인칭으로 한다.

2) 디너의 시간
보통 오후 8~9시 사이에 개시되는 예가 많다. 한국에서는 6시 30분~7시 사이에 시작하는 경우가 많다. 초청장에는 Dinner at 8:00 P.M.이라 쓰여진 경우는 8시에서 30분간은 식전주(食前酒)의 시간을 말하며 실제 식사는 8시 30분부터 시작한다는 뜻이다. 디너 전에 pre-dinner 칵테일이라 하여 디너 장소의 한쪽 코너에 바를 설치하여 서로 담소하며 음료를 마시는 형식을 갖는다. 이것은 정식이라기보다 사교적 모임에 많이 활용하고 있는 경향이 있다.

3) 손님 초청 선택상의 주의

초청 대상을 선정할 때는 남녀 같은 수로 하는 것이 바람직하나 남녀의 수가 불균형할 때는 남성의 수가 많게 한다. 가급적이면 초청인을 짝수로 하며 만약 한 사람의 불참이 생길 때는 호스트측의 사람 중에서 그 자리를 메우는 역(stop gap)을 부탁하고 후에 정식 손님으로 참가할 기회를 준다.

한편 교전 중이거나 분쟁국의 국민간에는 자리를 같이 하지 않도록 좌석 배열에 신경을 써야 하고, 주빈보다 지위가 높은 사람을 가급적 초청하지 않도록 한다.

독신자에게 동행 참석을 희망할 때는, 예를 들면 남성은 Mr. — and partner로, 여성은 Miss — and partner라고 쓴다. 착석 디너에는 남편이 불참하게 될 때는 부인도 이에 따르는 것이 원칙이다. 테이블에 남녀의 수가 불균형이 되기 때문이다.

파티장의 데코레이션

손님은 첫 식사 장소의 분위기에 인상을 크게 받는다. 연회 장소는 식사 내용보다 분위기가 중요하므로 주최측은 호텔(장소를 호텔로 하였을 때)과 긴밀한 협조하에 분위기 조성에 노력하여야 한다. 실내에서도 후미진 곳(dead corner)에는 한 아름의 화분을 놓아 이를 살리며 행사 내용에 맞추어 실내 음악도 선택한다. 테이블 장식에는 꽃장식이 주가 되고 있으나 꽃받침도 중요한 영향을 준다는 데 유의해야 한다. 테이블 위에 놓인 장식물이 너무 높으면 상호간의 시야를 방해하게 되며 안정감을 잃게 된다. 촛불을 사용할 때는 서로간의 친선에 방해가 되지 않도록 높이를 올려 너무 낮으면 촛불의 뜨거운 열감각이 바로 느껴지기 때문이다. 오찬에는 촛불을 사용하지 않는 것이 원칙이다.

▶ *일반적인 정식 테이블 세팅*

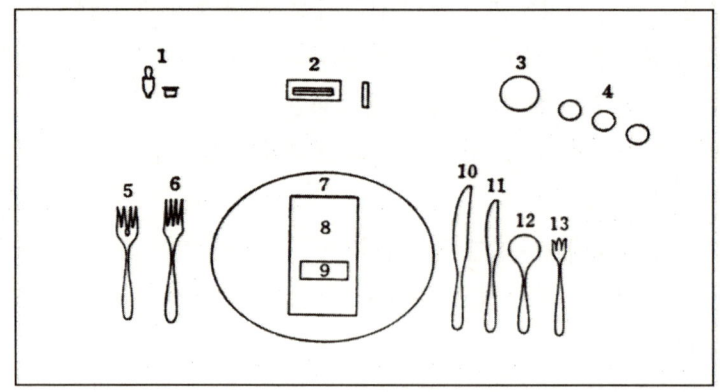

1. 소금
2. 재떨이
3. 글라스
4. 와인 글라스
5. 포크
6. 포크
7. 서비스 접시
8. 냅킨
9. 좌석표
10. 육류용 나이프
11. 어류용 나이프
12. 수프용 스푼
13. 굴·조개용 포크

좌석표

좌석을 지정하여 본인이 자기 좌석을 찾기 쉽게 하고 옆 참석자도 서로 누가 참석했는지를 알 수 있게 하기 위하여 좌석표(place card)를 테이블 위에 놓는다. 일반적으로 8인 이상일 경우에 사용한다. 이 좌석표는 지정자의 성명을 기입하게 되는데 직위만으로 알 수 있는 고위 인사는 직위만 써 넣는다(예 The foreign minister). 박사는 Dr. 교수는 professor 장군은 Gen. 대사는 Amb.로 표시하고 특히 장군과 대사는 현직이 아니라도 전직을 표시하여 준다.

일반 개인은 Mr. Mrs.로 라스트네임만 기입하며 성이 같은 사람이

둘이면 그들에게만 풀 네임을 쓴다.

주최자가 개인 집일 때는 host(hostess), 주빈 guest of honour로 하나 큰 연회시는 Mr.— Mrs.—로 손님과 같이 성명을 기입한다.

특별 메뉴

식탁 위에 올려 놓는 메뉴 카드는 고급스럽고 깨끗하지 않으면 안된다. 메뉴 카드는 식탁 위에 차려 놓은 식기를 더욱 돋보이게 하는 효과도 준다. 특별한 행사에는 호텔에서 만들어 놓은 메뉴 카드(호텔명이 인쇄되어 있다) 대신 행사 전용 메뉴 카드를 별도 제작하여 카드에 행사 휘장을 인쇄하여 사용하게 된다.

메뉴 카드는 두꺼운 지질로서 흰색에 금박을 넣고 규격은 4×6인치가 적당하며 중앙 상부에는 문장으로 장식할 수 있다. 메뉴는 전통적으로 프랑스어로 표기하나 영어로 프린트할 수도 있다.

연회

파티를 보다 능률적으로 진행하기 위하여는 장소가 호텔인 경우 주최자와 호텔측과의 긴밀한 협조 체제를 어떻게 유지하느냐에 좌우된다. 행사의 내용을 이루고 있는 제반 절차가 사전에 마련된 시나리오에 따라 자동적으로 진행되어야 한다. 특히 연회 행사에는 식사를 중심으로 인사말, 간단한 연예 프로그램, 도어 프라이즈(door-prize) 등이 있다. 이러한 것들이 원활히 조직, 운영되는 것은 주최측의 의도가 각 부분 행사 담당자에게 정확히 전달되고, 특히 그 중에서도 장소를 관장하는 호텔측과의 유기적인 연계가 있어야 가능하다.

한편, 상업적 성격의 민간 모임의 메뉴 카드는 다양하여 참석자들의

▶ 카드 표지

```
DINNER
IN HONOUR OF
직  함
성  명(주빈)
GIVEN BY
직  함
성  명(호스트)
```

▶ 공식 만찬 메뉴 표지

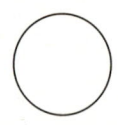

```
DINNER

IN HONOUR OF
H. E. THE SECRETARY-GENERAL OF
THE UNITED NATIONS AND
MRS. ○  ○  ○
BY
H. E. THE MINISTER OF FOREIGN AFFAIRS
AND MRS. ○  ○  ○

May 4, 1999
SEOUL, KOREA
```

호기심을 끌 수 있게 재미있게 만든 것도 있다. 이러한 메뉴 카드는 참석자가 기념으로 갖고 갈 수 있다는 것을 고려하여 그 용도에 맞추어 제작한다.

예를 들면 메뉴를 장난감형 모형에 써 넣어 기념물 효과를 낼 수 있다.

이러한 유기적 연계를 맺기 위해서는 행사 진행 시간 계획표를 작성하여 각 부분 행사 진행 책임자에 전달하고 그에 따라 행사 직전에 사전 리허설을 가져야 한다. 호텔측에서도 식사를 서브하는 뱅큇 부서와 음향·조명부, 전기 영선부는 그 중 중요한 역할을 담당하는 기능을 갖고 있다. 다음은 행사 진행 시간 계획표의 예다.

이와 같은 행사 계획표는 호텔 실무담당자에게도 배부하여 사전에 행사계획의 취지와 그에 따른 주최측의 요망 사항을 주지시키면서 담당자의 이름을 적어 책임 소재를 분명히 해둔다.

▶ *행사진행 계획표(사례)*

```
5:20   음악을 내 보낸다(곡명 협의).
5:30   대표 전원 착석 완료.
5:45   음료 서브 개시.
5:45   사회자가 등단하면 음악을 끊는다. 조명은 연단으로.
5:55   환영사
6:10   답 사
6:11   식사 서브 개시(답사 종료 직후).
7:30   음악을 보낸다(도어 프라이즈 직전).
7:35   도어 프라이즈 추첨 행사.
8:00   전 출구의 문을 열어 놓는다.
```

홈 파티(party at home)

1) 홈 파티의 의미

최근에는 사교 활동이 활발해짐에 따라 손님을 집으로 초대하여 홈 파티를 여는 기회가 늘어나고 있다. 지금까지는 호텔 같은 곳에서 모임을 가져야 체면이 선다고 생각해 왔으나 어떤 의미에서는 호텔이나 레스토랑에서 손님을 초청하여 식사를 대접하는 것보다 자신의 집으로 손님을 초대하는 것이 더욱 정감이 있고 사교 효과도 높일 수 있다.

미국 홈 파티의 특색은 다음과 같다.

☐ 회사내의 직위를 떠나 개인으로 참가하여 모두 평등하게 대한다.

☐ 회사 업무 외의 화제가 풍부하다.

☐ 호스티스가 주역이 되며 호스트는 호스티스를 보조한다.

☐ 부부 동반이 원칙이다.

☐ 음식은 수단이며 목적은 서로 대화하는 자리를 마련한다는 차원이므로 필요 이상으로 성찬이 아니라도 좋다.

2) 초청 인원은 여성이 남성보다 많지 않게 한다

집에 손님을 초대할 때는 무엇보다 사전에 철저한 계획을 세워야 한다. 홈 파티도 하나의 행사다. 행사란 규모가 크든 작든 철저한 계획 없이는 실패하기 쉽다.

홈 파티를 주최할 때의 기본 포인트는 참석자들이 '좋은 호스트'라고 생각하기보다 '즐거운 파티'였다고 생각하도록 하는 데 있다. 집주인은 파티의 분위기에 더욱 신경을 써야 한다는 뜻이다.

그러기 위해서는 다음 몇 가지 점에 대하여 고려하여야 한다.

첫째, 초청 대상을 선정할 때 손님 중에 적어도 2~3명은 서로 아는 사람을 포함시킨다. 그러지 않고 손님들끼리는 서로 모르고 초청자만 아는 사람이 모였을 때의 분위기는 서로 아는 사람이 참석했을 때보다 활발하지 않을 것이다.

둘째, 남녀의 비율이다. 남녀의 수를 똑같이 하는 것을 원칙으로 한다. 어떤 경우라도 여성이 남성보다 많아서는 안 된다. 남성이 여성보다 한두 명 많은 것은 괜찮다.

셋째, 손님들이 도착하기 전에 모든 음식 준비를 완료한다. 손님이 도착했는데도 다른 일에 시간을 빼앗기고 있는 주최자라면 이미 그 파티는 실패한 행사다.

넷째, 파티의 주역은 호스트가 아니라 호스티스로, 호스티스는 연출자의 역할을 하게 되어 참석자를 차별하지 않고 고루 만나서 대화 상대가 된다.

다섯째, 호스트는 호스티스가 파티의 분위기를 이끌 수 있도록 도와주는 보조역으로서 잔심부름을 하고 자신을 지나치게 드러내어 호스티스 역할이 상대적으로 작아지지 않도록 유념한다.

▶ *주최자의 준비 체크 항목*

- □ 일시
- □ 장소
- □ 목적
- □ 예산
- □ 복장
- □ 손님 목록
- □ 초청장과 참석 여부
- □ 실내장식
- □ 행사 프로그램
- □ 메뉴
- □ 테이블 배치
- □ 식전주 여부
- □ 꽃장식
- □ 자동차 수배
- □ 악단
- □ VIP 리스트
- □ 실내음악 선정
- □ 와인, 담배
- □ 운전기사, 직원 배려
- □ 여흥 출연자 식사
- □ 식기, 글라스, 핑거 볼
- □ 테이블 클로스, 냅킨
- □ 꽃(테이블 위)
- □ 실내 온도
- □ 화장실 : 비누, 타월
- □ 여흥 : 피아노 연주
- □ 구급 대책
- □ 주차장
- □ 엘리베이터
- □ 초청장, 플로워 플랜
- □ 바 설치 계획
- □ 배너(행사명 게시)
- □ 헤드 테이블
- □ 메뉴 카드
- □ 클록
- □ 도어맨
- □ 스피치 : 마이크로폰, 녹음
- □ 사진 촬영 : 보도진
- □ 국기
- □ 고객을 소개하는 사람
- □ 우천시의 배려 : 카펫 등
- □ 테이블 플랜, 좌석 카드
- □ 통역 : 통역 위치
- □ 연회업자(호텔 등) 견적
- □ 요리, 식기 등
- □ 서비스 맨
- □ 탈의실(공연시)
- □ 조명
- □ 사운드
- □ 무대

3) 영접 에티켓

다음은 홈 파티에서 손님을 영접할 때의 에티켓이다.

① 주최측은 손님을 따뜻이 개별적으로 맞이한다. 개별적이란 한 사람 한 사람을 개인적으로 상대하여 따뜻이 환영한다는 뜻이다. 가령 동시에 세 사람이 왔을 때, "여러분, 어서 오십시오"라고 일괄해서 맞이하는 것이 아니라 한 사람씩 개별적으로 상대하여 인사하는 것이 정중한 영접이다.

② 여성 손님에게 먼저 접근하여 인사한 다음 코트 벗는 것을 도와 주고 여성 손님을 위하여 마련된 파우더 룸(powder room)으로 안내하며 남자 손님은 코트 룸(coat room)으로 안내한다. 이상은 구미 사회의 관행이나 한국 가정에서는 가옥의 구조에 따라 적절히 대응하면 될 것이다.

③ 도착한 손님을 먼저 와 있는 손님에게 소개할 때는 번잡하게 일일이 개별적으로 소개하지 않으며 먼저 와 있는 손님에게 일괄(그룹)적으로 소개한다.
④ 다른 이들과 어울리지 않는 손님이나 무언가 불편을 느끼고 있는 듯한 손님을 발견하면 주최자는 이에 관심을 표명하고 접근하여 분위기에 어울리도록 이끌어 준다.
⑤ 호스트·호스티스는 모든 손님에게 골고루 대화의 상대가 되어 주어야 하며 친소(親疎)에 따라 특정인에게만 눈에 띄게 접근함이 없도록 신경을 써야 한다.
⑥ 모두가 테이블에 앉을 때 남자 손님은 자신의 오른쪽 여자 손님이 의자에 앉도록 의자를 뒤로 빼 준다.

4) 유의 사항

초청장은 가든 파티의 초청장 형식을 취하나 초청 대상은 부부 동반을 원칙으로 한다. 복장은 가정 파티라고 black tie로 지정하면 남자는 턱시도, 여자는 칵테일 드레스나 포멀한 드레스를 입고 참석하는데, 미국 가정은 우리 나라에서 한복 한 벌을 마련하고 있는 것같이 이러한 예장은 갖추고 있다.

다음은 홈 파티에 유의해야 할 사항 10가지

① 좌석 배열에서 부부를 나란히 앉히지 않는다. 이것은 타인과의 대화의 기회를 넓히기 위함이다.
② 남녀를 서로 번갈아 앉히며, 8명 이상일 때는 플레이스 카드(place card)로 좌석을 지정한다.
③ 집에 오는 손님에게는 I'll show you around our home.(집안을 안내해 드리겠습니다)이라고 하고 집안을 구경시켜 주는 것이 예의이며, 이 때 This is our living room. 식으로 안내한다.
④ 어린 아이들은 나와서 손님에게 인사하고 자기 방으로 들어가게 한

다. 영어가 통하지 않아도 인사는 시킨다.
⑤ 손님에게는 먼저 배스룸을 안내하여 "손은 여기서 씻으십시오"라고 미리 화장실의 위치를 알려 주면 손님이 화장실을 묻지 않는다.
⑥ 식탁 위에 꽃을 놓는 것을 잊지 말아야 한다. 식탁의 분위기가 큰 영향을 준다.
⑦ 주류로는 식전주로 쉐리·와인·한국술, 식후주로는 위스키·브랜디·리큐르를 준비해 둔다.
⑧ 밥은 가급적 볶음밥이 좋다. 한국의 백반보다 외국인에게는 볶음밥이 그들의 식성에 맞는다.
⑨ 한국 음식을 내놓을 때는 요리법이나 재료를 묻는 경우가 많으므로 미리 영어 명칭을 알아 둔다. 가령 빈대떡을 내놓을 때는 만드는 방식(recipe : 레시피)은 물론 재료로 녹두(small green peas) 고사리(fernbrake) 등을 물어올 것에 대비하기 위함이다. 외국인은 한국 요리에 관심을 가져 꼬치꼬치 잘 묻는다는 데 유의한다.
⑩ 식사 스타일은 뷔페식이 편리하다. 사람에 따라 좋아하는 음식, 싫어하는 음식이 있기 때문에 뷔페식이 좋다.

파티 좌석 배열

1) 좌석 배열의 원칙
좌석 배열에는 참석 인사의 신분에 따른 대우를 좌석의 위치로 나타내는 것이기 때문에 참석자의 인격에 영향을 주어서는 안되는 신중한 의전이라 할 것이다. 따라서 좌석 배열에는 첫째 상석(上席) 순서를 정하는 것이며 다음은 주빈과 초청인, 일반인 지정이다. 좌석 배열상의 상석의 개념은 실내 전체 위치를 기준으로 하여 선정하는 것을 기본으로 한다. 문쪽에서 먼 거리에 있고(실내 안쪽) 벽을 등에 지고 앉는 위치가 상석이 되며 전망이 좋게 보이는 위치도 상석이 된다. 구미인들의 개인 가정에서는 벽난로가 있는 곳이 상석이 된다.

호스티스와 호스트는 나란히 앉지 않는다. 따라서 참석자도 부부가 나란히 앉지 않으며 테이블 끝쪽의 자리에는 숙녀를 앉게 하지 않고 남자가 앉도록 배려한다. 파티 좌석 배열은 먼저 좌석의 상석 위치를 정한 후 초청자를 신분에 따라 상하석 순으로 앉혀야 하므로 초청자 전원을 서열을 매겨야 하는 어려운 점이 있다. 그러므로 주최자측의 서열 매김은 당사자가 수긍이 갈 수 있도록 객관적 기준이 지켜져야 한다.

예를 들면, 김대중 대통령 취임식에 현직 대통령을 중심으로 하여 그 다음 자리는 전직 김영삼 전 대통령이 앉았다. 그 다음은 직전(直前)순으로 앉으면 노태우 전 대통령, 전두환 전 대통령, 그리고 맨 끝쪽이 최규하 전 대통령순이 객관적이다. 하지만 취임식에서의 좌석 배열은 현직 대통령―직전 대통령 김영삼, 그리고 최규하―전두환―노태우 전 대통령순이었다. 좌석 배열도 한국적 정치역학의 복잡성을 엿볼 수 있는 대목이었다.

2) 대륙식과 영미식

좌석 배열은 영미식과 대륙식, 프랑스·이탈리아·오스트리아 식이 있다. 대륙식은 주인과 여주인, 다시 말하면 호스트와 호스티스가 테이블 한가운데 자리를 잡고 서로 마주보고 앉으며 그의 오른쪽과 왼쪽으로 순차석으로 손님을 앉게 한다. 그러나 영미식은 이러한 경우도 없는 것은 아니지만 또 다른 형태로 테이블 양 끝에 주인과 여주인이 차지한다. 결과적으로 대륙류에서 오는 결함, 즉 말석이 테이블 끝이 되는 것이나 영미식으로 하면 테이블 중간석이 말석이 되는 이점도 있다.

물론 영미식에서도 주빈의 신분이 높으면 그를 테이블의 한가운데에 자리를 주게 된다.

A. 대륙식 테이블 배치(△ 여 □ 남)

B. 영미식 테이블 배치

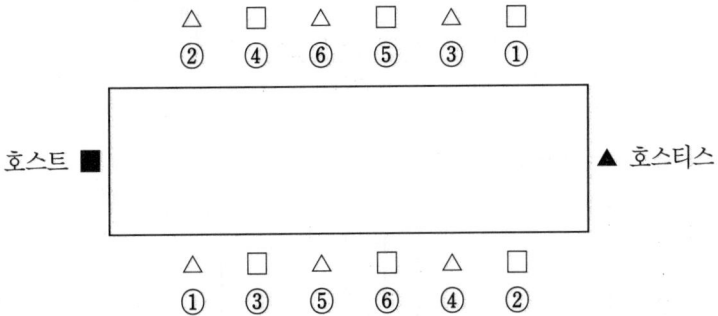

위의 대륙식 테이블 플랜을 보면 중요한 인사가 호스트 · 호스티스를 중심으로 테이블 한가운데로 몰려 있고 상대적으로 낮은 인사가 테이블 밖으로 밀려난 형태가 된다. 이를 보완하여 호스트 · 호스티스가 테이블 가장자리로 옮겨 가면서 하위 인사가 테이블 중심부로 오게 배려한 형태다.

C. 형태별 테이블 배치

▶ *남성만의 또는 여성만의 좌석*

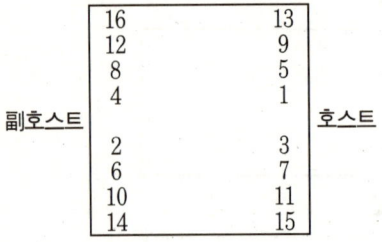

호스트와 副호스트가 대등할 때   호스트가 1인인 경우

호스트가 1인인 경우

▶ *남성 또는 여성의 단독 호스트*

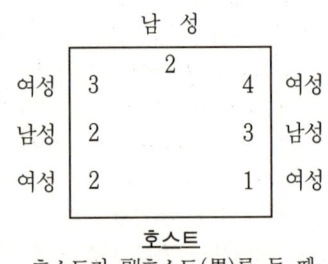

호스트가 副호스트(男)를 둘 때

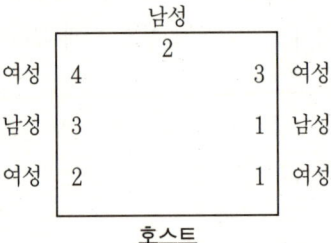

호스트가 단독일 때

▶ *남녀 동석의 형*

	호스티스		
남성	1	2	남성
여성	3	4	여성
남성	5	6	남성
여성	6	5	여성
남성	4	3	남성
여성	2	1	여성
	호스트		

남 성	8	7	여성(남성5)
여 성	6	5	남성(여성7)
남 성	4	3	여성
여 성	2	1	남성
호스트			호스티스
여 성	1	2	남성
남 성	3	4	여성
여 성	5	6	남성(여성8)
남 성	7	8	여성(남성6)

- 테이블 양 끝에 호스트, 호스티스가 앉을 때.
- ( )내는 여성을 끝쪽에 앉히지 말아야 한다.

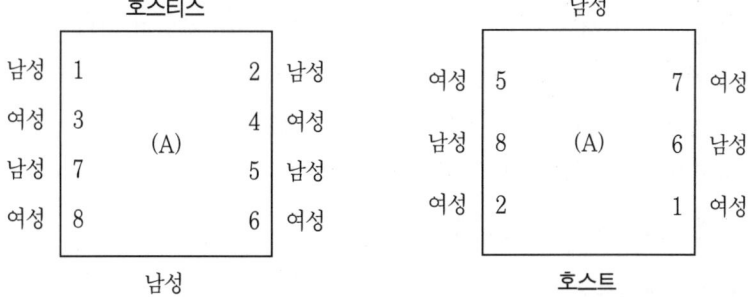

- (A)는 테이블 둘을 나누어 사용할 때 호스트, 호스티스는 따로 앉는다.

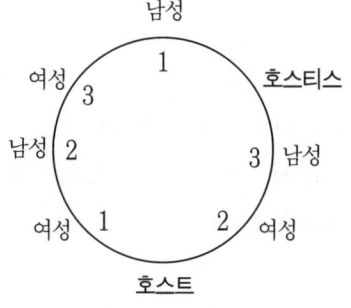

- 호스티스가 제1빈객에게 자기 자리를 양보하여 여성끼리 앉는 것을 피할 때.

국제화 시대의 사교 에티켓 223

3) 서열과 상석 위치

초청자 중 주빈은 서열이 가장 높다. 원칙적으로 주빈보다 직위나 사회적 지위가 높은 사람은 초청하지 않으나 부득이 초청될 때는 주최자는 상위 손님에게 미리 양해를 구하여 상석에는 주빈이 앉게 한다. 그렇지 않으면 별도의 테이블을 마련하여 서로 다른 테이블에서 상석에 앉게 하는 방법도 있다. 국가 행사에는 직급에 따른 좌석 순위가 있어 이에 준하면 되나 일반 사교 행사의 경우는 이 기준 적용이 명확치 않다.

일반적으로 공직자는 민간인에 우선하고 내국인보다 외국인이 우선하며 연령보다 직위가 우선한다. 주최자측의 친소 관계로는 처음 만난 손님이 자주 만난 손님에 우선한다.

▶ *부인들의 좌석 배열*

부인은 남편 서열에 따르는 것이 원칙이며 부인이 사회적 지위가 있으면 그에 상응한 서열의 대우를 받는다. 다만 지위가 가장 높은 남자 손님의 부인보다는 높은 상석에 앉지 않는 것이 예의다.

여성간의 서열에는 기혼·미망인·이혼 부인·미혼녀 순이 된다. 그 중에서도 같은 조건이라면 연령이 우선한다.

▶ *장소에 따른 상석의 위치*

상석은 양옥의 경우는 벽난로가 가까운 자리가 상석이 되며 그 중앙이 호스티스의 자리가 된다. 이와 마주보는 자리는 호스트가 되고 말석은 입구에 가까운 곳이다.

정원을 바라보는 자리가 상석, 이를 뒤로 하는 것이 하위가 된다. 주빈(남자)은 호스티스의 오른쪽, 주빈(여자)은 호스트의 오른쪽, 두 번째의 남성객은 호스티스의 왼쪽, 두 번째의 여성객은 호스트의 왼쪽, 이하 순번에 따라 좌우 번갈아 남녀 자리를 잡는다.

4) 국제 행사 및 연회

국제 행사 중 빈번히 개최되는 각종 연회는 크게 보아 두 가지로 구분할 수 있다. 참석자 전원을 초청하는 모임으로 하나는 특별한 주빈이 없이 주최자와 다수 피초청인만의 파티와 또 하나는 임원 또는 특별히 제한된 인사만이 모이는 소규모 연회다. 전자는 많은 참석자에게 개인별 좌석순을 정하다 보면 오히려 번잡하고 비능률적이 되기 쉬워 지정 좌석 없이 자유 좌석(no protocol)인 경우가 많다. 다만 헤드 테이블만 좌석 배열을 하여 고위 참석 인사와 주최자 간부들이 앉는 지정 좌석 테이블로 하게 된다.

이러한 헤드 테이블 이외의 테이블은 자유 좌석으로 하고 가급적 한국 대표와 외국 대표간에 섞여서 앉도록 유도하기 위해서는 냅킨을 두 가지 색으로 하여 내국인과 외국인이 서로 섞여 앉도록 각기 색을 지정하여 앉게 하는 방법이 있다. 또 하나의 방법은 수천 명의 참석 인원을 완전 자유 좌석으로 하는 것보다 서로간의 교호적 사교를 유도하기 위해서는 각 테이블(라운드 테이블)에 번호를 붙여서 개개인의 좌석 지정이 아니라 테이블만 지정하여 앉게 하는 방법도 있다.

5) 국제 모임

회의시는 먼저 좌석의 위치와 테이블의 형태를 어떻게 할까를 생각하여야 한다. 의장은 통상 ㄷ자형의 테이블 중앙에 위치함은 이론의 여지가 없으나 국가의 체면을 중요하게 여기는 국제회의는 전원 평등의 원칙에 따라 좌석순에 문제가 야기되는 경우가 많다. 일반적으로 의장석에서 떨어질 수록 말석이며 회의장 입구에 가까운 자리일 수록 말석이기 때문에 평등한 국가 대표들의 좌석 배열을 어렵게 한다. 이러한 견지에서 모든 대표들을 평등하게 취급한다는 뜻으로 원탁의 형식을 많이 이용하나, 이것도 엄밀히 따지면 문쪽 좌석이 말석의 감이 있어 역시 문제가 있다. 그래서 한때는 천막을 치고 원탁을 설치하여, 전원의 뒤쪽이 입구가 되게 하려는 시도도 있었던 적이 있었다. 국제 회의때 테이블 배치에 대한 논쟁의 예를 들어 본다.

▶ *사례1*

1955년 5월 스위스 주네브에서 미·영·불·소의 4대국 외상 회의가 열렸다. 의제는 동독일 문제였다. 이 때 소련은 원탁을, 다른 3개국은 사각 탁자형을 주장하였다. 즉 소련은 원탁형을 주장하여 동독 대표를 같은 위치에 앉혀 외형상 평등하게 인정시키려는 데에 있었고, 연합국은 사각형으로 하여 4개국 이외에는 더 앉을 수 없게 하여 비록 앉았다 하더라도 열외에 앉게 하려는 것이었다. 결국 사각형으로 회의를 개최하였고 동독 대표는 소련 대표 옆에 끼어 앉게 하고 말았다.

▶ *사례2*

국제 회의는 좌석 배열만이 중요한 것이 아니라 회의의 장소와 나라의 서열도 대단히 중요한 의미를 갖고 있다.

1871년 보불전쟁시 프랑스를 격파한 프러시아는 베르사이유에서 강화 조약을 체결하여 알사스 로렌 지방을 빼앗았다. 입장이 바뀌어 1919년 독일은 제1차 세계대전의 패전국으로서 역시 베르사이유에서 강화 조약에 서명하였다. 이것은 독일에서 볼 때에는 치욕이라 하지 않을 수 없었다. 그러므로 두 나라 대등의 2개국간의 국제 회의장은 제3국에서 개최하거나 양국 수도로부터 등거리 장소에서 갖는 예도 있다.

테이블 매너

정식과 일품 요리

1) 정식(table d'hôte : full courses)

이 식사는 정해진 메뉴로 제공되는 것으로 우리가 말하는 풀코스 요리다. 코스는 채소·수프·생선 요리·육 요리·조류의 찜구이로스트·채소 요리 샐러드·식후 음료 등의 순으로 이루어진 것을 말하며 보통 정식 만찬에 풀코스가 나온다.

2) 일품 요리(À la carte : 알 라 까르뜨)

위의 정식 요리 메뉴 중에서 좋아하는 요리를 골라 먹는 일품(一品) 요리를 말한다. 레스토랑의 메뉴는 정식 풀코스별로 요리가 적혀 있다. 손님은 이것을 다 주문할 때는 가격도 비쌀 뿐 아니라 양도 많아 그 중 한두 가지 요리를 선택적으로 주문해서 먹는 방식을 '알 라 까르뜨'라고 한다.

정식 메뉴에서 일품 요리로 주문해서 먹는 요령은 다음과 같다.

① 정식 풀코스

전채 + 수프 + 생선 요리 + 고기 요리 + 샐러드 + 디저트 + 음료

② 일품 요리로 짜서 먹는다.

이상의 메뉴를 보면서, 전채 요리는 빼고 대신 선택적으로, 수프 코스에서는 크림수프를 먹고 생선 요리는 비싸므로 건너 뛰고, 고기 요리는 식사의 기본이므로 비프스테이크에 샐러드를 주문한 후 끝으로 커피를 주문한다. 이보다 더 간소하게 하고 싶으면, 수프+비프스테이크+커피 세 가지로만 짜서 주문해서 먹을 수도 있다.

스파게티

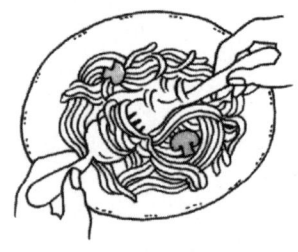

- 스푼을 이용해서 포크에 감아 먹는다(국수를 이로 자르지 않는다).

카레

- 카레를 라이스에 조금씩 쳐서 먹는다(한 번에 다 쳐서는 매너 위반).

피자

- 피자는 정식의 자리에서는 나이프·포크로 먹지만, 보통 손으로 먹는다.

3) 특별 요리(special menu : plot du jour)

고기 요리(entrée)를 중심으로 하여 선정되는 요리(selective menu)로서 daily speciality라고도 부른다. 이는 semi-table d'hôte로 일품

요리보다 가격이 싸다.

풀코스 요리

1) 오도블(hors-d'oeuvre 또는 appetizer)

오도블이란 서양요리의 전채(前菜)로 식사 전에 식욕을 돋구기 위하여 간단히 먹는 음식을 말한다. 다시 말하여 수프 이하의 본격 요리에 포함하지 않는 간단한 요리로서 마치 엑스트러와도 같은 것이다. 오도블은 다음 사항이 충족되어야 한다.

우선 먹기에 맛이 좋고 본격 요리에 균형이 잡혀야 하며 짠 맛 혹은 신 맛(酸味)으로 미각을 자극하여 타액의 분비를 촉진하여야 한다. 또한 오도블은 다음에 나올 요리에 지장이 없도록 분량을 적게 한다.

이와 같은 요건을 갖추어 제공된 오도블로는 샐러리·올리브·토마토·햄·굴 등과 같이 재료를 그대로 내놓는 것(플레인 오도블)과 요리장이 재료를 가지고 가공한 것(드레스 플레인)이 있다.

① 오도블(hors-d'oeuvre · appetizer · 前菜)의 유래

hors-d'oeuvre의 hors는 프랑스어로 '…의 외(外)'를 의미하고 d'oeuvre는 '작품(作品)'을 뜻한다. 직역하면 '作品의 外'라는 의미를 갖는 말로 식사 전에 먹는 음식을 hors-d'oeuvre(오도블, 불어 발음은 오르되브르)라고 한다. 오도블은 영어로는 appetizer가 되어 식욕 촉진제란 말이 된다.

중국에서는 冷盆(닝분), 러시아에서는 zakuski(자쿠스키), 북유럽에서는 smorgasbord(스모가스보드; 스칸디나비아식 요리의 전채), 한국에서는 전채(前菜)라 부른다.

오도블은 일찍이 러시아에서 파티하기 전 별실에서 일행을 기다리는 손님에게 술과 함께 자쿠스키(zakuski)라는 간단한 요리를

제공한 데서 기원했다는 설이 있다. 또 하나의 설은 14세기 초 실크로드 시대에 마르코폴로가 중국의 원나라에서 배워온 면류 및 냉채 요리가 이탈리아를 거쳐 프랑스로 건너갔다는 설이 있다. 특히 프랑스에서 오도블을 발전시켜 오늘날 프랑스 오도블이 유명하게 되었다고 한다.

② 오도블의 종류

오도블은 찬 오도블과 더운 오도블로 나눌 수 있는데, 이를 다시 생것을 그대로 내놓는 플레인 오드블과 요리사가 가공·가미한 가공(加工) 오도블이 있다.

▶ 찬 오도블

캐비어(caviar) : 철갑상어(sturgeon)의 알을 소금에 절여 차게 해서 내놓은 것으로 러시아산이 유명하다. 이란산은 최고급. 분홍 색·붉은 색·검은 색 등이 있다.

프아 그라(foie gras) : 특별히 살찐 거위 간을 버터에 찐 후 향신료를 쳐서 만든 것

칵테일 요리 : 생굴·새우 칵테일·바다가재 등에 소스를 친 전채 요리(cocktail은 알콜 음료의 칵테일이란 뜻도 있다).

▶ 더운 오도블

파이(pie)류 : 과일·고기를 밀가루 반죽에 싸서 구운 파이, 애플 파이, 미트 파이(meat pie)가 있다.

프리르(frire) : 튀긴 것. 즉 프라이한 것.

▶ 카나페(canapés)

빵을 재료로 만드는 조그마한 샌드위치처럼 된 것으로 그 모양도 다양하다. 크래커(cracker)·패스트리(pastry; 가루 반죽으로 만든 과자) 위에 캐비어, 안초비, 생선·고기·채소·햄·치즈를 얹은 것으로 손으로 집어 먹는다.

▶ *에스카르고(escargot)*
식용 달팽이(eadible snail)가 오도블로 쓰이면서 생선 요리로도 낸다.

③ 오도블의 2가지 용도

오도블은 원래의 용도는 식욕 촉진제로 코스 요리에서 제일 먼저 먹는 음식이다. 그러므로 카나페와 같은 것은 손으로 집어 먹을 수 있도록 만들면 간단히 한두 점 먹고 다음 요리로 이어진다. 그런데 이 단계에서 식전주(apéritif)로 쉐리와 같은 와인이나 마티니 같은 칵테일을 마시게 되는데 이 때 오도블을 안주로 먹게 된다. 다시 말하면 오도블의 원 목적은 식욕 촉진제(appetizer)이면서 안주의 효과를 내고 있어 그 용도가 두 가지다.

오도블 ┬ 식욕촉진제 : 풀코스 요리에 처음 나온 요리로 식욕 촉진 효과로 먹는 음식.
　　　 └ 안주 겸용 : 칵테일 파티 때 안주격으로 먹거나, 식전주를 마실 때 안주로 먹는 경우.

2) 수프(soup) (제2코스)

본격 요리의 제2코스는 수프다. 일반적으로 웨이터가 수프를 주문받을 때 "수프는 포타주로 할까요, 콩소메로 하겠습니까?"라고 한다. 진한 수프는 포타주(potage), 맑은(투명) 수프는 콩소메(consommé)라 하지만 엄격히 말하면 포타주는 수프의 프랑스어의 총칭이다.

따라서 콩소메는 포타주 클레르(potage clairs)로 투명한 수프를 말하며, 진한 수프는 포타주 리에(potage lie)라 하여 야채수프·크림수프가 있다.

▶ *포타주의 구분*

potages clairs*(포타주 클레르)*
- consommé clairs(콩소메 클레르)—온(溫)
- consommé froid(콩소메 프르아)—냉(冷)
- consommé en gelee(콩소메 안 즈레)—제리 모양

potages lies*(포타주 리에)*
- purées chaud(퓌레 쇼오)—온
- purées froid(퓌레 프로아)—냉

créme*(크레므)* ; 크림수프
consommé lie*(콩소메 리에)*

3) 생선 요리(fish) (제3코스)

수프 다음으로 내놓는 요리는 생선 요리다. 우리들이 흔히 보는 생선 요리로는 salmon(연어), trout(송어), rainbow trout(무지개 송어, 카나다 원산지), bass(농어), cod(대구), herring(청어), mackerel(고등어), lobster(큰 새우의 일종), shrimps(작은 새우), oysters(굴) 등이 있다.

▶ *생선 요리 조리 방법*

보일(boil) : 생선+뷔용 stock으로 졸인다.
마틀롯(matelots) : 생선+포도주+양파+버섯의 끓임(물고기)
그리야드(grillade) : 생선 또는 육류를 탄화로 익힌 뒤 프라이팬에 굽는다.
뫼니에르(meunière) : 버터구이 요리. 생선+소금+후추(조그마한 생선 조리법)
프리투르(friture) : 영어의 fry로 기름에 튀긴 것. 달걀과 빵가루에 버무려 석쇠 또는 프라이팬에 버터로 튀긴다.
그라탱(gratin) : 생선 표면에 빵가루, 버터 등을 뿌려 겉이 누렇게 착색될 때까지 오븐으로 굽는 방법.

스모크드(smoked) : 연기를 쐬어서 굽는 훈제 방식.

▶ *생선 요리에 쓰는 소스 종류*
네덜란드 소스(Hollandaise sauce) : 황색 소스, 후추＋달걀＋버터＋레몬＋비네가
뉴버그 소스(new burg sauce) : 황색, 달걀＋크림＋쉐리주
모르나이 소스(mornay sauce) : mornay는 소스 고안자 이름, 흰색 소스.
매트러 도우텔 소스(maitre d'hotel sauce) : 흰색
본팜 소스(bonne-femme sauce) : 흰색, 양파＋달걀＋크림
보르더래즈 소스(bordelaise sauce) : 포도주의 원산지 보르데 풍 소스.
타르타르 소스(tartare sauce) : 마요네즈＋향초＋양파로 만든 것, 세계적으로 많이 쓰는 마요네즈 소스의 일종.

4) 앙뜨레(entrée) (제4코스)
 생선 요리 다음에 앙트레 요리순이다. 프랑스어 앙뜨레는 영어 entrance(입구)의 뜻으로 본격 요리에 해당하여 이제까지의 요리는 앙트레의 주요리(main dish)를 먹기 위하여 온 것이다.
 앙뜨레로는 고기 요리가 나오며 주 메뉴로는 다음과 같은 것이 있다.
샤토브리앙(chateaubriand) : fillet(영어 : tenderloin) 쇠고기의 등심살 중 소의 꼬리 부분을 두껍게 절단하여 만든 것.
투르네도(tournedos) : 소의 등심살의 한가운데 고기.
필레 미뇽(fillet mignons) : 소의 투르네도에 붙어 있는 허리 부분의 연한 고기.
서로인 스테이크(sirloin steak) : sirloin은 갈비 안쪽에 붙은 안심고기를 말함. loin은 스테이크를 좋아하였던 영국왕 찰스 2세가 명명한 것이다.

▶ *앙뜨레로 나오는 고기 요리*

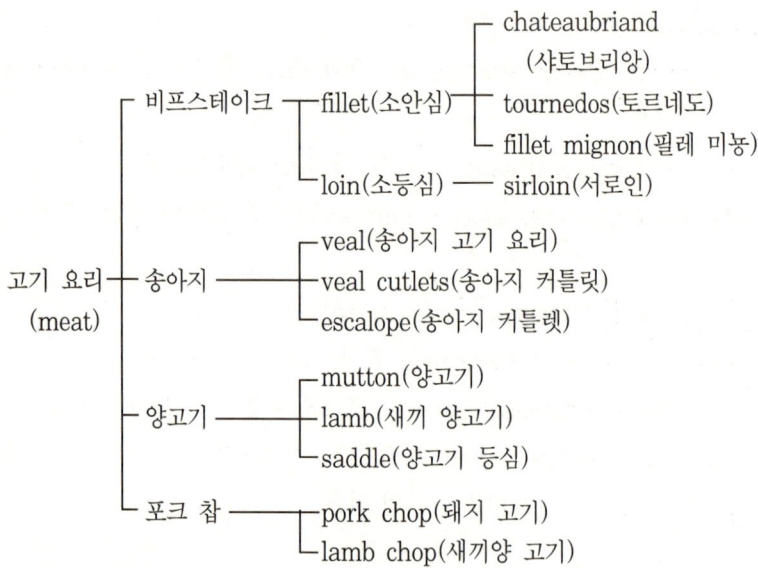

* chop은 보통 갈비뼈에 붙은 돼지·양·송아지 고기를 의미함.

① 앙뜨레의 2가지 의미

미국에서는 앙뜨레를 '본격 요리'의 의미로 쓰여 메뉴의 기본 코스를 의미하고 있으나, 유럽 여러 나라와 기타 많은 나라에서는 앙뜨레를 식욕 촉진으로 나오는 요리를 말한다. 다시 말하면 미국은 식전에 나오는 음식을 애피타이저(appetizer ; 프랑스어는 hors-d'oeuvre)라 부르나 유럽 등 많은 나라에서는 앙뜨레로 부르고 있어 잘못하면 용어의 혼란을 가져올 수 있다. 그러므로 가령 What would you like as an entrée?라고 웨이터가 손님에게 물으면 메인 디시(main dish)를 무엇으로 할 것인가와 애피타이저를 무엇으로 할 것인가의 두 가지 뜻을 갖는 말이므로 그 묻는 뜻을 명확히 해야 할 것이다.

▶ *풀코스 메뉴 순서*

appetizer — soup — fish — *steak* — salad — dessert — beverage
  | |
(유럽 : entrée)   (미국 : entrée)

② 앙뜨레 소스

흰색 주 재료 요리에는 백색 소스를, 갈색 주 재료요리에는 갈색 소스를 사용하는 것을 원칙으로 한다.

▶ *따뜻한 소스*
  □ 베샤멜 소스(Bechamel sauce) : 흰색
  □ 에스파뇰 소스(Espagnole sauce) : 갈색
  □ 블류테 소스(Veloute sauce) : 흰색
  □ 알망드 소스(Allemande sauce) : 흰색
  □ 아메리켕(Americaine) 외에 수백 종 있음.

▶ *찬 소스*
  □ 마요네즈 소스(Mayonaise sauce)
  □ 비네그레트 소스(Vinaigrette sauce)
  □ 타르타르 소스(Tartare sauce)

5) 로스트(roast) (제5코스)

앙뜨레 다음에는 로스트 요리가 나온다. 세분하여 보면 수육(獸肉)의 큰 조각을 찜구이한 것을 조인트(joint)라고 하며, 야조가금(野鳥家禽)의 찜구이 요리를 로스트라고 하여 호화스런 디너 메뉴에는 조인트와 로스트의 두 가지를 게시하여 놓고 둘 중 하나를 선택하여 주문하도록 하는데 일반적으로 이 두 가지를 합쳐서 로스트라고 한다.

최근에는 풀코스 요리에 아주 정식의 자리가 아니면 로스트 코스는 생략하고 있는 경향이다.

이 요리에 첨가하여 나온 소스는 앙뜨레의 그것과는 달리 고기를 로스트할 때 나온 육즙(肉汁)을 소스로 하여 내 놓는다. 로스트와 같이 첨가하여 나온 채소로는 고기와 같이 로스트한 감자(potato)를 내기도 하며 보통 샐러드를 따로 제공하기도 한다. 로스트는 찬 것을 신선한 채소와 함께 제공한다. 로스트 요리의 종류를 보면, roast duck(오리), roast goose(거위), roast turkey(칠면조), roast chicken(닭) 등이 있다.

6) 샐러드(salad) (제6코스) ─ cold platters

채소 요리는 따뜻한 것과 차가운 것의 두 종류가 있는데, 앙뜨레와 같이 제공하는 것이 보통이다. 앙뜨레와 같이 따뜻해야 할 채소 요리로는 쪄서 조린 것, 기름에 튀긴 것, 그리고 그라탱·버터·크림 등의 요리가 있다. 시원한 채소로는 샐러드 요리가 있다. 샐러드를 낼 때 중요한 것은 드레싱이다. 드레싱은 마요네즈 계통과 비네그레트(vinaigrette) 소스 계통의 2종류가 있다.

▶ *dressing의 종류*
- □ French dressing : 식초와 식용유에 소금, 프렌치, 겨자(mustard) 등 비네가(vinegar)법 드레싱이다.
- □ English dressing : 소금, 후추, English mustard, 식초 가미.
- □ American dresseing : English dressing과 비슷.
- □ Mayonnaise dressing : 마요네즈
- □ Thousand Island dressing : 마요네즈+토마토 케첩 등.
- □ Acidulated cream : 과일류 샐러드에 적합.
- □ 기타 Lemon sauce vinaigrette 등 수없이 많이 있다.

7) 디저트(desserts) (제7코스)

요리의 최종 코스는 디저트다. 디저트는 감미(甘味) 요리인 달콤한 것 (sweet), 치즈 요리를 주로 한 세이버리(savoury), 과실의 3요소를 합쳐서 디저트 코스라고 한다.

▶ *디저트의 종류*

```
              ┌─ 찬 후식(cold sweets) : 아이스크림, 피티멜바, 무스 등
       ┌ 감미 ├─ 얼음 과자(sherbet) : 파인애플 셔벳, 스트로베리 셔벳 등
       │(sweets)└─ 더운 후식(hot sweets) : 푸딩, 크레프 등
디저트 ─┼ 세이버리(savoury) : (치즈를 재료로 해서 만든 요리)치즈 커스타드
       │                   등으로 식 전후 입가심용
       └ 과일(fruit) : 과일이 서브될 때는 핑거 볼(finger bowl)이 나와 먹기
                      전 손을 씻는 용기로 사용한다.
```

▶ *케이크 먹는 매너*

- 눌러 자르든 옆으로 뉘어 자르든 무방하다. 위로부터 나이프를 사용하여 눌러 자르기 하듯 케이크는 옆으로 뉘어서 잘라도 무방하다.

8) 음료(beverage) (제8코스)

보통 커피로 하지만 그 외 코코아·홍차 등도 낸다. 이 때부터 테이블 위의 불필요한 집기나 테이블 위를 다시 정리한다. 음료의 제공으로 모든 식사가 끝난다.

▶ 요리 재료 채소의 영어 표현

국 어	영 어	국 어	영 어
완 두	green pea	꽃 양 배 추	cauliflower
강 남 콩	string bean	뚱 딴 지	artichoke
시 금 치	spinach	모 란	broccoli
양 배 추	cabbage	미 나 리	water cress
상 추	lettuce	오 이	cucumber
마 늘	garlic	호 박	pumpkin
감 자	potato	가 지	eggplant
양 파	onion	피 망	pimento
무	turnip	송 이 버 섯	mushroom
당 근	carrot	옥 수 수	corn

▶ 메뉴보기 요리 단어 뜻

옆장의 메뉴보기에 나타난 단어 뜻은 다음과 같다.

• Smoked 훈제 • haddock 북대서양산 대구 • croquette 크로켓 • Scotch salmon 스코트랜드산 연어 • honeydew 단물, 감로 • melon 참외 • avocado 아보카도(열대성 과일) • pear 배 • vinaigrette 비네그레트 소스를 쳐서 낸 • consommé 콩소메 수프 • poached 삶은 • grilled 불에 군 • Dover sole 도버산 혀가자미 • roast saddle 등심로스 • lamb 새끼양 • currant 건포도 • jelly 젤리 • breast 가슴살 • fillet 소의 필레 살코기 • sirloin 소등심 • horseradish 서양고추냉이 • duck 오리고기 • pâté 고기파이 • cherry 버찌 • choice of salads 샐러드 선택 • green salad 야채 샐러드 • mixed salad 모듬 샐러드 • almond tart 아몬드 파이 • mousse 무스(일종의 아이스크림 과자) • caramel 캬라멜 • mints 박하가 든 과자

▶ *메뉴의 보기*

전　채 ············· __Appetizers__
Smoked haddock croquettes
Smoked Scotch salmon
Honeydew melon
Avocado pear vinaigrette

수　프 ············· __Soups__
Country vegetable soup
Beef consommé with rice

어류 요리 ·········· __Fish__
Fresh salmon, poached or grilled, with new potatoes
Grilled or fried Dover sole, with fried potatoes,
Tartare sauce

육류 요리 ················ __Entrées__
Roast saddle of lamb, with red currant jelly
Poached breast of chicken with cream, almonds and rice
Grilled fillet or sirloin steak

샐러드 ············· __Cold platters__
Roast beef with horseradish
Duck with pâté and cherries
Choice of salads: green, mixed

디저트 ············· __Desserts__
Chocolate brandy cake
Cherry and almond tart
Lemon mousse
Cream caramel
Fresh fruit salad and cream

Cheeseboard
Cheddar, Stilton, Brie, Emmenthal, served with crackers and celery

음　료 ············· __Coffee, mints__

▶ 와인 목록

        House wines ················ 하우스와인
        Mallinson rouge
        Mallinson blanc

        Champagne ··················· 샴페인
        Bollinger non vintage

        Sparkling ············· 스파클링 샴페인
        Asti Spumante

        Red Burgundy ················ 赤브르고뉴
        Moulin au Vent 1986
        Côtes de Beaune Villages 1984
        Nuits St Georges Les Caillerets 1982

        White Burgundy ··············· 白브르고뉴
        Chablis La Fourchaume 1986
        Pouilly Fuissé 1986

        Rosé ························· 로 제
        Taval, from the Rhône Valley

        Red Bourdeaux ················· 赤보르도
        St Emilion 1986
        Côtes de Bourg AC 1985
        Médoc AC 1984

        White Bourdeaux ··············· 白보르도
        Château Oliver 1986
        Sauternes AC 1986

        German wines, Hock & Mosel ····· 독일 와인
        Hans Christof 1987
        Bereich Nierstein 1988
        Bereich Bernkastel 1987

아침 식사(Breakfast)의 종류

아침 식사 메뉴는 American breakfast와 continental breakfast가 다르다. 아메리컨은 미국식 식단, 컨티넨탈은 유럽식 식단이다.

1) 미국식
주스류 : 토마토 · 오렌지 · 그레이프
계란 요리 : 에그 프라이 · 스크램블 · 삶은 계란 · 수란 · 햄 · 베이컨 소시지
빵류 : 크로아상 · 토스트 · 대니시 패스트리(Danish pastry) 커피 또는 티

2) 대륙식
주스류 : 토마토 · 오렌지 · 그레이프
빵류 : 크로아상 · 토스트 · 대니시 패스트리
커피 또는 티

아메리컨은 계란 요리가 주가 되어 이와 함께 햄 또는 베이컨을 먹는 것으로 컨티넨탈보다 양이 많다. 그밖에 오트밀이나 요구르트도 아침 메뉴이며 토스트는 아침 식사에만 나오는 빵으로 다음과 같은 종류가 있다.

3) **토스트의 종류**
토스트는 빵(bread)이라기보다는 토스트(toast)일 뿐이다. 그래서 토스트는 주로 아침 식사에 먹고, 점심 · 저녁은 롤빵 · 프랑스 빵과 같이 빵을 먹는 것이 보통이다. 토스트의 종류는 다음과 같다.
   brown toast : 보통 우리들이 즐겨 먹는 토스트.
   cinnamon toast : 육계피(肉桂皮)를 향료로 해서 만든 토스트.
   rye toast : 호밀로 만든 토스트.

raisin toast : 건포도를 넣은 토스트.
buttered toast : 버터 토스트.
melba toast : 바삭바삭하게 구운 얇은 토스트.

토스트를 구워 내올 때의 여러 상태를 영어로 표현하면 This toast is too dark?(너무 구워졌다), too light(덜 구워졌다), burnt(태웠다), stale(딱딱하다), damp(촉촉하다) 등이 있다.

4) 계란 요리

미국식 아침 식사에는 계란 요리가 메뉴로 나온다. 계란을 가지고 요리를 하는 종류가 많은데 다음과 같은 것이 있다.

fried eggs(프라이드 에그)
- sunny-side up : 계란 한 쪽만 프라이한 것.
- over-easy : 한 쪽을 프라이한 sunny-side up을 뒤집어 양면을 프라이한 것.
- over-well : 양 면을 프라이한 over-easy를 다시 뒤집어(sunny-side up 부분) 철판에 놓고 약간 더 익힌 것.

boiled egg(삶은 계란)

웨이터는 How many minutes would you like us to boil your egg?(몇 분 동안 삶아 드릴까요?)라고 물으면 가령, For three minutes, please(3분이오)라고 한다.

poached egg(수란) 끓는 물에 계란을 떨어뜨려 익히는 것으로 끓는 시간을 1분 · 2분 · 3분으로 구분하여 삶는 상태를 정한다.

scrambled eggs(스크램블) 계란을 버터나 밀크와 섞어 익힌 것.

omelet(오믈렛)

5) 프라이드 에그(fried eggs) 먹는 법

프라이드 에그는 디저트용 나이프 · 포크(중형)를 사용해서 먹는데

sunny-side-up은 노른자위를 먹기 위하여 디저트 스푼을 쓰는 경우도 있다. 좌측으로부터 나이프·포크로 잘라 가면서 흰자위 부분을 먹은 후 노른자위를 디저트 스푼으로 떠 먹는다.

6) 햄 에그(fried eggs and ham) 또는 베이컨 에그(fried eggs and bacon) 먹는 법

베이컨은 그 굽는 정도에 대해서 오더할 때 지정해 주어야 한다. 가령 종업원이 Would you like ham or bacon with your egg?(햄 에그, 베이컨 에그 어느 것으로 하시겠습니까?)라고 묻는데 이것은 에그를 햄 같이 할 것인지, 베이컨 같이 먹을 것인지를 묻는 말이므로 베이컨 에그로 할 때는 Bacon and make it very crisp, please.(베이컨 에그로 주는데 베이컨은 바짝 구워 주시오)라고 하여 베이컨의 굽는 정도(바짝 굽는 것)를 지정해 주어야 한다.

그 외 에그와 관련된 메뉴는 다음과 같은 것이 있다.

□ 햄 스크램블 에그(scrambled eggs with ham)
□ 베이컨 스크램블 에그(scrambled eggs with bacon)

먹는 방법은 계란 노른자위를 깨서 햄이나 베이컨에 발라 먹으며 베이컨은 손으로 잡고 먹거나 나이프로 잘라서 먹는다.

프라이드 에그

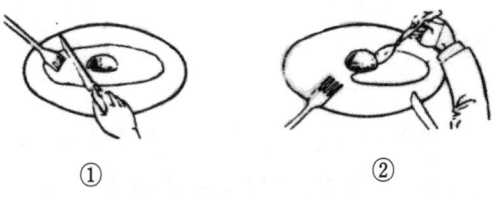

① ②

① 좌측부터 나이프, 포크로 잘라서 흰자위를 먹는다.
② 노른자위는 디저트 스푼을 사용하여 먹는다.
(햄 에그나 베이컨 에그는 계란의 노른자위를 깨뜨려서 햄이나 베이컨에 버무려 먹는다.)

요리 상태		관련 요리명
grilled	(석쇠로)굽다.	*grilled* sea beam(도미 구이)
cutlet	넓게 저민 고기 커트렛	veal *cutlet*(송아지 커트렛)
poach	수란(水卵) 뜨다	*poached* egg(수란)
saute	살짝 튀긴	*sauteed* tenderloin steak (소안심 스테이크)
broil	(불에) 굽다	*broiled* pine mushroom(송이 구이)
stew	찌다(찜)	*stewed* beef ribs(갈비찜)
steam	김에 익히다	*steamed* rice(밥)
roast	(고기를) 굽다	*roasted* omelette(햄 오믈렛)
sweet	감미	*sweeted* chestnut(밤 모듬)
brais(boil)	조림	*braised* pine mushroom(송이 졸임)
vinegar	식초	*vinegared* abalone(전복 초회)
fry	(기름에) 튀기다	*fried* egg(프라이드 에그)
baste	(구우면서 고기에) 기름을 치다	*basted* egg(프라이드 에그)
shred	조각내다	sauteed *shredded* beef(쇠고기 볶음)
flavor	양념하다	garlic *flavored* deep-fried prawns (깐 풍 큰 새우)
dice	(채소) 깍뚜기 모양으로 썰다	sauteed *diced* chicken with cashews (닭고기 캐슈 너트)
sliced	얇게 저미다	*sliced* abalone soup(전복 수프)
smoke	훈제하다	*smoked* salmon(훈제 연어)

테이블 매너의 기본

테이블 매너는 에티켓의 하나로 식사 중에 지켜야 할 규범이다. 테이블 매너의 4대 포인트를 살펴보면 다음과 같다.

1) 소리(音)에 주의한다

식기가 부딪쳐 나오는 소리, 대화 중 큰 소리로 떠드는 등에 주의하지 않으면 안된다. 소리를 크게 내면 난폭하게 되며 무례가 된다.

2) 자세에 주의한다

식사 중에는 어떠한 경우에도 자세를 흐트리지 않으며 외견상 아름답지 못한 동작에 주의한다. 음식이 입으로 오도록 먹으며 입을 식기쪽으로 구부려 먹으면 자세가 나빠진다.

동서양간에 식탁에서의 금기로 트림·코 풀기·머리만지는 것을 들 수 있다.

우리들은 평상시에도 머리를 만지는 것에는 별로 신경을 쓰지 않으나 서양에서는 모발을 불결, 부정(不淨)한 것으로 여겨 아주 거부감을 갖는다. 기업체에서도 입사시험 면접에서 머리를 만지는 사람은 채용하지 않을 정도이다. 이는 모발의 불결감뿐만 아니라 신경과민 현상으로 여기기 때문이다.

서양 사람들은 식탁에서 보통 코를 잘 푸는데 여기에 별로 신경을 쓰지 않는다. 동양 사람들은 대단히 거부감을 느낀다. 반대로 동양 사람은 식탁에서 트림을 잘 한다. 중국에서는 가정에 식사 초대를 받아 갔을 때 손님은 음식을 잘 먹었다는 표시로 트림을 해주어야 주인은 안심할 정도다. 그러나 서양인들은 대단히 거부감을 느낀다.

3) 긴장하지 않는다

약간 서툴러도 좋으니 너무 긴장하여 딱딱한 인상을 주지 않는다. 식사는 즐거운 가운데 진행되어야 하기 때문이다. 항상 미소를 띠며 유연한 자세를 지킨다.

4) 대화 없이 음식에만 열중하지 않는다

식사 중 말없이 식사에만 골몰한다는 것은 절대 금물이다. 하지만 대화 중에는 반드시 입속에 내용물을 넣은 채 말하지 말아야 한다. 식사 중 화제는 업무 이야기보다 취미 생활이 무난하다.

5) 맛있게 먹는 표정은 자제한다

우리들은 음식을 맛있게 먹는 것을 '복스럽다'라고 긍정적으로 평가하나 양식에서는 부정시한다. 지나치게 맛있게 먹는 모습은 자제한다.

레스토랑 문화

레스토랑을 말할 때는 프랑스 레스토랑을 대표적으로 거론한다. 프랑스는 레스토랑 문화를 선도한 역사를 가지고 있는데 역사적 전기는 프랑스 혁명의 발발 때문이다. 같은 해 8월 귀족의 봉건적 특권이 폐지됨에 따라 귀족들은 망명길에 오르면서 자신들의 요리사를 동반한 것이 결과적으로 프랑스 요리를 해외로 전파시키는 데 기여하게 되었다.

한편 귀족들이 망명하거나 파산하여 졸지에 실직당한 귀족의 수석 요리사들이 생업의 일환으로 시중에서 레스토랑을 개업하기 시작했다. 그래서 귀족들만이 즐겨 먹었던 고급 요리를 누구나 레스토랑에 가서 돈만 지불하면 먹을 수 있는 이른바 '식의 민주화'가 프랑스 사회에 확산되어 레스토랑 문화를 싹트게 하였다.

혁명으로 인해 갑자기 부유해진 신흥 벼락 부자가 된 소위 부르주아들은 이와 같은 레스토랑을 자주 이용하였고, 이들은 귀족적인 식도락과 식탁 예절을 제대로는 알지 못했으나 스스로 교양을 갖추려고 노력하여 귀족에 대한 문화 콤플렉스를 극복하려고 하였다.

레스토랑 식사 매너

1) 레스토랑의 경우

레스토랑에서는 정장의 복장을 원칙으로 한다. 비교적 자유로운 리조트 지역의 호텔에서도 저녁 식사의 경우는 넥타이를 매게 되어 있다. 유럽에서는 점심 식사에도 넥타이를 매야 할 정도로 레스토랑에서의 복장을 중요시한다.

숙녀의 경우 레스토랑에서는 모자를 벗지 않아도 된다. 레스토랑에 들어가기 전에 화장실에 들어가서 손을 씻고 복장을 단정히 하는 것은 신사 숙녀의 상식이다. 식탁에 자리를 잡은 후 다시 손을 씻으러 화장실을 다녀오는데 이것은 잘못된 것이다.

레스토랑에 입장하기 전 휴대품을 갖고 있는 경우에는 입구에 있는 보관소(cloak room)에 보관시켜야 하고 핸드백·신문·잡지 등은 테이블까지 휴대하여도 무방하나 테이블 위에 놓아서는 안된다. 식탁 위에는 식기와 요리만 놓는 자리다. 레스토랑에 입장할 때 여성을 먼저 들어가게 하고 남자는 여성의 뒤쪽 왼쪽 1.5m 미만의 위치를 지켜 들어간다.

레스토랑은 매니저 지정석 제도와 자유석 제도가 있으므로 이에 준하여 입장하여야 한다.

▶ *레스토랑에서의 남녀 입장 순서*

레스토랑에 들어갈 때는 남자가 앞서고 동반 여성이 뒤를 따른다. 이때 남성은 여성의 안내 역할을 하게 된다. 그러나 웨이터가 손님을 안내할 때는 동반 여성을 앞세우고 남자는 뒤따른다. 여성은 안내를 받는 입장이 되어야 하며 뒤따라가는 식이 되게 해서는 안된다.

① 프랑스의 레스토랑

동물애호국가인 프랑스에서는 레스토랑에 애완견(pet dog)을 데리고 들어갈 수 있다. 애완견 주인은 웨이터에게 주방에 데리고 들어가서 먹여 줄 것을 부탁하는 것이 보통이다.

② 레스토랑에서의 착석

레스토랑은 종업원의 안내로 테이블에 착석, 종업원이 처음 의자를 뺀 자리가 상석이다. 상석은 벽을 등지고 앉는 쪽이거나 전망이 좋은 위치다. 숙녀에게는 종업원이 의자를 뒤로 물려 앉도록 도와 주는데 이 때는 Thank you.로 답한다. 웨이터가 없거나 미처 손이 미치지 못할 때는 남성이 그 여성의 의자를 뒤로 빼어 앉도록 도와 준다.

　의자에 앉을 때는 의자의 좌측으로부터 앉으며 나올 때에도 좌측으로 나온다. 모두 이와 같이 방향을 지키면 옆 사람과 부딪칠 염려가 없게 된다. 의자에 앉을 때는 앞쪽에 걸치듯 앉지 않으며 의자 뒤쪽까지 깊이 앉아야 안정감을 주게 되며 테이블과 가슴과의 거리는 주먹 하나 반 만큼의 공간을 유지하도록 의자를 안으로 끌어 앉는다. 발은 꼬아 앉지 말 것이며 나란히 하여 자세를 흐트려선 안된다.

　여성의 휴대품, 특히 핸드백은 테이블에 올려 놓지 않는다. 작은 백은 무릎 위에 놓고 내프킨으로 덮으며 큰 것은 자신의 등과 의자 등받이 사이에 놓는다. 유럽에서는 손을 테이블 위에 놓으나 미국식은 양 손을 무릎 위에 올려놓는다.

③ 호스트와 주빈의 자리

　레스토랑에서는 주빈은 호스트의 오른쪽 자리에 앉히는 것을 원칙으로 하나, 덴마크는 호스티스와 나란히 앉혀 식사에서의 모든 행동은 주빈을 중심으로 이루어진다. 요리에 있어 오도블과 수프에 한해서는 주빈이 먼저 먹기 시작하나 그 외의 코스는 각자가 서브된 음식을 구애받지 않고 먹는다. 이 때 주빈은 다음 세 사람의 음식이 서브될 때 먹기 시작하는 것이 좋다.

2) 테이블에서의 경우

　양식에는 착석하여 퇴석할 때까지 담화를 계속하는 것이 예의다. 양식의 담화는 다음 3단계로 발전하는 것이 자연스럽다.

　제1단계 : 착석에서 수프가 나갈 때까지 자기 양쪽의 회식자와 작고 조용한 소리로 담소한다. 이 때 테이블 건너 자기 앞쪽 회식자와 이야기를 하면 양 쪽 이웃을 무시하는 것이 된다.

　제2단계 : 수프가 나가고 커피를 주문할 때까지다. 이 때 옆사람을 건

너뛴 인사와의 담소는 실례가 된다.

제3단계 : 커피가 서브되고 일어설 때까지다. 이 때는 좌담회와 같이 보다 자유롭고 경쾌하게 약간 목소리를 높여도 무방하다. 특히 다음 사항에 주의한다.

- □ 담화는 조용히 빠르지 않게 이끈다.
- □ 입안에 음식을 넣은 상태에서는 말을 하지 않는다.
- □ 크게 웃는 것은 품위를 떨어뜨린다.
- □ 화제는 명랑하고 서로 관심이 있는 것으로 하며 절대로 독점하여서는 안된다.

3) 웨이터에게는 점잖게 대한다

웨이터는 손님에게 복종하기 위하여 있는 것이 아니므로 그 응대는 대등한 것이어야 한다. 웨이터가 손님에게 정중히 한다는 것은 어디까지나 손님도 웨이터를 정중히 대하는데 그 전제를 둔다고 해도 과언이 아니다. 웨이터를 부를 때 Waiter, please! Service, please!라고 한다. 레스토랑에서 웨이터의 서비스에 불편을 주게 하거나 통로에 방해가 되지 않도록 유의하여야 한다.

웨이터에게 주문할 때 명확히 한다. 메뉴 내용을 모를 때는 상의하여 결정하는 것이 자연스럽다. 웨이터를 부를 때는 가볍게 손짓으로 신호하면 되고 소리로 부르지 않는다. 또한 웨이터에게 불필요한 말을 걸어서도 안된다.

레스토랑에 초대받아서 요리를 주문할 때 제일 비싸거나 제일 싼 메뉴는 주문하지 않는 게 예의다.

마시는 음료는 손님의 우측에서 서브하고 먹는 것은 좌측에서 하는 게 일반적이다. 서브할 때마다 Thank you.하는 것도 좋지 않다. 그러나 무엇을 시켰을 때는 Thank you.라고 한다.

생소한 요리가 서브될 때에는 먹는 방법을 웨이터에게 묻는 것은 실례가 되지 않는다. 옆 테이블에서 먹고 있는 음식을 손으로 가리켜서 주문하는 것도 실례다.

4) 냅킨은 처음 호스트보다 먼저 사용하지 않는다

냅킨의 정위치는 손님의 바로 앞 탁자 중앙의 큰 접시나 손님의 좌측에 있는 포크 위다. 후자의 경우는 식사를 끝낼 때 위치도 된다. 냅킨을 펴서 무릎 위로 놓는 타이밍은 초대주가 오더를 할 때 또는 주빈이 착석하여 옆 사람과 한두 마디 하면서 냅킨을 들 때다. 냅킨은 와이셔츠나 조끼 버튼에 걸거나 목에 걸지 않는다.

디너 냅킨은 반으로 접어 접혀진 끝쪽이 무릎쪽으로 오게 한다. 런치에 나오는 냅킨은 디너용 냅킨보다 작은 것이 보통이다. 냅킨 사용 부위는 펴서 안쪽이면서 귀퉁이쪽을 사용하여 입언저리를 닦는데 사용하나 이 때 닦는다는 것보다 문지르듯 가볍게 사용한다.

냅킨을 떨어뜨렸을 때에는 직접 집어들지 말고 웨이터를 불러 집도록 한다. 손님은 호스트측보다 먼저 냅킨을 펴지 않는 것이 매너다. 만약 주최자가 식전 기도를 할 때 냅킨을 탁상에 그대로 두게 되므로 손님이 먼저 폈다면 성급했음을 후회하기 때문이다. 식사 중 악수를 하기 위하여 일어서는 경우는 냅킨을 테이블 위에 놓지 말고 왼 손으로 든 채 선다. 냅킨을 탁상에 놓은 경우는 식사 종료를 의미하거나 이곳을 떠나서 다른 테이블로 가자는 의미가 되므로 식사 도중 자리를 잠깐 뜰 때 의자 밑에 놓고 나가는 것이 매너다. 식사 종료 후 냅킨을 탁상에 놓을 때 너무 구기지 말거나 새 것인 양 접어서도 안된다.

▶ *구미 가정의 냅킨 중시*

구미에서 제대로 된 가정이라면 고급 재질의 냅킨에 자기 이름의 이니셜을 새긴 것을 세트로 보관하고 있다. 디너용으로 큰 것, 런치용으로는 소형으로 만들어 놓아 손님이 오면 훌륭하게 만든 냅킨을 내어 놓은 것이 보통이다.

  영국·프랑스에서도 냅킨은 스테이터스 심벌로 중시하고 있다. 냅킨의 한쪽에 가족 이름의 이니셜이 자수로 새겨져 있거나 가문(家紋)을 자수하기도 한다. 냅킨을 식탁 위에 내놓을 때는 이런 새겨진 부분이 밖으로 나와 보이도록 세팅한다.

냅킨을 펴면

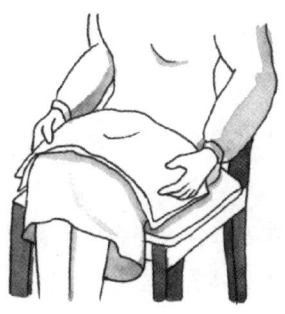

- 접히는 쪽이 자기 앞으로

식사 종료 후

- 식사 종료 후의 냅킨은 테이블 왼쪽 위에 올려 놓는다.

냅킨 매너

- 냅킨 가운데를 사용하지 않도록 한다.(귀퉁이 부분 사용)

식사 중 자리를 뜰 때

- 의자 위에 놓거나, 테이블에 걸쳐도 무방하다.

5) 스푼·나이프·포크 매너

고기나 채소를 자를 때 반드시 그 물체의 좌측부터 잘라야 한다. 양식에 있어 나이프·포크에 의한 절단 부분은 최대 2cm 정도로 하는 게 좋다.

약식의 식사로서 서구에서는 여자와 어린이들은 요리를 일단 먹기 좋게 잘라놓은 후 포크를 오른손으로 잡고 먹는 경우가 있으나 미국식은 지그재그식으로 요리를 자른 후 포크를 오른손으로 옮겨 먹는다. 그러나 정식의 경우는 포크는 왼손, 나이프는 오른손으로 사용한다. 스테이크는 하나를 잘라서 먹은 후 다시 자르는 순서가 원칙이다.

포크를 오른손으로 사용할 때 나이프는 접시 위쪽에 가로로 걸쳐 놓는다.

식사가 종료되어 나이프와 포크를 놓을 때 포크를 오른손으로 옮긴 후 나이프와 포크를 나란히 하여 접시 한가운데를 가로지르도록 놓는다. 이때 나이프 끝이 접시 안쪽 둘레 선(線)과 일치하도록 한다. 포크는 나이프보다 짧기 때문에 포크의 손잡이 끝을 나이프 손잡이 끝에 맞추거나 어느 한쪽을 맞추어 가지런히 놓는다.

포 크

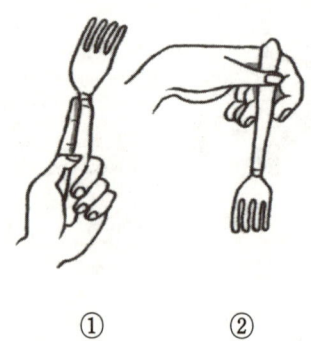

① 포크는 왼손으로 포크의 손잡이 끝이 손바닥의 한가운데 오게 잡는다.
② 포크를 똑바로 쥘 때는, 왼손으로 젓가락을 쥐는 것과 같게 한다.

수프용 스푼

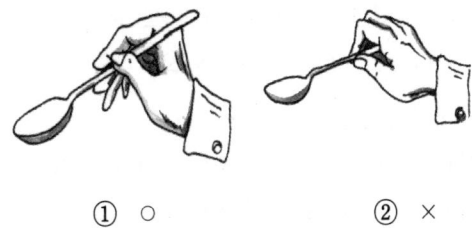

① ○　　　　　② ×

① 수프용 스푼은 젓가락을 쥐는 식으로 잡는다.
② 젓가락을 상에 놓을 때와 같은 방법은 좋지 않다.

식사 도중의 나이프 포크　　식사 종료 후의 나이프 포크

- 포크 끝이 밑으로 오게 해서 접시에 걸치고 나이프 칼날쪽은 포크 가까이 놓는다.
- 포크 끝쪽이 위로 향하게(식사 중과는 반대)하여 놓고 나이프 칼날도 포크쪽으로 오게 한다.

식전주 요령

1) 식전주, 아페리티프(apéritif)를 마신다

　정찬에 물 또는 음료는 냅킨을 무릎에 올려 놓기 전에 들지 않는 것이 원칙이다. 술을 웨이터가 따를 때 글라스가 식탁 위에 놓여진 채 따라 받으며 이 때 손으로 글라스를 잡는 것은 피해야 한다.

식전주는 수프가 서브되기 전 오도블이 나올 때 이를 안주삼아 마시게 되는데 이 식전주를 아페리티프(apéritif)라고 하며 술맛을 스위트와 드라이로 구분할 때 단맛이 없는 드라이를 식전주로 마신다. 보편화되고 있는 식전주로는 다음과 같은 것이 있다.

□ 칵테일 : 마티니(주로 남성용) · 맨해탄(주로 여성용)
□ 와　인 : 쉐리 · 버머스 · 드라이 샴페인
□ 기　타 : 스카치 소다 · 진토닉 · 탐칼린스

2) 안주격으로 오도블을 조금 먹는다

오도블은 식욕 촉진을 위한 것이므로 양을 너무 많이 먹으면 다음 요리가 맛이 없게 된다. 오도블로 나오는 상어알 캐비아는 빛깔이 연하고 알이 작을 수록 고급이다. 샐러리 · 파슬리 · 당근이 오도블로 나오는 경우에는 손으로 집어 먹어도 무방하며 아스파라가스 같은 것은 뿌리쪽을 잡고 소스를 발라 먹은 후 손에 쥔 부분은 남긴다.

생굴은 레몬즙을 친 후에 껍질을 왼손으로 잡고 오른손에 든 포크로 잘라 먹은 후 굴즙은 그대로 마셔도 좋다.

식사 종류별 매너

1) 빵은 손으로 자른다

유럽에서는 처음부터 빵이 나오면 거의 맥주의 안주격으로 하는 경우가 많다. 그러므로 식사용인지 여부를 확인하기 위하여 웨이터에게 For beer? 하고 물어볼 수도 있다. 빵은 수프를 먹고 난 후부터 먹으며 디저트 직전 자기가 식사를 끝내고 나이프와 포크를 접시에 놓는 순간까지 한다. 버터 볼(bowl)에 놓여 있는 나이프는 버터를 찍어 빵접시까지 운반하는 데만 사용하고 그 후 빵접시에 있는 나이프(버터 스프레더)로 버터를 바른다. 이러한 기물이 없을 때에는 육나이프로 대용하는 경우도 있다.

▶ *빵을 나이프로 잘라서는 안되며 치아로 잘라서도 안된다*

　토스트의 경우에도 오른손으로 버터 스프레더를 들고 이것으로 빵을 누른 후 왼손으로 빵을 눌러 자른다. 빵에 버터를 바르는 경우 빵을 한 입에 들어갈 만큼 자른 후 버터를 발라 오른손으로 먹는다. 빵은 하나를 다 먹으며 조각을 남기지 않는 것이 매너다.

2) 수프를 소리내면서 먹지 않는다

　수프는 손님의 좌측에서 서브한다. 이는 마시는 음식이 아니라 먹는 음식이기 때문이다. 수프를 튜린(tureen)으로 서브하여 본인이 튜린으로부터 수프를 국자(ladle)로 뜰 때에는 두 번 정도 떠낸다. 수프를 먹을 때는 턱은 수프 접시 아래쪽 끝과 같은 선을 유지하며 왼손으로 수프 접시를 잡는다. 허리가 굽거나 고개를 테이블쪽으로 너무 내지 않도록 주의하여야 한다.

　이것은 수프가 중간에 떨어질 때도 수프 접시에 떨어질 수 있도록 하기 위함이다. 수프를 먹을 때에는 입에 흘러가도록 하여 결코 소리를 내지 않아야 하고 물론 흘리면서 먹어서도 안된다. 뜨거운 수프는 입으로 불어 식히지 않고 스푼으로 저어서 식혀 먹도록 한다.

　수프에는 빵조각을 튀기거나 구워서 만든 크루통(crouton)을 수프에 띄워서 먹는 방식도 있다.

▶ *튜린으로 수프를 서브할 때*

W : Your soup, Madam.(부인, 수프입니다)
G : Oh, yes. Not too much, please.(오, 주세요. 조금만 주시오)
W : Some croutons?(크루통을 드시겠습니까?)
G : Hm-I'm slimming. I'd better not.
　　(살찌고 싶지 않아요. 안 먹겠습니다.)

수프를 먹을 때

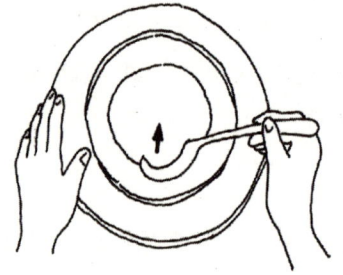

• 자기 앞쪽에서 저쪽으로
• 너무 높이 들지 않도록 한다.

3) 생선 요리는 뒤집어 먹지 않는다

생선 요리에는 대부분 레몬이 나오게 마련이다. 레몬이 얇게 잘려서 나올 때에는 포크로 레몬을 눌러서 즙을 짠다. 짜낸 레몬을 접시를 시계 문자판으로 볼 때 1시 방향의 위치에 갖다 놓는다. 이외에도 레몬이 1/4개로 크게 잘려서 나올 때에는 왼손의 엄지와 집게손가락으로 옆을 눌러 짜면서 오른손으로 주위를 감싸서 레몬즙이 튀어나가지 못하도록 한다. 큰 생선이 서브되는 경우는 먼저 머리와 꼬리를 자르고 난 그 자리에 놓은 채로 하고 생선의 표면부터 먹기 시작한다. 한쪽 고기를 다 먹은 후에는 등뼈를 발라서 접시 위쪽에 가지런히 놓은 후 나머지 부분을 먹는다.

① 갑각류를 먹는 법

바다가재·새우 같은 껍데기가 있는 생선요리는 포크로 머리 부분을 누르고 나이프로 껍데기와 살을 분리시킨다. 그런 다음 껍데기는 접시 위쪽에 갖다 놓은 후 살은 마요네즈 같은 소스를 살짝 쳐서 왼쪽부터 먹는다.

② 에스카르고(escargot) 먹는 법

달팽이 요리를 먹을 때는 에스카르고 전용 홀더가 나오므로 이것으로 달팽이 껍데기를 집게로 잡듯이 고정시킨 후 포크로 내용물을 찍어 먹으면 된다. 껍데기 안에 있는 국물은 그대로 마셔도 무방하다.

생선요리를 먹을 때

- 왼쪽에서부터 잘라서 소스를 충분히 쳐서 먹는다.

생선요리를 다 먹으면

- 뼈가 있는 생선인 경우 생선의 뼈는 잘 발라서 보기 좋게 접시 위쪽으로 정리해 둔다.

레몬

①

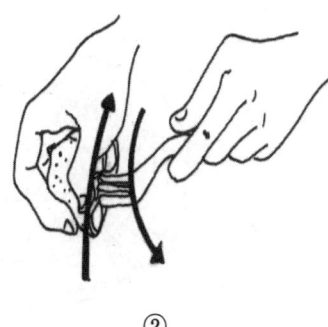
②

① 레몬이 1/4개 크기인 경우는 왼손의 가운데손가락과 엄지손가락으로 짜면서, 레몬즙이 튀지 않도록 오른손으로 감싼다.
② 레몬이 1/2개(반쪽)일 때는 포크를 사용하여 레몬은 오른쪽, 포크는 왼쪽으로 돌려 짠다.

에스카르고

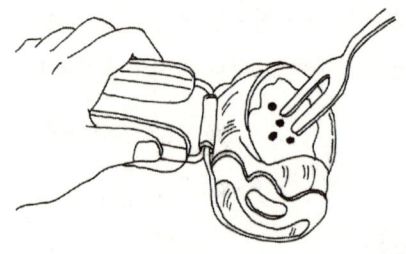

• 에스카르고는 홀더를 쥔 채 전용 포크로 찔러서 먹는다.

4) 비프스테이크는 한 번에 다 잘라 놓고 먹지 않는다

 큰 고기(肉)는 처음부터 2등분으로 잘라 놓는 것이 좋다. 크지 않은 것은 두 쪽을 내지 않아도 좋다. 고기를 자를 때는 고기결을 직각으로 자른다. 고기는 왼쪽 부분부터 한 입에 들어갈 양만큼 잘라서 먹으며 단번

스테이크 먹는 법

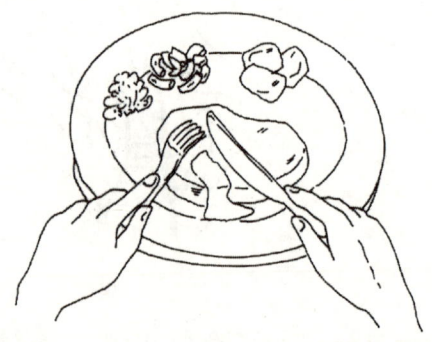

• 나이프는 오른손, 포크는 왼손으로 사용한다. 스테이크는 왼쪽부터 잘라 먹는다.

• 큰 스테이크는 일단 반으로 잘라 놓고 왼쪽 스테이크부터 왼쪽 부분을 잘라 먹는다.

에 다 자르지 않는다.

고기는 웨이터에게 주문시 고기의 굽는 정도(rare, medium, well-done)를 알려서 자기 기호에 맞도록 한다. 그러나 송아지 고기는 이와 같은 굽는 정도가 없다. 스테이크를 톱질하듯 하면 안되며 대신 접시 먼 쪽에서 앞쪽으로 칼을 움직여서 자르면 된다.

맛을 돋우는 데는 소스가 필수적이다. 이 소스는 그 종류가 수없이 많고 조리장의 비방으로도 특별히 만든 것이므로 이의 선택이 중요하다.

5) 소스는 찬 소스, 더운 소스로 구별한다

소스의 종류는 수천에 이르며, 서양 요리 중 중요한 품목이다.

마요네즈 소스의 경우 푹 떠서 쓸 수 있으나 그래비(gravy ; 고기국물 소스)나 샐러드 드레싱 소스는 상하로 분류되어 있으므로 위쪽만 뜨면 소스를 맛볼 수 없으므로 국자를 밑면까지 깊게 넣어 뜨도록 한다. 소스를 접시에 떠 놓을 때 더운 소스는 어육의 왼쪽으로부터 오른쪽으로 치며 찬 소스는 어육이 놓이지 않은 빈 곳에 놓고 고기를 찍어 먹도록 한다. 통상적으로 찬 소스는 마요네즈와 같이 끈덕진 크림과 같은 소스가 많으며 더운 소스는 물과 같은 소스가 주가 되고 있다. 소스를 뜰 때 충분히 처리할 수 있는 양을 떠 놓거나 쳐두는 것에 유의한다.

소스치는 매너

• 소스가 포트에 넣어져 있을 때는 소스 포트를 왼쪽 손으로 쥐고 친다.

6) 로스트는 최근에는 생략하는 경향이다

로스트는 스테이크와 버금가는 코스로 닭·칠면조·꿩 등 야생조 요리가 나오는데 그 중 로스트 치킨(roast chicken)은 많이 먹는 요리다. 정식으로는 나이프와 포크만 사용하여 먹으나 보통 레스토랑의 식탁에서는 다리 부분에 은종이를 감아서 나오므로 오른손으로 쥐고 먹는다. 닭요리는 부위별로 나오는데 날개살(wing), 다리(leg), 가슴(breast), 닭간(liver), 모래집(gizzard) 등이 있다. 구미인들은 날개와 가슴 부분을 가장 좋아한다.

7) 샐러드의 3가지 방식

샐러드가 나오는 방법에 따라 ① 후(後)샐러드, ② 동시(同時) 샐러드, ③ 전(前) 샐러드로 구분된다.

①의 경우는 고기 요리가 나온 후에 제공되고(유럽에서 사용) ②의 경우는 고기 요리와 동시에 서브되며 ③의 경우는 오도블의 대역으로 제공되는 경우을 말한다.

동시 샐러드법의 경우는 고기용 나이프와 포크를 사용하는데 이동시 샐러드법을 쓸 때는 먼저 육요리를 먹은 후에 먹는 방법으로해서 샐러드를 후샐러드로 사용할 수도 있다.

더운 고기 요리일 때는 고기 요리를 먼저 먹고 후에 샐러드를 먹으며 찬 고기 요리일 때는 샐러드와 서로 교대로 먹는다.

샐러드 먹는 법

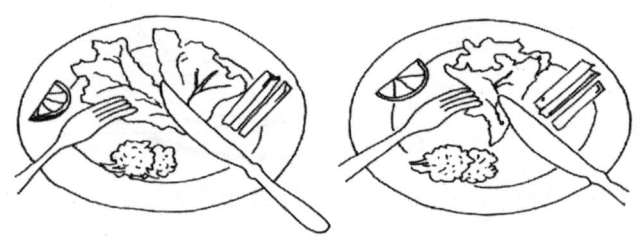

- 큰 것은 나이프로 잘라 먹고, 경우에 따라 나이프를 사용해서 잘게 나누어 먹는다.

8) 디저트 치즈 먹는 법

아이스크림의 스푼은 입술로 핥지 말 것이며 스푼의 깊은 곳까지 혀를 내밀어 핥지 않도록 주의하여야 한다. 아이스크림을 다 먹고 난 후에는 스푼을 받침접시(saucer) 자기 앞쪽에 놓는다. 과일이 서브될 때에는 과일접시 위에는 도일리(doily), 그 위에 핑거 볼(finger bowl)을 실어서 낸다.

핑거 볼의 사용은 양 손가락을 넣어서 씻는 것이 아니며 한 손의 손가락을 넣어서 손끝 부분을 적시듯 씻는다. 이 때 다른 손은 냅킨을 쥐어 핑거 볼에 가까이 가지고 간 후 씻은 손가락 부분을 닦는다.

▶ *치즈 먹는 법*
① 치즈는 보통 3각형이 되게 자른다.
② 냉장고에 보관할 때는 공기와 접촉되지 않게 포장하여야 한다.
③ 내서 먹을 때는 찬 상태로 먹는 것보다 포장지를 뜯고 한참 공기와 접촉시켜 약간 냉기가 가신 후 먹으면 더욱 고소하다.
④ 치즈의 최상의 온도는 16~18도(보통 겨울 실내 온도는 20도가 따뜻하다).
⑤ 치즈는 공기와 접촉면을 넓히기 위해 얇고 넓게 자른다. 치즈는 공기와 접촉시키면 맛이 활성화된다.

핑거 볼 매너 치즈 먹는 매너

 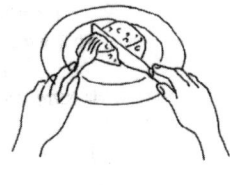 

- 핑거 볼에는 양손을 넣지 않는다.
- 치즈는 손을 대지 않고 포크를 사용한다.
- 빵에 올려 놓고 손으로 먹는다.

▶ *내추럴 치즈와 프로세스 치즈*

치즈는 2종류로 나눈다. 내추럴 치즈(natural cheese)는 유산균이나 곰팡이·효소 등이 파괴되지 않고 자연적으로 숙성된 치즈를 말하며 프로세스 치즈(process cheese)는 공정 과정을 거쳐 인위적인 숙성을 거쳐 만든 것이다. 우리들이 시중에서 사 먹는 것은 프로세스 치즈다. 이외에 다음과 같은 것들이 있다.

초경질 치즈 : 우유로 만든 파멘산 치즈.

경질 치즈(하든 치즈) : 가장 많이 먹는 치즈로 체더·고다·에멘타르 등.

세미 소프트 치즈 : 경질 치즈와 연질 치즈의 중간급. 치즈에 실핏줄처럼 곰팡이가 퍼져 있는 블루 치즈 등.

연질 치즈 : 수분 함량이 50% 내외, 피자 치즈라고도 불리는 모짜렐라 치즈·카멜벨 치즈·브리 치즈 등.

3. 동양 요리 식탁 매너

● 중화 요리 ●

중화 요리는 4채1탕(四菜一湯)이 기본이다

중화 요리는 세계 어디를 가나 인기있는 음식이다. 우리 나라에서는 젓가락과 함께 숟가락도 사용하지만 중화 요리는 일본 요리와 같이 젓가락을 사용하여 먹는다는 점이 다르다.

중화 요리의 식탁은 회전식 원탁이 기본으로 메뉴는 8인에서 10인이 가장 즐겁게 먹을 수 있게 되어 있다. 중국에서는 음식 품수는 4종 단위로 하여 내놓기 때문에 중국 요리를 주문할 때는 사람 수만큼의 요리에 수프를 첨가하는 것이 기본이다. 예를 들면 4명일 때는 4채 1탕(요리 4품과 수프 1품)을 주문한다.

1품의 양은 상당히 많으므로 4인이라 하여도 대분량이나 중분량을 주문하는 것보다 소분량을 주문하는 것이 현명하다. 북경 오리고기 즉 페킹 덕은 2인이 먹기에는 양이 많으므로 반 마리분도 주문을 받는지 확인한 다음에 주문하도록 한다.

▶ *북경 식당에서의 '합석식 요리 주문'*

북경의 식당에 들어가면 식탁에 합석하는 형식으로 음식을 먹는 것을 볼 수 있다. 원래 중국 음식은 우리 나라 음식과는 서브 방식이 다르고, 요리 중심이기 때문에 한 사람씩 식단을 주문해서 먹기에는 알맞지 않다. 그러므로 식당에서는 예를 들면 한 사람씩 오는 손님을 한 테이블에 합석시켜 4인분 메뉴에 맞도록 인원을 구성한 다음 4채 1탕을 4명이 먹게 하고 식대는 나누어 받는다. 손님의 입장에서는 한 사람분의 돈으로 네가지 요리를 먹을 수 있는 중국식 합석식 식사 방식이라 할 것이다. 따라서 중국 요리는 4명, 8명, 12명 단위로 주문하여 그에 맞는 세트 메뉴로 먹을 수 있는 것이 요령이다.

1) 전채 · 요리 · 디저트

코스 요리는 맨 처음에는 전채(前菜)라고 불리는 4종류의 요리가 나오는 것이 정식이다. 양식의 오도블에 해당하는 스진반판(什錦拌盤) 등이 나오며 다음 코스는 수프 · 생선 · 닭 · 고기와 같은 양식의 앙뜨레에 해당하는 요리가 나온다. 그리고 밥이 나오고 다시 디저트 코스로 들어간다.

2) '간뻬이' '쓰으이'

중국의 주법으로는 간뻬이(乾杯)와 쓰으이(隨意)가 있는데 전자는 우리 나라 말의 건배에 해당하나, 후자는 우리 나라에는 해당되는 말이 없는 중국만의 권주법이다.

중국의 주법에서는 우리 나라와 같이 술잔을 돌리지 않고 상대를 향하여 술잔을 올리면서 간뻬이! 하는데, 이것은 술잔의 술을 남기지 말고 마시자는 권주의 말이다. 이 때 술을 마시고 잔 밑바닥을 상대에게 보이는 제스처를 하여 다 마셨다는 것을 확인시킨다.

이에 대하여 단번에 술잔을 비울 자신이 없을 경우에는 쓰으이!하며 술을 조금만 마시고 남겨 두어도 무방하다.

- 새로 나온 음식은 덜고 난 후 회전 테이블을 약간 돌려 옆사람 앞으로 접시가 가도록 해준다.
- 회전 테이블은 시계 방향으로 돌리는 것이 원칙이다.
- 먹고 싶은 음식을 멀리서 뜨지 않도록 회전 테이블을 돌려 앞으로 오게 한다.

중국 요리의 테이블 세팅

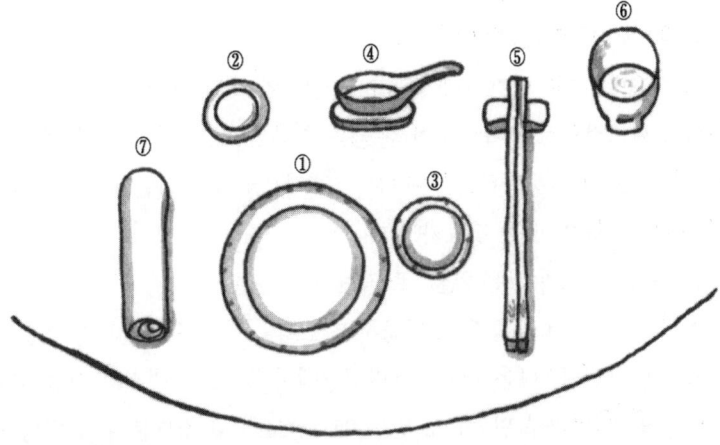

① 음식을 덜어 먹는 접시
② 조미료용 작은 접시
③ 수프용 접시
④ 작은 사기 수저
⑤ 젓가락
⑥ 물·맥주용 글라스 중국 술잔
⑦ 냅킨

중화 요리는 지방에 따라 특징이 있다

중화 요리는 어떤 의미에서는 세계적인 음식이다. 우리들이 해외 여행을 할 때는 한국인의 입맛에 가장 친숙한 요리는 중화 요리밖에 없다 해도 과언이 아닐 정도로 세계적인 음식인 것이다. 그러므로 중화 요리에 대해서 어느 정도 상식을 갖추고 있으면 국제 비즈니스 접대에도 많은 도움이 될 것이다.

다음에 중화 요리의 종류별 특징을 알아보도록 한다.

1) 북경 요리와 페킹 덕

명·청 시대에 확립된 북경 요리는 중화 요리의 정수다. 궁중 요리의 계보를 이어받아 내려온 북경 요리는 섬세하고 세련미가 깃들인 풍미가 강점이다. 특히 북경 오리고기 요리는 세계적인 요리로서 각광 받고 있다. 상해 요리가 고급 어패류를 주로 한 요리라면 북경 요리는 고기를 이용한 요리가 많다.

▶ 북경(北京) 오리 요리 먹는 법

북경 오리 요리, 페킹 덕(Peking duck)은 북경 요리로 대표적인 음식이다. 세계적으로도 유명하여 손님을 중화 요리로 대접할 때 페킹 덕이 필수적 요리로 등장한다. 따라서 국제적으로 활동하는 데는 이 요리의 먹는 방법을 알아 둘 필요가 있다.

페킹 덕은 다음과 같은 2단계로 먹는다.

중화 요리집에서 페킹 덕을 주문하면 오리를 통째로 로스트한 것을 일단 손님에 보인다. 다음으로는 오리고기에서 ① 오리 껍질과 살을 잘게 썰어 낸 후 ② 밀가루 반죽으로 만두피보다 크게 한 소맥분피 즉 단병(單餠)을 사용하며 ③ 단병 위에 고기를 껍질에 얹어 올려 놓고 ④ 된장을 묻힌 후 ⑤ 그 위에 된장을 묻힌 파를 얹어서 ⑥ 단병으로 싸서 먹는다.

다시 말하면 마치 상추(단병)에 된장, 삼겹살(오리고기 껍질)을 넣어 상추쌈을 먹는 것과 같은 방식을 취한다.

두 번째 단계는 오리에서 껍질과 살을 떼내어 위와 같이 요리를 해서 다 먹은 후에는 별도로 남은 뼈와 머리는 수프로 해서 마지막에 먹는다. 마치 우리들이 생선 회를 떠서 상추쌈에 먹은 후 별도로 뼈는 찌개로 만들어 먹는 식과 비슷하다.

2) 광동(廣東) 요리와 얌차(飮茶)

중국 요리 중에서 가장 거창한 것이 광동 요리다. 예부터 食在廣州라 하여 '모든 음식은 광주(廣州)에 다 있다'라고 할 정도로 음식의 본고장으로 유명하다.

대표적인 요리로 제비집 요리를 들 수 있다. 이 밖에 개·고양이 고기를 재료로 한 진미의 요리도 광동 요리에 속한다. 우리들이 많이 알고 있는 팔보채도 광동 요리다.

얌차는 광동 요리의 하나로 아침 식사로 먹는 음식이나 대만에서는 브런치(brunch; 점심을 겸한 늦은 아침 식사)로 얌차를 먹는 것으로 정식 식사가 아니라 일종의 스낵 형식의 음식이다.

▶ *딤섬(點心)*

홍콩의 레스토랑에 가면 다른 식당과는 달리 대단히 넓은 식당 홀에 많은 사람들이 여기 저기 식탁에 몰려 시끄럽게 떠들어 대면서 친구들과 어울려 음식을 먹고 있는 광경을 쉽게 볼 수 있다. 홀 한편에서는 종업원들이 손수레(trolley) 위에 여러 가지 맛있는 스낵(이 스낵은 양을 조금씩 해서 마치 한 그릇에 왕만두 3개 정도씩 대나무로 만든 그릇에 담아 놓고 있다)을 싣고 손님 사이로 돌아다닌다. 수레가 가까이 오면 손님은 먹고 싶은 것을 몇 개 골라 테이블에 옮겨 놓고 받아 먹은 후에는 빈 그릇을 테이블 위에 차곡차곡 쌓아 놓는다. 자리를 뜰 때 계산은 빈 그릇수로 하는 서민들의 스낵이다. 보통 이곳의 얌차는 기름기가 없는 음식이 주가 되고 가격도 저렴하다.

얌차는 한문으로 飮茶. 문자 그대로 친구·가족들 여럿이 식탁에 둘러 앉아 담소를 나누면서 차도 마시고 스낵도 먹는다는 뜻이다.

3) 사천(四川)에는 매운 요리가 있다

사천 요리의 특징은 매운 맛에 있는데, 이 지방의 기후가 춥기 때문이라고 한다. 사천 요리는 각종 향신료를 배합하여 요리의 맛을 내는데, 다시 말하면 향신료와 조미료의 마술사적 요리법을 구사하여 만드는 것이 특징이다.

4) 호남(湖南) 요리는 신 맛·단 맛이 매우 강하다

호남 요리는 우리 나라에서는 별로 알려진 요리가 아니나 대만에서는 인기가 있다. 호남 요리는 사천 요리와 같은 서부계(西部系) 요리다. 기름과 향신료를 충분히 사용하여 조리하는 호남 요리의 특징은 신 맛, 단 맛, 강한 매운 맛에 있다. 또한 요리의 장식이 화려하여 보기만 하여도 먹고 싶을 정도로 잘 꾸며진 것이 특징이다.

중화 요리 식사 매너

중화 요리를 즐기는 데는 다음 사항에 유의한다.

1) 주문은 인원에 맞는 요리품수에 수프 포함이 기본이다

보통 중화 요리를 주문할 때는 인원수에 맞는 요리수에 수프 일품(一品)을 첨가하는 것이 기본이므로 기본 인원수가 4인이라면 이 때 4菜 1湯(요리 4품과 수프 1품)이 된다. 요리 한 접시가 양이 많으므로 대·중·소를 고려해서 주문한다.

페킹 덕은 2인이 먹기에는 양이 너무 많은 요리다. 이럴 때 반만 주문할 수 있는가를 물어 보는데 대부분의 식당에서는 반쪽씩 팔고 있다. 중국에서는 먹는 것을 중요하게 여기므로 남는 음식은 싸가지고 가는 것이 보통이다.

2) 요리를 주문할 때 재료별로 한 접시씩 선택해서 주문하면 좋다.

메뉴표를 보면 각기 재료별로 요리가 나란히 적혀 있다. 오도블이나 수프를 제외하고는, 쇠고기·돼지고기·닭고기·오리고기·해산물·채소류로 요리가 종류별로 구분되어 있다. 사람에 따라 좋아하는 요리를 선택할 것이나 일반적으로 한 재료에 요리 일품씩 주문하면 다양하게 즐길 수 있다.

3) 최소한 '해서는 안될' 테이블 매너

중화 요리를 먹는데 특별한 룰은 없으나 특히 해서는 안될 매너는 접시에 손을 대는 것, 면류를 먹을 때 소리를 내는 것, 식기를 입에 대고 먹는 것이다.

중국인들은 가령 오른손은 젓가락을, 왼손은 작은 국자를 쥐고 음식을 먹기 때문에 식기를 입에 대고 먹는 것은 매너 위반으로 여긴다. 다만 밥은 공기밥으로 손으로 들어 입에 가까이 대고 젓가락으로 먹는다.

4) '해도 되는' 테이블 매너

해도 되는 매너로는 밥을 젓가락으로 긁듯이 넣어 먹는 것, 먹다 남은 뼈·가시 등은 테이블에 그대로 올려 놓는 것, 자기의 젓가락을 사용하여 남의 요리에 대고 나누어 먹는 것, 같은 요리에 서로 동시에 젓가락을 대서 집어 먹는 것(보통 남이 젓가락을 대려고 할 때는 다른 한 사람은 기다리는 것이나 중국인은 그렇지 않다는 의미) 등은 중국인들이 대중식당에서 스스럼없이 하는 매너다.

중화 요리 식사의 특징

1) 아침 식사를 적게 먹지 않는다

중국인의 아침 식사는 점심이나 저녁 식사에 비하여 양에 있어서는 별 차이가 없다. 다른 나라들은 아침은 가볍게 먹는 것에 비하면 다른 점이다. 전형적인 중국의 아침 식사는 약간의 티 케이크(tea cake; 차 마실 때 먹는 가벼운 과자)와 채소·고기 섞음 한 접시, 일종의 도넛 비슷한 것, 쌀로 만든 죽·두부 등이다.

2) 전채(appetizer)는 잘 차려진 식탁에는 나온다

중국인들은 서양에서나 볼 수 있는 본격 요리가 나오기 전에 식욕 촉진제로 마시는 식전주는 마시지 않는다. 대신 잘 차려진 식탁에는 전채인 오도블이 나온다. 가령 짭짤하게 만든 닭고기·오리다리고기, 소금 간을 한 오리고기, 와인을 쳐서 만든 오리고기 슬라이스, 돼지고기 바베큐 등을 들 수 있다.

3) 수프는 첫 코스에 먹지 않고 중간에 나온다

중국 음식 코스에서 수프는 양식에서와 같이 코스 첫 단계에서는 먹지 않는다. 대신 메인 요리와 같이 서브되거나 연회석상에서는 한 가지 요리를 먹고 다음 요리를 더욱 맛있게 하기 위하여 중간에 수프를 먹는다. 수프에는 두 가지 종류가 있는데, 묽은 수프와 진한 수프로 나눈다.

4) 해산물은 원형 그대로 요리한다

중국인의 해산물 요리는 원형 그대로 요리해서 먹는데 그 이유는 그래야만 해산물 자체가 갖고 있는 맛을 그대로 살릴 수 있다고 믿는 데 있다. 다시 말하면 뼈를 발라내서 조리하거나 할 때는 원래 해산물이 갖는 맛이 훼손된다는 데서 나온 조리법이다. 같은 이유로 해서 해산물은 찌거나 고기를 볶은 다음 물을 조금 넣고 천천히 익히거나 기름에 튀긴다.

5) '고기 요리'라면 돼지고기를 의미한다

중국인이 고기(meat)를 말할 때는 쇠고기(beef)가 아니라 돼지고기(pork)를 뜻한다. 중국 요리 중 고기 요리는 바로 돼지고기 요리를 의미한다 해도 과언이 아니다.

서양에서는 고기가 뼈쪽에 있을 수록 맛이 좋다 하여 뼈 부위쪽 고기를 선호한다. 한국에서는 소갈비가 인기가 있다. 그러나 중국인에게는 소갈비·소꼬리 탕·우족(牛足) 탕과 같은 요리는 좋아하지 않는 대신 닭고기를 좋아한다. 그러므로 중국인 상대의 국내 접대는 이러한 그들의 취향을 고려해야 할 것이다.

소흥주(紹興酒)는 중국식 와인

중국인들은 주정도가 높은 마오타이(茅台酒)주와 샤오싱주(紹興酒)를 많이 마신다. 마오타이주는 밀과 사탕수수로 만든 화주(火酒)로 연회석상에서 건배주로 이용되고 있는 술이다. 샤오싱주는 쌀을 원료로 해서 만든 술로, 이는 마오타이의 화주(spirits)와는 다른 와인으로 우리 나라 정종과 같은 술이다. 이 술은 데워서 마시는데 술에서 나오는 향도 맡는 게 특징이다.

양조 후 2년 이상 저장한 주정도가 16도, 5년 이상 18도가 된 술이 있다. 이 술은 쩨넹 샤오싱주(酒)라는 상품주다. 기름이 많은 중국 요리에는 이 샤오싱주 만큼 좋은 술이 없다.

여성들이 마실 때 레몬을 타거나 설탕 등을 가미해서 마신다.

● 일본 요리 ●

일본 요리 — 1즙 3채

  일본 요리(和食·本膳料理 ; 손님 정면에 놓는 정식의 '혼젠료리')의 기초는 1즙 3채로 구성된다. 이것은 국물 한 가지에 요리 세 가지로 차려진 것으로 채(菜)는 부식물(副食物)을 지칭한다. 1즙 3채는 밥(飯), 국물(汁), 향물(香物), 생선회, 삶은 것, 구운 것 등 6가지에서 밥과 향물은 수로 세지 않으므로 요리의 품수는 4품이 된다. 일본에서도 4라는 숫자를 우리 나라와 같이 불길하게 여기므로, 1즙(국물) 3채(생선회, 삶은 것, 구운 것)라는 분리법을 쓰고 있다.
  채의 숫자는 반드시 홀수로 하는데 이것은 일본에서는 홀수를 양, 짝수를 음으로 여기는 사상에서 비롯된 것이다. 이렇게 홀수로 구분하는 한 채는, 1즙 3채, 1즙 5채, 3즙 5채, 3즙 7채까지 있다. 1즙 4채(짝수)란 없다.
  우리 나라의 밥상에 해당하는 선(膳) 위에 음식을 배치하는 데는 일정한 규칙이 있다. 본선(本膳; 혼젠)이란 맨 처음 나오는 상으로, 자기의 무릎 앞에 갖다 놓고 난 다음 두 번째 나온 상은 손님의 우측에, 세 번째 상은 좌측에 각각 놓는데(그림 〈일본 상차림 구도〉 참조) 이 3가지 상 위에 차려지는 음식은 정해져 있다. 이것을 '젠구미(膳組み)' 즉, 상차림을 뜻한다.
  1즙 3채 이상을 향응에 내는 요리로 간주하며, 특별한 행사가 아닐 때는 3가지 상 중에 본선(本膳)만을 내는 것이 일반적이다.

신식예절과 불식예절

  일본 화식(和食)의 식탁 예절은 다도(茶道)의 영향을 받아 요리가 들어오면 다도에서 말차(抹茶)를 마실 때처럼 인사를 하고 받는다. 일본식에서는 식전, 식후에는 반드시 예를 하는데, 고개 숙여 인사하는 것이 기본이다.

뚜껑이 있는 그릇은 식사 전에 전부 열어 들어낸다. 밥공기는 왼쪽, 국공기는 오른쪽에 놓는다. 상의 왼쪽에 놓인 그릇은 왼손으로 열어서 왼쪽에 놓고, 오른쪽에 있는 것은 오른쪽에 내려놓는 것이 원칙이다. 공기 뚜껑은 어떤 경우에도 포개 놓지 않으며, 음식을 다 먹으면 모두 원래대로 덮어 둔다.

젓가락은 화식 테이블 매너에서 키 포인트가 된다. 한국식은 숟가락과 젓가락을 교호적으로 사용하여 음식을 먹으나 화식은 젓가락 하나만으로 사용하기 때문에 식탁예절에서 젓가락 사용에 남다른 의미를 부여하고 있다. 다시 말하면 젓가락 사용에 따른 매너를 중요시하여 젓가락 매너를 보면 그 사람의 가정환경, 교양, 품성을 알 수 있다고 보고 있다.

한국식은 젓가락을 식탁 위에 세로로 놓으나 일식은 자기 앞쪽에 가로로 놓으며 이때 반드시 '하시오키'(箸置 : 젓가락을 얹어 놓는 도구) 위에 끝을 나란히 해서 걸쳐 놓는다. 젓가락은 끝부분 3센티 정도 이상은 음식이 묻지 않도록 하고 젓가락을 잡은 채로 식기를 열고 닫지 않으며, 젓가락을 쥐는 방법 역시 자기식으로 하지 않는다. 음식을 먹다 보면 젓가락 끝에 음식 찌꺼기가 묻게 되는데 그렇다고 이것을 빨아 없애려는 것은 큰 매너 위반이다. 이런 경우에는 '가이시'(懷紙 : 일종의 휴지이나 보통 휴지보다 질이 좋음)를 접어 그 사이에 끝을 넣어 닦아 처리하는 것이 정식으로 연회석에 갈 때는 미리 지참해 가는 것이 보통이다. '와리바시'(割箸 : 소독저)를 사용할 때는 젓가락 끝이 다른 사람을 향하게 해서 쪼개는 것은 상대에 대한 실례이며 밑으로 세워서 쪼개는 것이 매너이다.

먹을 때는 우리와는 반대로 밥을 먼저 먹으며 국물을 먼저 먹지 않는다. 또 우리들은 국물로 먼저 입을 축이고 나서 밥을 먹는데 일본 식사는 이와 다르다. 최근에는 국물이 식을 염려가 있어 먼저 뜨거운 국물을 조금 마시고 밥을 먹는 경향이 있으나 이는 정식이 아니다. 일반적으로 신식(神式)은 밥을 먼저 먹으나, 불식(佛式)은 이와 반대로 국물을 먼저 마시고 밥을 먹는다.

따라서 일본 음식을 먹을 때 유의해야 할 매너는 다음과 같다.

- □ 식사는 각각의 '하이젠'(配膳 : 상을 차리는 것)이 끝나면 주인측이 "도오죠, 오 하시오(젓가락을 드시죠)"하고 인사말을 하고 주객은 "이타다키마스(음식을 잘 먹겠습니다)"라는 말로 시작된다. 음식을 다 먹으면 "고치소사마(잘 먹었습니다)"로 인사한다.
- □ 오차(茶)는 식사 중에는 마시지 않고 식사 전후에만 마신다. 경사시에는 밥부터 먹고 흉사시에는 국부터 마신다. 그릇 뚜껑을 여는 순서는 밥 — 국 — 보시기 순이다.
- □ 밥을 먹을 때는 밥공기를 왼손에 들고 밥을 한 젓가락 먹은 다음, 밥공기를 놓고 국그릇을 들어 한 모금 마신다. 국물을 마시고 건더기를 한 젓가락 건져서 먹은 후에 국그릇을 상 위에 놓고, 밥 한 젓가락을 먹은 다음부터는 자기가 먹고 싶은 음식을 먹는다.
- □ 식사가 끝나면 뚜껑을 덮어 둔다.
- □ 일본식은 식기를 들고 먹는데, '들어올리는 방법'에 매너가 있다. 식기는 왼손으로 들어 올리되 오른손으로 받친다. 이 때 공기와 같은 식기는 엄지를 제외한 나머지 4개의 손가락을 나란히 붙여 가운데 올려놓고 엄지로 공기를 받치면 보기에 좋고 안정감을 주는 좋은 매너가 된다.
- □ 식기·쟁반 같은 것을 주고받을 때는 양손을 사용하여 상대에 얼굴을 향한 채 주고받는 것이 매너다. 물론 한 손으로 받아야 적당한 식기, 가령 찻잔 같은 것을 주고받을 때도 다른 한 손으로 이를 받치는 것이 매너이다. 다시 말하면 양 손을 사용하여야 공손한 모습을 보이는 좋은 매너가 된다.

식기 다루기

다음은 식기 다루는 매너를 구체적으로 소개한다.

☐ 어떤 경우에도 상 위에 있는 식기를 움직일 때는 손으로 들어 이동시켜야 하며 결코 밀어서는 안 된다.
☐ 운반되어 온 요리를 손으로 받아 그대로 먹는 것은 매너 위반이다. 전달받은 요리 그릇은 일단 상 위에 놓은 후 다시 손으로 들어 먹는 수순을 거치도록 한다. 받은 식기를 상 위에 놓지 않고 그대로 입으로 가져가서 먹는 것을 "みけ食い(받아서 직접 먹는다)"라고 하여 일본인들은 이를 교양없는 매너로 간주한다.
☐ 뚜껑이 있는 식기는 왼손으로 밑부분을 가볍게 누르면서 오른손으로 뚜껑을 열되 자기 앞쪽부터 연다. 그렇지 않으면 그릇 안의 김이 사방으로 흩어지기 때문이다. 연 뚜껑은 그 식기가 밥상을 중심으로 중앙이나 오른쪽에 놓인 것이라면 오른쪽 곁에, 왼쪽이라면 왼쪽 곁에 내려 놓는다.
☐ 음식을 다 먹은 후에는 뚜껑을 원래대로 닫아 두는데, 이 때 엎어서 닫지 않도록 유의한다. 우리 나라에서 음식을 먹은 후 뚜껑을 엎어서 닫는 것과는 대조적이다.
☐ 밥그릇(공기)을 들고 먹을 때는 입에 대고 먹지 않고 입 가까이 가져가 젓가락으로 먹는 것이 매너다. 국그릇은 입에 대고 마시나, 국 안에 있는 건더기는 국과 함께 마시지 않으며 따로따로 먹는데 국그릇을 입 가까이 대고 젓가락으로 집어서 먹는다.
☐ 국물을 밥그릇에 부어 먹어서는 안 된다. 우리들이 흔히 국물에 밥을 말아 먹는 것과는 크게 다른 점이다. 뿐만 아니라 밥 위에 반찬을 얹어 먹어서도 안 된다.

▶ 밥을 먹을 때

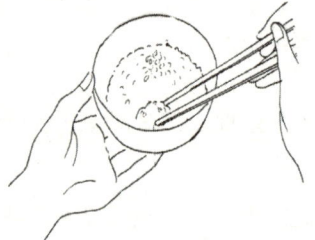

• 왼손으로 들고 먹는다.

▶ 식기를 들 때

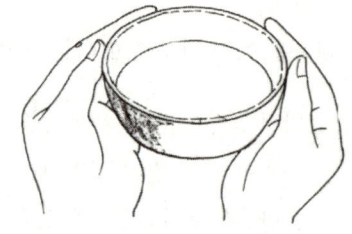

• 일단 양 손을 사용하여 든 후에 왼손으로 옮기는 것이 매너.

▶ 식기 쥐는 매너

• 정식으로 쥐는 모습.

• 안전감이 없게 보이는 좋지 않은 모습.

▶ 식사 후의 공기 뚜껑의 모습

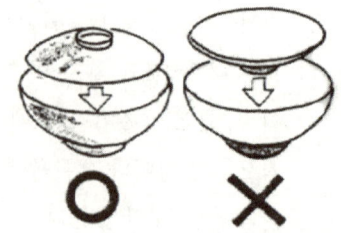

• 뒤집어 놓지 않는다.

가이세키(會席) 요리

　일본 요리의 형식에는 무가(武家)에서 만든 혼젠료리(本膳料理), 다도에서 나온 가이세키료리(懷石料理), 사원(寺院)의 쇼징료리(精進料理)가 있다. 일반 연회석상에서는 가이세키료리(會席料理)가 나온다. 가이세키료리는 에도(江戶) 시대의 요정에서 나온 것으로 일본 요리의 풀코스라고 할 수 있다.

▶ *가이세키(會席) 요리와 순서(일본 요리의 풀코스)*

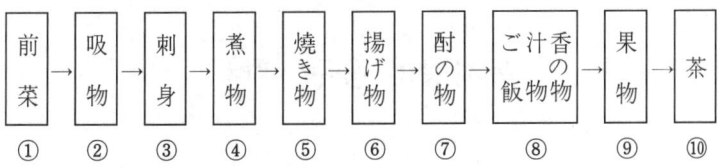

① 전채
② 마실 것(스이모노)
③ 생선회(사시미)
④ 삶은 요리(니모노)
⑤ 구운 요리(야키모노)
⑥ 튀김(아게모노)
⑦ 안주류(주우노모노)
⑧ 밥(고항), 국물(시루모노), 향물(고우노모노 : 단무지 등)
⑨ 과실(구다모노)
⑩ 차(차)

▶ *일본 상차림 구도*

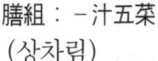

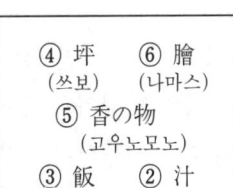

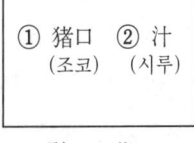

① 조코(작은 사기 잔, 술잔)
② 맑은 국물
③ 밥
④ 끓이거나 졸인 요리
⑤ 단무지, 오이 절임 등
⑥ 회, 생선회
⑦ 구운 고기

4
동서양의 음주 매너

술은 사교와 음식 맛의 상승 효과를 낸다

1) 술의 순기능과 역기능

술은 성경에도 등장하고 있을 정도로 긴 역사를 갖고 있다. 서양의 그리스·이집트 신화에서부터 동양의 공자의 말에서도 언급된다. 사기(史記)에는 술에 관하여 다음과 같이 기록되어 있다.

'술이란 실로 큰 역할을 하고 있다. 국가의 가장 중요한 행사인 교사(郊祀)나 종묘 제향에도 술이 주가 되고 군신붕우 사이에 의리가 두터워지는 것도 술이 큰 비중을 차지하며, 싸우고 나서 화해하는 데도 술이 중간 역할을 한다. 또 이와는 반대로 술로 인하여 큰 실수를 저지르는 수도 있다. 술이란 실로 일의 성패에 지대한 관계가 있는 것이기 때문에 함부로 마시는 일이 없이 신중을 기해야 한다.'

이 내용의 뜻을 다시 요약해 보면 하나는 술의 순기능을, 또 한 쪽은 술의 역기능을 염려한, 술이 가진 두 얼굴을 잘 묘사하고 있다.

2) 화주(火酒)를 spirits로 쓰는 이유

술을 마시면 취한다. 다시 말하면 정상적인 기분이 안 된다는 의미다.

적당히 마시면 기분이 좋다가 과하면 정신을 잃는다. 그래서 서양 사람은 술에는 spirit(정령)이 들어 있어 이것이 사람의 몸에 들어와서 요술을 부리는 것으로 생각했다. 그래서 독주, 화주를 spirit(영혼)의 복수형을 써서 spirits라고 부른다.

술은 어떻게 마시는 것이 가장 바람직한가. 이를 풀어 나가는 인간의 지혜가 바로 술 문화로 나타난다고 할 수 있다. 결론부터 말하면 술은 마셔서 첫째 기분을 좋게 하며, 둘째로는 그 좋은 기분을 오래 지속시키는 것이다. 아무리 맛이 있는 요리도 배가 부르면 맛을 모르듯이 술도 취해버리면 술의 기분을 알 수 없는 것과 같은 이치다. 이른바 '쾌락의 장속화(長續化)'이며 이의 구현이 '술의 칵테일화'다. 도수가 강한 술을 기주(基酒)로 하고 다른 음료를 가미해서 맛과 향을 내고 주정을 낮추어서 마시면 주기가 은근히 지속되어 쾌락의 장속화가 가능해진다.

반면 빨리 취한다는 것은 술로 인한 기분 좋은 상태를 단축시켜 감각의 마비 현상을 빨리 오게 하기 위한 것으로 심한 경우가 바로 술을 '폭탄주'로 만들어 마시는 주법이다. 다시 말하면 술의 순기능쪽에 음주 습관을 들이는 문화는 술의 칵테일화라 할 것이며, 역기능쪽으로 몰고 가는 방법으로는 도수가 약한 술을 독주로 만들어 마시는 폭탄주 음주법이라 할 것이다.

미국인의 음주 습관은 금주법에서 영향

미국의 술 문화는 어떤가. 미국인들의 음주 습관이 오늘에 이르기까지는 미국인들은 오랜 세월 술에 대한 훈련을 해온 역사가 있었기 때문에 가능하게 된 것이다. 그것이 바로 1820년대에 시작하여 1933년에 해제된 금주법 시대를 들지 않을 수 없다. 미국은 소위 식민지 시대(1607~1776)에는 미국 사회는 과음, 술로 인한 폭력 등으로 골치를 앓고 있다가 이를 극복해야 한다는 사회적 요청에 따라 금주법이 제정되기에 이르렀다. 그런데 이 금주법에 의거, 술을 마셨다고 처벌된 사람은 한 사람도 없었다는 것이 흥미롭다.

미국의 금주법은 술을 아예 마시지 못하게 한 법으로 생각한 사람이 많으나 사실 금주법은 술을 못 마시게 하는 금주법이 아니라 이 법의 18조에는 주류를 음용 목적으로 제조·판매·운반·수출·수입을 금지하는 것이었으므로 자연히 시민들이 술을 구할 수 없게 만들기 위하여 술의 원천을 봉쇄하게 하는 법률이었다.

따라서 금주법 시대 동안에 미국인들은 첫째 술을 마실 기회가 없거나 줄어들기 시작하였으며 그 결과 음주 습관은 난폭성에서 순화되는 훈련 과정을 겪게 된 셈이 되었다. 그러나 금주법 시대라고 하지만 술의 도수가 낮은 와인 정도는 허용되었으며, 해가 거듭될 수록 규제 내용도 점차 완화돼 집에서 손님 접대용으로는 술의 소비가 가능해져 칵테일은 즐길 수 있게 되었다. 이러한 기간이 수십년 지나는 동안 미국 시민들의 음주 습관은 개선되었다. 지금도 미국 가정을 방문하면 손님에게 칵테일과 같은 음료를 제공하는 것도 이 금주법에서 연유된 것이다.

바(Bar)와 펍(Pub)은 대화하는 자리

영어로 술집을 '바'라고 한다. 이 단어는 '막대기·가로장'의 뜻을 가진 단어로 옛날 술집의 주인이 말을 타고 찾아오는 손님의 말을 붙들어 매 놓도록 마련한 가로대(bar)에서 연유한 것이라고 한다. 영국의 선술집인 Pub는 Public bar가 아니라 Public house의 약자로 지금도 영국의 시골에는 이런 Pub을 정당별로 지지하고 있다고 한다. 이곳에서 술손님이 자기가 좋아하는 정당 지지 펍에 찾아와서 술을 마시면서 정치 이야기를 나누는 곳으로 이용되고 있다.

한편 미국의 나이트 클럽은 2종류로 나누어진다. 실제 밴드가 생(生) 연주하는 라이브 하우스(club with live music)와 녹음한 음악을 DJ가 틀어 주는 DJ클럽(club with a DJ)이 그것이다. 입장료에도 2종류가 있다. 하나는 cover charge(단순히 cover라고 부르기도 한다)와 또 하나는 drink minimum(minimum이라고만 부르기도 한다)이 있다. 일단 클럽에 들어가면 이 2가지 요금 지불 방식을 선택해야 하는데 입구에 게시되어 있어 가령 $20 cover/no minimum이라고 붙여 있거나, $10 cover/two drink minimum이라고 게시되어 있다. 전자는 입장료가 20불이며 후자는 최하 술 2잔을 의무적으로 먹는 전제하에 입장료를 10불로 받는다는 뜻이다.

가령 How much is the cover?(입장료가 얼마입니까?)라고 묻거나, Is there a drink minimum?(드링크 미니멈이 있습니까?)식으로 물으면 된다.

▶ *바에서의 표현*

☐ I'll have a Bud.(버드와이저로 주시오.)
☐ A vodka martini, please.(보드카 마티니로 주십시오.)
☐ Scotch on the rocks.(스카치 온 더 록스로 하겠습니다.)
☐ Could have a screwdriver?(스크루드라이버 한 잔 주십시오.)
☐ Could I have a glass of white wine?(화이트 와인 한 잔 주십시오.)
☐ What kinds of beers do you have?(어떤 종류의 맥주가 있습니까?)
☐ Do you have any soft drinks?
　 (알콜이 없는 음료수는 어떤 것이 있습니까?)

한국인의 음주 습관

우리 나라의 술에 대한 예의는 어느 나라보다 엄하였다. '술은 어른 앞에서 배워야 한다'는 말은 우리 선조들의 예의 바른 음주 매너에서 연유한 것이다. 그러나 우리 나라가 일제하에 들어가면서 한국인들의 지식인층에서는 일제하의 민족적 비극을 술로 달래는 경향이 늘어나기 시작하였고, 해방 이후부터는 사회적 불만을 술로 분출하는 양상으로 바뀌기 시작하였다. 여기에 30여년간의 군사 문화가 우리 사회를 왜곡시키면서 술의 역기능이 기승을 부려 급기야 '폭탄주'라는 군대식 음주 습관까지 생겨나게 되었다.

서양에서는 술은 요리를 맛있게 먹기 위하여 반주로 마시는 경향이 두드러지고 있으나, 우리는 술을 마시기 위하여 음식을 안주로 삼는 경향이 있다. 그러다 보니 술의 역기능 현상이 사회문제화되고 있다. 물론 이런 것은 세계 모든 나라에서 볼 수 있는 현상이나 한국 사회는 정도가 다소 심하다는 것이 문제다.

▶ *술의 일본말 'サケ'의 어원은 한국말*

일본은 술을 サケ(사케)라고 한다. 이 '사케'란 말의 어원이 바로 한국에서 나온 것으로 일본인들은 보고 있는 것이 흥미롭다. 명치 시대의 일본인 白鳥庫吉 박사가 國學院 잡지 4권 4호에 게재한 논문에서 일본술의 역사를 기술한 부분을 소개하면 다음과 같다.

일본은 술을 백제로부터 주조법을 배워온 것으로 전해지고 있다. 술을 일본어로 サケ(사케)라고 하는데, 이 말은 한국에서 술을 빚을 때 발효를 시켰다는 것을 '사갔다'라고 한데서 온 것이다. 이 말은 동사의 원형이 '삭'으로, 일본의 고어에서 酒를 サカ(사카)라고 하고 있으며, 지금도 술잔을 サカズキ(酒杯 : 발음은 사카즈키)라고 하는 것으로 보아 일본술이 백제로부터 전래되었다는 것을 알 수 있다.

만취 행동은 금기

보통 우리들은 "죄송합니다. 전작이 있어 술 좀 취했습니다. 이해해 주십시오"라고 하거나 "한 잔 했습니다"라고 자신이 술에 취했다는 말을 잘 한다. 이 때 외국인에게는 Oh, I'm drunk. I'm drunk.라는 영어가 튀어나온다.

　이와 같이 취언을 하고 술로 인한 다소의 실수도 관대히 이해해 주는 것이 우리 사회의 일반적인 정서다. 그러나 서양 사람은 술에 취하는 것은 알콜 중독 환자이거나 교양·지성이 없는 하층민으로 내려 본다. 우리가 국제 사회에서 활동할 때 대단히 조심해야 할 부분이다. 따라서 우리들이 술기가 있을 때는 I'm drunk. 대신에, I'm merry.(한 잔 해서 기분 좋습니다)로 표현을 바꾸어 쓰도록 한다.

　"술을 좋아합니다"라는 뜻으로 I like drinking.하면 술꾼 같이 인상을 좋게 주지 않으므로 대신 I enjoy my liquor.라고 하면 된다.

▶ *술자리에서의 영어 표현*

- □ 더블로 주세요.　　　　　　Make it a double, please.
- □ 건배합시다!　　　　　　　Cheers! 또는 Bottom up!
- □ 한 순배 돌려요.　　　　　　Another round, please.
- □ 제가 술을 사지요.　　　　　Let me treat you to a drink.
- □ 누가 사는 술입니까?　　　　Who's buying?
- □ 그 사람 골아 떨어졌어요.　　I drank him under the table.
- □ 더 이상 못 들겠는데요.　　　It's my limit.
- □ 남기지 말고 잔을 비워요.　　Drink like a fish.
- □ 저는 술에 약합니다.　　　　I can't hold my liquor.
- □ 마지막으로 딱 한 잔 합시다. This one's for the road.
- □ 계산합시다.　　　　　　　Pick up the tab.

건배 사용

　건배를 제청할 때는 toast를 써서 가령 Let us toast the bride

국제화 시대의 사교 에티켓　283

and bridegroom.(신랑·신부에게 건배합시다)라고 한다. 이 때 toast에 전치사가 쓰이지 않음에 유의한다. 명사로 사용할 때는 to 또는 for가 붙는다.

가정에서 아이들은 밀크로, 어른은 와인으로 건배를 하며 술을 못 마신다 하여 물컵으로 하는 것은 잘못이다. 건배는 정식으로 연회석상에서 할 때와 약식으로 할 때 각각 그 의식에 차이가 있다.

정식 건배와 약식 건배

연회석에 인원이 많으면 참석자 중 토스트 매스터(toast master) 즉 연회석의 사회자가 글라스의 가장자리를 스푼으로 가볍게 소리가 나게 두드린다. 그러면 참석자들은 이야기를 멈추고 조용해지면서 모두가 그 쪽을 향해서 보게 된다. 이 때 사회자는 간단히 다음과 같이 건배를 제의한다.

"Please join me in raising a toast to Mr. & Mrs. Jones for their warm hospitality and the excellent dinner."

(존스 씨 부부의 따뜻한 환대에 대해 감사의 뜻으로 건배를 제의합니다.)

이 말이 끝나면 동시에 잔을 들어올려 'To Mr. &…'라고 소리를 내는데 이 때 To~를 붙여 축하받을 사람의 이름을 가령 Mr. & Mrs. Jones라고 말한 후 목례를 하고 와인을 마신다. 단, 다 마시는 것이 아니라 한 모금 정도만 마신다. 토스트의 타이밍은 디저트가 나오는 전후가 좋은데 적기는 roast(스테이크 등)와 같은 주식 코스 요리를 먹은 후가 된다.

한국과 일본에서는 건배를 식사가 시작되는 무렵에 하는 것에 반하여 구미에서는 디저트가 나오는 식사 끝에 하는 것이 다르다. 우리들은 술을 먼저 마시고 한참 술자리가 무르익다가 밥이 나오면 끝나는 단계로 들어간다. 그러므로 파장에 들어가기 전에 건배의 타이밍으로 정한 것이 아닌가 한다.

이렇듯 자신에 대하여 건배를 해오면 당사자는 어떻게 할 것인가. 모두 잔을 올려도 좋으나 자신만은 자리에 앉은 채 건배를 받고 난 후 혼자 자리에서 일어나서 답례를 한다. 물론 이것도 때와 장소에 따라 적당하게 선택할 수 있을 것이며 모두 다 함께 건배를 주고 받는 것으로 끝낼 수도 있다.

약식은 보통 우리들이 술자리에서 하는 건배는 의식이라는 측면보다는 즐거움, 식사 또는 술자리의 분위기에 맞추어 갖는 건배라는데 더 큰 뜻이 담겨진다. 이와 같이 분위기상 하게 되는 건배는 보통 Cheers!를 많이 사용하고 있다. 술좌석에서 '건배'로 쓰이는 말은 다음과 같은 것들이 있다.

　□ 미국인 등 일반적인 건배 : cheers! 또는 buttoms up!
　□ 중국인 : 간뻬이!(乾杯)
　□ 일본인 : 간빠이!(乾杯)
　□ 러시아인 : 나 드로 비아
　□ 인도인 : 무바릿크
　□ 스페인·남미계 : Salud!
　□ 프랑스인 : A votre sante!
　□ 독일인 : Prosit!
　□ 이탈리아인 : Salute!
　□ 덴마크인 : Skal!
　□ 핀란드인 : Terre!
　□ 터키인 : Sereginize!
　□ 그리스인 : Is Ygian!

• 건배할 때 글라스는 눈 높이로 한다.

▶ **건배할 때 잔을 서로 부딪치는 이유는?**

건배를 할 때 '건배!'하면서 서로 잔을 부딪치며 소리를 낸다. 이는 동서양이 같다. 서양에서는 옛날에 술에 독약을 타서 죽이는 일이 많았다. 그래서 연회 석상에서 손님에게 경계심을 주지 않기 위하여 주인이 자신의 술잔에 있는 술을 일부 손님에게 따라 주고 손님의 술도 주인에 따라 서로 섞어서 마시는 것이 보통이었다. 이런 관행이 남아서 현대에서는 잔만 부딪치는 관행이 나왔다는 설이다.

또 하나는 부딪치는 소리를 내어 악마를 쫓는다는 신앙설이다. 중세인들은 술에는 정령(精靈)이 있다고 믿었다. 지금도 증류주를 영어로 spirits라고 하고 있는데, 럼주도 '악마의 럼'(demon rum)이라고 부르는 것도 같은 맥락이다. 정령이 술을 마실 때 몸안으로 들어오면 재앙이 일어난다고 믿고 마시기 전에 '쨍'하고 소리를 내어 마귀를 쫓을 필요가 있었다. 미국의 교회에서는 교회 종을 쳐서 소리를 내어 성역으로부터 악마를 쫓는다고 믿고 있다.

건배 매너

건배는 다른 나라 사람들에 비하여 미국인들이 격식을 덜 차린다. 유럽 여러 나라에서는 영국이 가장 격식을 갖춘다. 영국내에서의 공식적인 파티에서는 먼저 영국 여왕에게 건배를 하는 것이 보통이다.

중국은 가령 12코스의 요리가 나오는 정식의 자리라면 코스 요리 중간쯤(6코스 정도)에서 상어지느러미(shark's fin) 수프가 서브되는데 이 때를 맞추어 '토스' 건배를 하는 것이 보통이다. 그러나 정식이 아닌 술자리에서는 식사 중 자주 건배를 해야 하므로 건배할 때 쓰는 축하말로는 가령 '우리의 우정을 위하여!' '오늘의 자리를 마련한 ○○○를 위하여' 식으로 많은 축하말을 해야 하기 때문에 사전에 레퍼토리를 만들어 둘 필요가 있다.

다음은 정식의 자리에서 건배할 때의 매너다.
□ 호스트가 먼저 건배를 제의한다.
□ 호스트가 일어나서 건배를 좌중의 제일 높은 대표에게 향해서 제의한다.
□ 제의자는 축하 대상 손님에 눈을 맞춘다.
□ 건배 시간은 짧게 하며 건배사도 짧게 말하고 진지하게 한다.
□ 어떤 경우도 조크를 하거나 유머러스하게 해서는 안된다.

세계인의 음주 매너

1) 미국인과 칵테일 타임

미국인들은 유럽인들에 비하여 활동적이며 많은 사람과 만나 대화하기를 좋아하는 국민으로 이들의 개방적인 기질이 만들어 낸 것이 칵테일 파티다. 여러 사람이 모여 점심이나 저녁 식사 또는 홈 파티를 가질 때는 모든 사람이 식탁에 좌정해서 식사를 하기 전에 식탁 한 쪽 코너에 별도로 바를 설치하여 이른바 '프리 런치(디너) 칵테일'을 갖는 것을 좋아한다. 모두 서서 칵테일 잔을 들고 돌아가면서 담소를 하여 어느 정도 분위기가 익어 가면 테이블로 옮겨 식사를 한다.

이 때 안주로는 보통 오도블을 드는데 이 오도블은 2가지 용도로 먹게 된다. 하나는 코스 매뉴에서 식전에 식욕을 돋구는 애피타이저 (appetizer)로 먹는 것이고, 또 하나는 식전주를 마실 때 곁들여 안주로 먹는다. 바로 프리런치(디너) 칵테일 자리에 이와 같은 오도블이 안주로 제공된다. 대표적인 오도블은 철갑상어 알젓으로 만들어진 캐비어, 거위 간으로 만든 푸아 그라가 있다. 이 음식들은 손으로 집어 먹는 것이 보통이다.

① 미국인 · 영국인의 술 취향

양주용 각빙(ice cubes) : 미국인들은 양주에 아이스 큐브의 양을 비교적 많이 넣어 마시나 영국인은 상대적으로 적게 해서 마신다. 영국인들은 얼음이 녹아 술의 농도가 낮아지는 것을 싫어하기 때문이다.

위스키(whisky) : 미국인은 미국산 버번(bourbon)을 즐겨 마시는 편이나 영국인은 영국산 스카치(scotch)를 마신다.

칵테일(cocktail) : 미국 오리진(origin) 칵테일은 Gibson depth charge, martini가 있다.

맥주(beer) : 미국의 맥주는 다른 나라 맥주에 비해서 주정이 약하다. 미국 맥주는 차게 해서 마시나 영국은 실내 온도(섭씨 10도)로 마신다. 영국인은 맥주 맛이 쓴 것을 좋아하나 미국인은 약간 톡 쏘는 맛을 선호한다.

브랜디(brandy) : 미국인은 브랜디를 스트레이트로보다 믹스해서 마시는 것을 좋아하며 브랜디를 기주로 하는 칵테일로 브랜디 소다, 브랜디 맨해탄을 선호한다.

한편 우리 나라 레스토랑에서 맥주를 시킬 때 큰 병, 작은 병으로 병의 대소를 물어 주문을 받지만 미국의 레스토랑은 작은 병의 맥주가 서브된다. 예를 들면 인원수에 맞게 각자 앞으로 맥주병이 놓이면 스스로 자작해서 마신다. 옆자리에 여성이 있을 때는 남성이 맥주를 따라 주는 것이 매너다.

술을 시킬 때는 맥주, 위스키와 같이 술의 종류로 시키지 않고 술의 상표명을 들어 시킨다. 술을 마시고 싶지 않을 때는 Do you have any soft drinks?라고 주문하면 된다.

② 5대 칵테일

칵테일 중 유명한 것 5가지를 소개하면 다음과 같다. (　) 안은 기본 주를 뜻한다.
□ 마티니(진)
□ 화이트 레디(진)
□ 맨해탄(위스키)
□ 올드 패션드(위스키)
□ 사이드카(브랜디)

2) 독일인의 맥주와 화주

우리들은 독일인 하면 비어 홀에서 맥주잔을 들고 함께 노래를 부르면서 한판 어울려 술을 마시는 낭만적인 국민으로서의 이미지를 갖고 있다. 그러나 사실은 독일 북쪽 지방 사람들은 대단히 보수적이다. 독일은 북쪽 지방이 춥고 남쪽 지방은 따뜻하여 낭만적인 기질은 바로 남쪽 사람들에서나 볼 수 있다.

독일인들은 대단히 소식(素食)을 하는 민족으로 석식은 빵·버터·햄·맥주로 간단히 먹고 주식은 점심으로, 하루 3끼 중 점심에서만 열을 가해서 만든 요리를 먹는 경우가 많다. 독일인들은 맥주를 일종의 물로 여기며 술을 마시고 싶으면 맥주와 겸해서 spirits(火酒)류를 같이 마셔 취기를 부른다. 독일인들은 비즈니스 런치에 손님을 잘 초대하며 이런 때는 오전 11시경에 회사에 와 달라는 프로포즈가 온다. 한 시간 정도 집무실에서 이야기를 하다 중역들이 이용하는 회사내 '칸티네'라는 식당에서 함께 식사를 한다. 식사 시간은 2~3시간이 걸린다.

3) 프랑스인과 와인

프랑스 하면 와인을 연상하고 와인 하면 보르도 지방에서 나는 보르도(Bourdeaux)가 대표적이다. 일반 프랑스인의 희망은 가이드 북 '미셰랑'에서 등급을 매긴 고급 레스토랑에서 와인 전담 웨이터인 소믈리에(sommelier)가 두툼한 와인 리스트를 가져다 주면, 어느 지방에서 '어느 해에 수확한 포도로 담근 와인' 하면서 자신의 와인 전문 지식을 동원하여 권하는 그런 고급 레스토랑에서 고급 와인을 곁들여 요리를 즐기는 일이다. 이 때 유의해야 할 것은 보통 와인 한 병 값이 전체 요리의 50~70%를 차지할 정도로 비싸므로 와인을 주문할 때는 미리 소믈리에에게 자신의 예산 범위를 알려 주는 것이 좋다. 그렇지 않고 보통 와인을 마시고 싶으면 하우스 와인(house wine)을 시키면 경제적으로 마실 수 있을 것이다.

저녁 식사에 초대받았을 때 와인이 서브되면 모든 사람에게 서브될 때까지 마시지 않고 기다린다. 경우에 따라서는 호스트가 건배를 하는데 첫 건배가 끝나면 와인을 마신다.

4) 스페인, 포르투갈인과 와인

이들 나라는 아침이 빠르고 밤이 늦는 나라로 일찍 일어나 활동하고 밤늦게 일을 하거나 논다. 비즈니스계에는 상급자는 오전 8시 반에 출근하여 업무가 비교적 일찍 시작하며 오후는 2시 반부터 비즈니스 런치가 있다. 1일 중 최고는 점심 식사다. 식전주로부터 시작하여 식사 중에 와인은 물론 풀코스 요리로 음식을 많이 먹는데 오후 4시경에 식사가 끝나면 다시 회사로 돌아와서 오후 8, 9시까지 잔무를 보고 퇴근한다. 식전주로 세계에서 제일 간다는 쉐리(Sherry)는 스페인산 백포도주다. 포도주는 감미를 주는 것과 그렇지 않은 것으로 대별된다.

5) 러시아인과 보드카

러시아인들은 식사를 할 때 보드카를 한 잔이라도 마시지 않으면 그 식사가 잘 먹은 것이라고는 생각치 않을 정도로 식사와 함께 즐겨 마시는 술인데 특히 식사를 하기 전에 주정이 강한 보드카를 식전주로 마신다. 이 점에서 구미 사회에서는 주정이 약한 칵테일을 식전주로 마시는 것과 다르다.

또한 러시아인들은 보통 본격 요리가 나오기 전에 작은 잔에 독한 보드카를 따라 단숨에 마신 후 요리를 먹기 시작한다. 술에 약한 사람은 보드카에 다른 음료를 타서 도수를 약하게 하여 드는 것이 좋을 것이다.

보드카를 레스토랑에서나 개인집에 초대 받아 호스트에게 주문할 때는, 보통 구미 사회에서 하는 것과 같이 Bring me a vodka, please.라고 술의 양을 특정해서 말하지 않고 주문하면 상대는 어느 정도의 양을 손님에게 낼 것인지를 모르게 된다. 왜냐하면 보드카나 코냑은 러시아에서는 몇 가지 정량으로 구분되어 있기 때문이다. 가장 작은 잔으로는 50g(작은 잔으로 한 잔 정도의 양)가 있고, 그 다음 크기는 100g(두 잔 정도의 양)이 있다. 이외에도 큰 잔으로 한 잔 정도는 200g을 의미하기 때문에 어느 정도의 양을 결정하지 못하게 된다.

보통 보드카 또는 코냑 한 병이라 함은 한 파인트의 양으로 한 파인트는 2/1쿼터(美, 0.47l)량이 된다.

따라서 보드카를 주문할 때는 영어로 I'd like 50 grams of vodka/cognac, please.(50그램짜리 보드카/코냑을 주십시오)라고 말하면 된다.

6) 중국인의 연회

중국에서는 중요한 비즈니스 찬스를 얻으려면 연회라는 방식을 통해서 만들어 내려고 한다. 중국에서는 개인적인 교제가 쉽게 이루어지지 않는다. 한두 번 만났다 하여 곧 친교를 이루어 진다는 것은 그렇게 쉽지 않다. 더욱이 외국인일 때는 접근하기가 어려워 아무래도 연회에서 사람을 만나 관계를 맺어 두는 것이 중요하다. 연회의 기회를 이용하여 자주 술을 마시면서 교우 관계를 돈독히 할 수도 있고 다른 사람과 연계하여 교우를 넓혀 인간 네트워크를 형성한다.

연회에서 같이 술을 마시면서 중국 사람은 "그 사람 괜찮은 사람이다. 내 친구를 소개해 주어야겠다"라고 생각하도록 인상깊게 대하는 것이 중요하다.

비즈니스를 하는 데는 상담할 사람을 연회에서 만나 자신을 상대에게 인상 깊게 대하는 것이 중요하므로 연회 자리가 대단히 부담이 된다. 왜냐하면 술자리에서 '간빼이'하며 권하는 술을 많이 받아 마셔 분위기에 어울려야 하고, 어느 정도 마신 후에는 자리를 옮겨 중국의 상담 대상과 일차 회의를 한 후 다시 술자리로 돌아와 밤 1~2시까지 술자리가 이어지는데 웬만한 체력이 아니면 감당하기가 어렵기 때문이다.

연회에서는 독한 술을 마시더라도 절대로 취태를 보이거나 흐느적거리는 태도를 보여서는 안된다. 중국인들은 이를 무례한 것으로 받아들인다. 우리들이 술에 약해서 그럴 수 있을 것으로 보는 것과는 다른 시각이다.

… **5**
양주 매너

　서양의 술은 와인(wine)·리쿼(liquor)·리큐르(liqueur)·럼 (rum) 등으로 구분하여 부른다. 서양인들은 요리에 따라 술을 선택적으로 달리해 가면서 마시게 된다.

양조주 · 증류주 · 혼성주

　1) 양조주에는 와인 · 샴페인 · 맥주가 있다
　최초의 과정으로 만들어진 술이 양조주(brewage)이다. 이 술은 곡류와 과실 등을 원료로 하여 양조(釀造)한 것이다. 당분을 함유한 원료를 이용하여 단순히 발효해서 만든 술로 포도주·사과주 같은 것이 이에 속한다. 또 하나는 전분 함유분을 원료로 하여 전분을 당화시켜 주정(酒精)을 얻어 발효 공정을 거쳐 만든 술로 맥주·청주가 이에 속한다.
　양조주는 양조의 원료인 곡류나 과실을 발효시킬 때 이스트(yeast)·맥아(보리엿기름, malt), 효모(누룩, malt)를 사용하여 만든다.

　2) 증류주(liquor)에는 위스키 · 브랜디가 있다
　증류주는 리쿼(liquor)라고 한다. 곡류와 과실 등을 원료로 양조한 양

조주를 증류(distill)하여 얻은 강한 알콜이 함유되어 있는 술을 말한다. 이를 일명 화주라고 하는데 주조 과정은 다음과 같다.

▶ *브랜디(brandy)를 만드는 과정*
포도를 원료로 하여 양조한 것이 포도주다. 다시 이 포도주를 증류해서 얻은 것이 브랜디다.

3) 혼성주(liqueur)는 식후주로 마신다

혼성주는 리큐르(liqueur)라고 하여 정제주정(精製酒精)에 방향성의 초목이나 과실의 향료를 혼합하여 향기와 감미를 첨가한 뒤 착색료(着色料)를 가하여 만든 술이다. 다시 말하면 비교적 강한 알콜에 설탕이나 시럽이 함유되고 향료가 있는 것이 특징이다. 단 맛 때문에 식후주로 마시게 된다.

혼성주에는 코앙트로(Cointreau)·큐라소(Curasao)·드람부이(Drambuie)·슬로오 진(Sloe Gin) 등이 있다.

제조 과정은 다음과 같다.

| 양조주 | → 증류 과정(distilled) → | 증류주 | → 혼합(blending) 과정으로(향료+감미+착색) → | 혼성주 |

▶ *혼동하기 쉬운 양주 용어*
liquor와 liqueur : liquor는 증류주, liqueur는 혼성주로, 두 단어의 스펠링이 혼동되기 쉽다.
brandy와 brand : brandy는 브랜디술을 말하고, brand는 상표다.
blend와 bland : blend는 커피에 술을 혼합 할 때 혼합의 뜻이고 bland는 술과 관련이 없고 (음식의) 맛이 부드럽다는 뜻.
flavored와 seasoned : flavored는 증류주에 방향물이나 감미 등 맛을 가미하여 풍미를 낸다는 뜻으로 혼성주를 만든다는 뜻이며, seasoned는 조미(調味)해서 맛을 들인다는 뜻.

스코틀랜드 원산지 위스키가 스카치

1) 스카치는 몰트와 그레인 위스키를 혼합한 것

스코틀랜드에서 만드는 위스키는 다시 몰트 위스키(malt whisky)·그레인 위스키(grain whisky), 블렌디드 위스키(blended whisky)의 3가지로 나눈다. 우리들이 마시고 있는 스카치 위스키는 블렌디드 위스키다. 물론 몰트 위스키, 그레인 위스키가 별도 상표로 해서 시판되고 있다. 다음에 이 3가지 위스키를 만드는 과정을 본다.

① 몰트 위스키

몰트 위스키는 발아시킨 맥아만을 원료로 사용하며 특히 엿기름을 건조시킬 때 피트(peat ; 이탄(泥炭))를 훈연(smoked)하여 피트향을 가미시키는 것이 특징이다. 스카치를 마시면 연기 냄새가 나는 것은 훈연하기 때문이다. 또한 몰트 위스키는 참나무 통에 넣어 보통 4년 이상 숙성하고 12년 이상 숙성시키기도 한다. 시중에서 고급 위스키로 팔고 있는 스카치 라벨에는 12years로 표기된 것은 12년간 숙성시켰음을 표기한 것이다. 제조 과정은 다음과 같다.

보리 → 발아 → 몰트 → 당화 → 효모 → 발효 → 증류 → 술을 참나무 통에 넣음 → 저장에 의한 숙성

② 그레인 위스키

발아시키지 않은 보리·호밀·옥수수 등의 곡물을 엿기름으로 당화시켜 발효 후 증류한다. 증류 방식에서 몰트 위스키는 단식 증류기(pot still)법을 사용하는 것에 반하여 그레인은 연속식 증류기(patent still)법을 쓰는 점이 다르다. 그 이유는 몰트 위스키의 진한 맛을 부드럽게 해서 블렌딩용으로 쓰기 위함이다.

③ 블렌디드 위스키

몰트 위스키와 그레인 위스키를 조합하여 마시기 좋게 만든 위스키로 실제의 맛은 몰트 위스키에 의하여 좌우된다. 이 때문에 스카치는 블렌딩 회사가 별도로 설립되어 라벨에 표기되고 있다. 거의 모든 스카치 위스키가 블렌디드 위스키다.

우리 나라에서 시판되는 스카치는 스코틀랜드에서 원료(몰트와 그레인 위스키)를 직수입하여 국내에서 블렌딩한 것이다.

▶ *두 곳의 제조 회사가 스카치 한 병을 만든다*
　스카치는 증류주를 만든 회사 즉 디스틸러가 있다. 이 디스틸러는 그레인 위스키·몰트 위스키를 만들 뿐이다. 이 원료를 이어받아 이 두 가지 술을 블렌딩하여 병에 넣는 회사가 별도로 있다. 특이한 것은 술맛을 크게 좌우하는 것은 블렌딩 기술에 있어 어느 회사가 블렌딩을 했느냐에 따라 스카치의 유명도가 다르다.

2) 영국·캐나다·미국의 위스키는 호칭이 다르다
① 아이리시 위스키(Irish whiskey)는 아일랜드의 특산주
whisky가 아니라 whiskey로 e자가 더 붙는다. 영국의 위스키 중 스카치 위스키에 버금가는 영국산 위스키다. 영국 아일랜드 지방의 특산 위스키를 아이리시 위스키라고 하는데 스카치의 맛과는 약간 다르다.
② 캐나디언 위스키(Canadian whisky)
이것은 북미주 대륙에서 생산하는 것으로 독특한 풍미를 갖고 있다. 스카치가 원래 보리를 주된 원료로 하고 있는 것에 반하여 캐나디언 위스키는 라이(rye)맥을 주원료로 하고 있다. 그래서 일명 라이 위스키라고도 부른다.

제품으로는 Canadian Club의 약자 C.C.와 시그람 V.O.(Seagrams V.O.)가 쌍벽을 이루고 있다. 알콜 도수는 43도 스카치와 같으며 저장 연수는 6년 이상이다. 맨해탄 칵테일의 기본주로서 없어서는 안될 양주다.

③ 버본 위스키(Bourbon)는 미국 위스키다

버본 위스키는 미국의 켄터키주 버본에서 만들어졌다 하여 이곳 이름이 붙여진 술이다. 현재에도 켄터키주에서 생산되고 있으며 원료는 수종의 곡류 중에 51%이상을 옥수수를 사용한다. 미국 남부에는 이것 이외에 또 다른 콘 위스키가 있는데 80% 이상을 옥수수를 사용하여 만든 술을 말한다.

4) 카리브 지역에서 나온 양주는 테킬라, 럼주가 있다

① 럼주(Rum, Rhum)

럼주는 맛을 기준으로 크게 나누어 약한 것과 진한 것으로 대별된다. 한국인은 주로 후자의 맛을 좋아하고 럼주를 기본으로 하여 만든 칵테일은 전자의 타입이다. 럼주는 설탕의 당밀즙을 발효, 증류하여 만든 화주다. 이 술은 주로 자마이카·쿠바·푸에르토리코 등 서인도 제도를 중심으로 한 지역에서 생산하고 있다. 럼을 사용하여 만든 유명한 칵테일 가운데는 바카디·쿠바리바·다이퀴리 등이 있다.

② 테킬라(Tequila)

테킬라는 최근까지는 멕시코의 토속주에 불과하였다. 이 술이 세계적으로 주목받게 된 것은 멕시코 올림픽이 큰 계기가 되었다. 이 술은 멕시코 원산 수선과의 용설란으로 멕시코 주민들은 옛부터 이 용설란의 수액을 발효시켜서 술을 만들어 마셨으며 이 술이 테킬라다. 멕시코 제2의 도시인 과다라하라 교외에 테킬라라는 작은 마을이 있는데 이 마을 이름을 딴 것이다.

브랜디는 와인을 증류해서 만든 술

1) '생명의 물' 아콰바이티

지금부터 7백여년 전 남프랑스에 빌뇌브(Villeneuve)라는 연금술사이자 의학박사가 있었다. 어느 날 비금속을 황금으로 만드는 실험을 계

속하여 온 빌뇌브 박사는 시도해 본 모든 일이 실패하여, 술에 취한 상태에서 연금술 도가니에 분풀이 삼아 마시다 남은 포도주를 부어 넣었다. 그러자 고온의 도가니 속에서 열을 받아 와인은 기화(氣化)하고 나선관을 통해서 응축된 액체가 되었다. 이것을 시험삼아 냄새를 맡아보고 마셔본 박사는 자기도 모르게 아콰바이티!라고 외쳤다. 리틴어 aquavitae로 '생명의 물'이란 뜻이다.

'생명의 물'은 술이라기보다 일종의 각성제로 사용되어 오다가 전쟁을 계기로 약용에서 술이 되었다.

브랜디 산지로 유명한 코냑 지방의 예에서 그 이유를 찾아볼 수 있다.

프로테스탄트가 많았던 이 지방은 가톨릭군의 철저한 침략을 받아 포도밭이 황폐화되었는데 그 이후 훌륭한 와인을 생산하는 이웃 와인의 명산지 보르도 지방을 상대로 경쟁할 수 없었다. 그래서 평판이 좋지 않은 와인을 그대로 시장에 내놓을 수 없어 이것을 다시 증류하여 브랜디로 만들어 판매해 본 결과 성공하자 17세기 중반에는 코냑 지방의 포도는 점차 브랜디 전용으로 탈바꿈하기 시작하였다.

같은 상품으로 경쟁력이 떨어지면 상품을 특화하여 틈새 시장을 파고드는 현대의 마케팅과 같은 맥락으로 파악해 볼 수 있는 대목이다.

2) 나폴레옹 1세가 브랜디를 확산시켰다

루이 왕조를 쓰러뜨린 나폴레옹 1세는 궁정의 권위를 세우기 위하여 옛날 제도와 새로운 문물을 열심히 받아들인 것 중에 이제까지 궁정에서 써 왔던 전통적인 와인에 차별화를 시도한다는 차원에서 새롭게 브랜디를 받아들였다. 영국의 조지 3세, 스웨덴의 구스타프 5세, 덴마크의 프레데릭 6세의 궁정에서도 이런 흉내를 내어 브랜디는 '황후의 술'이라는 지위를 획득하였다.

1811년에는 나폴레옹 황비 마리 루이즈의 대망의 경사가 있었고, 더욱이 그 해 포도 농사는 보기 드문 풍작이었다. 그래서 코냑 지방에서는 이 해에 수확한 포도로 와인을 만들고 이를 증류하여 나폴레옹 2세를 본 따서 '나폴레옹 브랜디'라고 이름 붙였다. 지금 팔고 있는 각 메이커의 나폴레옹은 원래의 이것과는 관계가 없고 사업적으로 붙인 이름일 뿐이다.

'나폴레옹 코냑'이라는 브랜디는 구루보아젤사가 코냑 제품의 라벨에 '더 브랜디 오브 나폴레옹'이라는 자를 인쇄한 하나의 문구에 불과한 것이다. 그러나 나폴레옹이라는 마크를 대부분의 코냑 회사는 50년을 넘는 저장품에 붙이고 있다.

3) 코냑 지방에서 만든 브랜디가 코냑이다

브랜디는 포도주를 증류하여 만든 술로 양주의 왕자다. 그런데 프랑스 파리의 서남쪽 약 5백km 떨어진 비스케만에 접한 샤란트 지방에 대평원이 있는데 그 중심에 코냑시가 위치하고 있다. 이 코냑시 일대에서 생산된 브랜디를 코냑이라고 부른다. 어느 브랜디도 코냑산 이외에서 생산한 것은 코냑이라고 부르지 않는다. 브랜디를 취급하는 판매업자 중에 세계적으로 유명한 회사가 헤네시·마텔·구루보아젤의 3사가 있다. 이들은 1백년 이상의 역사를 갖고 있다. 특히 헤네시사는 1765년에 설립되어 2백년을 넘고 있다.

브랜디 중에서도 코냑에 버금가는 것으로 아르마냑(Armagnac)이 있는데 이는 프랑스 피레네 산맥에 가까운 아르마냑 지방에서 나온 브랜디다. 다시 말하면 프랑스산 브랜디로는 코냑 지방에서 만든 코냑과 아르마냑에서 생산한 아르마냑이 있다는 뜻이다.

여기에서 우리가 배울 수 있는 것은 보르도산 보르도 와인과 경쟁에서 탈락한 코냑의 와인이 브랜디로 탈출구를 찾았으며, 아르마냑 지방은 코냑 지방의 브랜디에 차별화를 갖고 경쟁력을 높이기 위하여 술병의 고급화에 가치를 두었다는 점이다. 따라서 아르마냑의 술병의 특징은 대부분 주둥이를 길게 한 도자기병으로 코냑보다 고급스럽게 만들고 있어 홈바에 진열해 놓기에 고급스럽게 보이도록 했다.

▶ *브랜디 상표 약어*

브랜디 상표에 표시된 각종 약어를 보면 다음과 같다.

브랜디의 숙성도 표시	저장 기간
1. ☆☆☆(3 Star)	5년 이상
2. **V.O**(Very Old)	10년 이상
3. **V.S.O**(Very Superior Old)	15~20년
4. **V.S.O.P**(Very Superior Old Pale)	20~25년
5. **Napoleon**	50년
6. **X.O**(Extra Old)	60년 이상
7. **EXTRA**	75년 이상

양주 마시는 3가지 방법

양주를 마실 때는 다음 3가지 방법 중 자신의 주량과 취향에 따라 선택해서 마신다.

1) 스트레이트

술에 아무 것도 조합(調合)하지 않고 마시는 술이다. 주정도가 높아 작은 술잔으로 마신다.

whisky on the rocks(위스키 온 더 록스)는 증류주인 위스키(이 때 스트레이트가 된다)를 얼음덩어리가 있는 글라스에 부어서 마시는 술이다. on the rocks가 되기 위하여는 얼음덩어리가 둘 이상 있어야 하며 (그런 의미에서 rocks로 쓴다), 증류주를 먼저 글라스에 따라 놓은 후 얼음덩어리를 넣으면 '온 더 록스'가 아니다. 반드시 얼음을 넣은 후에 그 위에 증류주를 따르는 순서가 격식이다.

2) 롱(long drinks)

증류주(liquor)를 물·소다·기타 음료를 타서 주정도를 낮추어 마시는 술이다. 한국술로는 소주에 사이다를 타서 마시는 것과 같다. 이 술은 보통 식전주로 식욕 촉진제로 마시나 가정에 온 손님이나 평상시에 간단히 칵테일로 마실 때는 long drinks로 만들어 마신다. 위스키에 소다를 탄 것을 high ball이라 한다.

I'd like a double brandy and soda. Make it a long drink, please(브랜디 소다를 주십시오)라는 표현으로 롱 드링크를 주문한다.

롱 드링크의 종류로는 다음과 같은 것이 있다.

스카치 소다(scotch and soda)·버본 소다(bourbon and soda)
버본은 감미가 있는 탄산수(코카콜라 등)와 잘 어울리나 스카치는 감미를 섞으면 풍미를 해치므로 '스카치 콜라'로는 타서 마시지 않는다.

진 토닉(gin and tonic) : 진에 토닉을 탄 것으로, 남성들이 파티에서 즐겨 마신다.

탐 칼린스(tom collins) : 여성들에게 맞는 롱 드링크.

사위(sour) : 레몬즙을 넣은 것으로 신 맛이 난다. 진·브랜디·럼·위스키 등을 기본주로 하여 만든다.

피즈(fizz) : 진·위스키·브랜디 등의 합주(合酒)가 된다.

이 밖에도 증류주에 물이나 소다를 타서 즐겨 마시는 롱 드링크로는 스카치 워터(scotch and water), 버본 진저엘(bourbon and gingerale), 스카치 소다(scotch and soda) 등이 있다.

3) 쇼트(short drinks)

증류주·양조주·혼성주 등을 기본주로 하여 이것을 단독으로 또는 혼합한 것에 감미료·과실즙·고미제(bitter)를 혼합하여 마시는 칵테일로 주로 식전주로 마신다.

long drink는 주정도를 낮추어 만든 칵테일이라면 short drink는 이

보다 약간 높여 마시는 칵테일로 구별할 수 있다.

편의상 이해하기 쉽게 말해 본다면 '롱'은 은은하게 취기가 길게 오는 것이며, '쇼트'는 보다 빨리 온다고 생각하면 기억하기 쉬울 것이다. 주재(主材)는 위스키·브랜디·진·보드카·럼 등이 있다. 이를 주재로 만든 쇼트 드링크는 다음과 같은 것이 있다.

맨해탄(manhattan) : 식전주로서 여성들이 즐겨 마시는 위스키를 기주로 하는 칵테일·위스키 2/3, 베르뭇 1/3에 비터즈 1 대시로 만든 것으로, 레드 체리로 장식한다.

마티니(martini) : 식전주 칵테일로 남성들, 특히 미국인들이 즐겨 마신다. 드라이 진 3/4, 베르뭇 1/4로 만들어 올리브로 장식한다.

올드 패션드(old fashioned)

캐나디언(canadian)

▶ 마티니는 칵테일 중의 왕자?

수많은 칵테일 중에 마티니를 왕자라고 부르는 것은 즐겨 마시는 사람이 많을 뿐 아니라 유명 인사들이 주로 선호하기 때문이다.

대 문호 헤밍웨이는 물론 미국의 많은 남성들이 즐겨 마시는 칵테일이다. 프랭클린 루즈벨트 대통령도 백악관에서 집무 시간 후에 마티니를 즐겨 마셨다(이 때는 미국의 금주법이 폐지될 당시). 제2차대전 중 테헤란에서 개최한 영·미·러의 3상회담에서 스탈린에 마티니를 권한 사람도 그였으며, 옆자리에 있는 처칠 수상도 드라이 마티니를 즐기는 등 3인이 마티니를 마셨다는 기록도 있다. 케네디 대통령이 상원의원 시절에 납세자의 돈을 낭비한다 하여 공무원을 '마티니 런치'라는 표현으로 공격했다. 공무를 빙자하여 공금으로 식사를 한다는 말을 마티니로 상징적 표현을 할 만큼 미국인들은 마티니를 좋아한다.

와인의 선택 및 특성

1) 와인은 생산지를 보고 선택한다

와인은 포도를 재배하는 토지, 기상 조건에 따라 영향을 크게 받는 것으로 알려지고 있다. 세계 제일의 와인 생산지로는 프랑스로, 특히 다음 지방의 와인이 유명하다.

① 프랑스 와인

□ 보르도(Bordeaux) 지방

프랑스 와인 하면 보르도다. 보르도 지방은 프랑스 국내에서 토질과 기후가 제일 좋아 이 지방에서 생산하는 포도로 만든 와인은 프랑스 국내뿐 아니라 세계적 제일품으로 인정받고 있다. 와인이 선홍색을 띠고 향내가 독특한 것이 특징이다.

□ 부르고뉴(Bourgogne) 지방

부르고뉴 지방에서 생산되는 와인 부르고뉴는 레드 와인으로 암적색을 띠고 맛이 강해서 남성적이다. 영어로는 버건디(burgundy)라고 한다.

□ 알사스(Alsace) 지방

알사스 로렌 지방의 알사스 와인은 화이트 와인으로 명성을 갖고 있으며 맛이 산뜻하고 드라이 와인으로 향이 풍부한 것이 특징이다.

□ 루아르(Loire) 지방

이 지방의 안주(Anjou) 지역에서 나오는 와인은 로제(rôse)로 유명하다.

□ 샴파누(Champagne) 지방

이 지방에서 생산되는 와인이 샴페인(champagne)이다. 이 와인은 천연 발포성 포도주(sparkling wine)로 축배용으로 많이 쓰이나 일반 포도주와 같이 식사시에 마시는 와인이다. 따라서 샴페인은 프랑스 샴파누 지방에서 생산된 와인만을 말한다.

□ 코냑(Cognac) 지방

프랑스 코냑 지방에서 나는 것으로 유명한 것은 코냑 브랜디다. 이 지방의 포도가 이웃 보르도 지방산 포도에 비하여 질이 낮아 포도주로는 경쟁이 안되어 포도주를 증류하여 브랜디로 만든 것이 세계적으로 유명한 코냑 지방산 코냑이다.

② 기타(독일 · 이탈리아 · 스페인 · 포르투갈)

□ 독일

프랑스 동북부 베스게스산맥에서 발원하여 독일 라인강으로 합류한 모젤강(Moselle) 유역에서 나는 독일 포도주 모젤(Mosel)이 유명하다. 역시 라인강 유역에서 나온 스타인바인(Steinwein; 미국에서는 hock이라고 부른다)이 백포도주로 유명하다.

□ 스페인

헤레스(Jerez) 지방에서 생산되는 백포도주 쉐리(sherry)가 식전주로 유명하다.

□ 포르투칼

세계적으로 유명한 포트(port wine)는 도루(Douro) 지방에서만 생산되며 이 와인은 디저트 와인으로 알려져 있다.

□ 이탈리아

식전주와 칵테일용으로 디저트로 많이 마시는 버머스(vermouth)가 유명하다. 치안티(chianti)는 파스타(국수 요리)에 겸해서 잘 마시는 와인이다.

2) 와인에는 시간 · 장소 · 경우가 있다

와인처럼 종류가 많고 맛이 다양한 술도 없다. 그런 까닭에 어떤 때, 어떤 장소에서, 어느 경우에 어떤 와인을 마시면 격에 맞고 즐길 수 있느

나가 와인의 T.P.O.이다. 가령 감미가 있는 스위트 와인은 요리 없이 와인만 즐길 수 있으며, 씁쌀한 드라이 와인은 샴페인 이외는 요리를 먹으면서 마셔야 제맛이 난다.

White wine : 생선·조개류와 같이 단백한 맛의 요리에 마신다.
Red wine : 쇠고기처럼 맛이 짙은 재료를 사용하여 만든 요리는 복잡한 풍미를 지닌 레드 와인이 좋다.
Rôse wine : 로제 와인은 레드·화이트 와인의 중간으로 어느 쪽이나 맞는다.

3) 와인은 식전·식중·식후주가 있다

와인은 식전주로서 식욕을 돋우는 반주로 마실 때는 쉐리나 버머스(vermouth)가 있으며, 식사 중 각종 요리와 같이 마시는 테이블 와인으로는 생선에는 화이트 와인, 육고기는 레드 와인을 마셔야 격에 맞다. 그러나 요즈음에는 이 격식도 잘 지키지 않는다. 식후주로 마실 때는 디저트와 맞는 와인이 되어야 하므로 이 때는 드라이 샴페인(식전주로도 마신다) 스위트 포트 와인이 좋다. 특히 디저트로 치즈를 먹을 때는 프랑스산 앙주 와인이 좋다.

4) 와인의 맛은 스위트와 드라이로 대별한다

와인은 감미가 있는 스위트, 감미가 없이 신 맛을 가진 드라이로 대별되어 취향에 따라 선택하게 된다.

① 감미·산미의 강도에 따른 구분(white wine의 예)
  □ medium sweet white(sweet white보다 약간 약한 것)
  □ sweet white
  □ medium dry white(dry white보다 약간 약한 것)
  □ dry white
② 맛의 감칠 맛(농도)에 따른 구분(red wine의 예)

　　　　□ light red wine(약한 레드 와인)
　　　　□ full-bodied red(wine of a good body(강한, 독한) 와인으로 맛이 진함을 의미함)
　③ 레스토랑에서의 활용 예
　　W : Would you like anything?(무슨 와인을 드시겠습니까?)
　　G : Well, a small sherry.(쉐리 작은 것으로 주십시오.)
　　W : Will that be a dry or sweet sherry?
　　　　(드라이, 스위트 어느 것으로 드시겠습니까?)
　　G : Medium dry, please.(미디엄 드라이로 주십시오.)

5) 와인은 빈티지(vintage)로 품질을 안다

　같은 상표의 와인이라도 만들어진 포도의 당해 수확 연도(vintage)에 따라 와인의 맛이 다르다. 기후가 좋은 연도에 수확한 포도로 만든 와인은 당연히 맛이 좋을 수밖에 없다.

　빈티지 와인은 풍작인 해에 수확한 포도로 양조하여 그 연도를 기입해서 몇 년 동안 보존해서 시판되는 우량 포도주를 말한다. 화이트 와인은 2~4년 후 시판, 레드 와인은 4~5년 후, 최고의 보르도산 와인은 15~20년 산이 있다.

6) 테이블에서의 와인테스트 매너

　와인은 수확 연도에 따라 맛이 다르다. 요리에 따라 궁합이 맞는 와인의 종류가 다양할 뿐 아니라 요리값보다 비쌀 만큼 가격폭이 넓으므로 와인을 주문할 때는 소믈리에와 상의하는게 좋다.

　레스토랑에는 요리를 주문받는 웨이터 이외에 와인을 주문받는 소믈리에가 있다. 소믈리에는 와인 전문 웨이터로 와인 리스트를 갖고 와서 손님의 예산과 시킬 요리를 듣고 적절한 와인을 찾아 권한다. 가령 와인 리스트를 가리켜 '몇 년도산 와인인데 손님이 시킬 요리와 잘 맞습니다'

식으로 상담해 준다. 그러므로 손님은 먼저 예산을 밝히는 것이 좋다.
주문한 와인을 가져올 때의 이를 대하는 매너는 다음과 같다.

- 소믈리에가 와인을 가져와서 호스트에게 라벨을 보여 주는데 이는 호스트가 주문한 와인인지 확인하라는 제스처다. 호스트는 자연스럽게 와인을 살펴본다. 그렇지 않고 보는 체 마는 체 하면 초청 손님에 대해서 무성의한 것으로 받아들여질 수 있다. 살펴본 후 고개를 끄덕이면서 '좋아'(Good.)라고 한 마디만 하면 된다.
- 소믈리에는 호스트 앞에 놓인 와인 글라스에 와인을 조금(5분의 1정도) 따라 준다. 이 때 호스트는 글라스를 약간 기울여 색깔에 이상이 없는지를 살펴보며, 이 때 글라스 위쪽에서가 아니라 옆 부분으로 살펴 보는 것이 매너다.
- 그런 다음 향기를 맡아 본 후 한 모금 마셔 본다. 입안에서 혀끝으로 와인을 굴리듯이 맛본 후 특별한 이상이 없으면 고개를 가볍게 끄덕여 소믈리에에게 OK 사인을 지어 보이면 이후부터 좌중 손님에게 서브하기 시작한다.
- 이상과 같이 호스트가 소믈리에에게 보이는 일련의 매너는 형식이며 구미 사회의 오랜 전통이다. 라벨 내용을 모른다 해도 살펴보는 시늉을 내는 것이 매너다.
- 만약 여성이 접대하는 자리라면 소믈리에에 의한 호스트의 시음은 여성 접대자가 하지 않고 옆자리에 앉은 남자 손님이 대역을 하는 것이 매너다.

7) 와인의 몇 가지 특성을 알아 대비한다
① 와인은 병째로 경사지게 보관한다
와인병은 코르크 마개를 하고 있어 이 코르크와 와인을 접속시켜 항상 축축하게 불어 있게 하기 위함이다. 그렇지 않으면 코르크가 건조해져서

수축되면 그 틈새로 공기가 병 속으로 들어가 와인 맛을 변하게 하기 때문이다.

② 와인은 디캔트(decant)해서 서브한다

연대가 오래된 고급 와인의 병 밑에는 앙금이 가라앉아 있다. 그래서 레스토랑에서는 손님에게 서브하기 전에 보통 이 앙금을 제거하기 위하여 다른 병으로 와인을 옮기는 것을 디캔트라고 한다. 옮기는 요령은 촛불을 켜서 병목 부분을 비쳐 앙금이 병목에 나오기 직전까지 서서히 조심스럽게 다른 병으로 따른다.

③ '와인은 공기와의 결혼'으로 맛이 살아난다

와인은 밀폐된 상태에서는 잠을 자고 있다가 병 밖으로 나오면서 공기와 접촉하면 활성화되어 맛이 되살아난다. 그렇기 때문에 와인은 마시기 전에 충분히 공기와 접촉이 되도록 한다. 이를 '와인과 공기와의 결혼'이라고 한다. 위의 디캔트는 앙금을 옮기면서 공기와의 결혼도 겸해서 내는 효과를 얻게 된다.

④ 와인은 온도와 관련이 있다

백포도주는 차게 해서 마셔야 제맛이 나는 것이므로 첨작을 하면 전에 남은 와인 때문에 냉기를 잃게 되므로 좋지 않으나, 적포도주는 실내 온도가 적정 온도이므로 마시다가 남으면 첨작해 마셔도 무방하다. 맛있게 마시는 적정 온도는 화이트 와인은 섭씨 4도, 샴페인은 6도 전후, 로제 와인·레드 와인은 10도 전후가 적정 온도다.

8) 샴페인은 발포성 와인이다

샴페인은 프랑스 샴파뉴 지방에서 생산되는 천연 발포성 포도주임을 앞서 밝힌 바 있다. 샴페인은 축배용으로도 쓰이지만 식전주로도 마신다.

와인은 양조할 때 색깔에 따라 분류하는데 그 결과 레드 와인, 화이트 와인·로제 와인이 된다. 또 하나는 양조할 때 발생하는 탄산가스의 유무에 따라 분류하는데 비발포성(still wine)은 이에 속한다.
  샴페인의 감미도(sweet)는 very dry 1~2%, dry 3~5%, demi-sec 6~7%, sweet 8~12%이다.
  식전주로는 베리 드라이, 식중주는 드미세크, 식후주로는 스위트로 마시면 좋다. 식전·식중·식후주 구별 없이 마실 수는 있지만 한 가지로 전 요리 코스에 걸쳐 마시는 것은 격식이 아니다.

  9) 건배시 샴페인 터뜨리는 매너
  축하 모임에서 '펑'하고 나는 소리에 맞추어 박수를 치는 것은 정식은 아니며 장난의 의미가 크다. 정식 자리에서는 소리를 작게 내면서 살며시 마개를 따는 것이 예의다.
  샴페인 마개를 딸 때 잘못하면 샴페인이 넘쳐 흐르거나 마개가 폭발하여 위험의 소지마저 있다. 딸 때는 먼저 병을 45도 정도 기울여 한 손으로 잡으면서 병의 위치는 가슴 앞쪽에 오게 한다.
  다음으로 마개에 둘러 있는 철사 끝의 작은 매듭을 오른 손으로 풀어 마개를 느슨하게 한다. 그 다음에는 마개의 위쪽을 엄지로 누르면서 병목을 한 손으로 잡아 고정시켜 놓고 병 몸체를 조심스럽게 돌린다. 병마개는 눌러 쥔 채 몸체를 돌려서 터뜨리는 것이 정식이다. 폭음 소리를 내지 않으려면 몇 시간 동안 병을 흔들지 않고 찬 곳에 보관해 두면 된다.

와인의 라벨 보는 법

  와인병에 붙어 있는 라벨을 보면 와인의 품질을 알 수 있다.
  라벨에는 원산지명으로 지방명(예, Bordeaux, 보르도), 지구명(예, St-Emilion, 산에밀리온), 마을명(예, Margaux, 마르고)이 기재되어 있다. 광의의 이름보다 협의의 지명일 수록 엄격한 규제를 통과한 합격품임을 보이고 있다. 따라서 원산지명이 '보르도'라고 되어 있는 것보다

'마르고'라고 쓰여 있는 것이 더 격이 높은 와인이다.

프랑스 와인은 품질 검사 규정에 따라 다음 4가지로 분류된다.

① AOC : 원산지 표시를 말하며 엄격한 심사 끝에 고급 와인으로 판정된 것이라는 뜻으로 라벨에 APPELLATION CONTROLEE라고 기재한다.

② VDQS : 품질 표시다. 이 마크는 AOC 다음으로 고급 와인이라는 뜻이 된다.

③ Vin de Pays : 보급주 표시다. 이 와인은 엄격한 규제(AOC)는 받지 않았으나 원산지 표시가 의무화된 보급 와인을 뜻한다. 발음은 뱅드 페이이다. vin은 불어로 포도주란 단어이고 pays는 지역의 뜻.

④ Vin de Table : 테이블 와인이란 표시로 브랜드가 허용되고 있는 와인. 발음은 뱅 드 타브르.

마실 때의 매너

□ 와인을 글라스에 따를 때 듬뿍 따르지 않고 잔의 6~7할까지 따른다. 그래야만 위의 잔 빈 공간에서 와인의 향이 감돌게 하고 공기와 와인간의 결합을 효과적으로 하게 된다.

□ 웨이터가 와인을 따를 때는 손님은 와인 잔을 잡지 말고 그대로 따르도록 한다. 병 안에 앙금이 많이 있는 와인은 앙금까지 따르지 않도록 조심하고 나머지는 병에 남겨 둔다.

□ 와인을 잔에 따르면 '공기와의 결혼'으로 와인 잔 밑부분을 잡고 가볍게 출렁거려 준다. 이 때 너무 흔들지 않도록 조심한다.

□ 애주가들은 와인을 5가지 단계로 구분해서 마신다. a) 눈으로 색깔을 감상하고 b) 마시기 전에 잔을 코에 가까이 가져와 향내를 맡는다. c) 그런 연후 한 모금 마셔 d) 입안에서 혀로 한 바퀴 굴려 맛

을 음미하고 난 후 e) 본격적으로 마신다. 다시 말하면 와인은 색깔을 감상하고 방향(芳香)을 맡아 향기로움을 만끽하고 끝으로 혀로 맛을 음미하는 3박자로 즐기게 되는 것이다. 즉 마시는 와인은 단번에 마셔 버리면 그 가치를 살리지 못한다.

☐ 와인을 마시기 전에 냅킨으로 입을 가볍게 문지른 후 마신다. 요리는 기름기가 있으므로 냅킨으로 입언저리의 기름기를 닦고 와인을 마시면 더욱 효과적이다. 가령 스테이크 요리를 몇 점 먹고 손님과 대화를 나누다가, 입안이 요리의 기름기로 느끼해질 때 빵을 한 점 떼어 먹으면 입안이 개운해진다. 그런 연후에 냅킨으로 입언저리를 문질러 닦고 위의 요령과 같이 와인을 한 모금 마시고 다시 스테이크로 이어져 이러한 과정이 반복되면서 식사는 1~2시간 지속된다.

☐ 귀한 손님을 위한 식탁에는 와인이 놓인다 하여 '테이블 와인'이다. 레스토랑에서의 와인은 잔술과 병술로 서브한다. 귀한 손님을 접대할 때는 병술로 '테이블 와인'이 놓여야 제격이 된다. 어느 술보다 이와 같은 테이블 와인이 나온다는 것은 그만큼 손님 접대의 격을 높인 것이 된다.

☐ 레스토랑에서 고급 와인을 주문할 때는 요리 총액의 25% 정도를 예산으로 잡는 것이 좋다.

☐ 와인을 선택할 때는 가까운 연대에서 오래된 와인으로, 화이트 와인에서 레드 와인의 순서로 주문하는 것이 좋다. 좋은 것을 나중으로 돌리는 것이 상식이다.

▶ 와인을 따르면

- 잔에 손을 대지 않고 지켜보는 것이 매너다.

▶ 와인 글라스 잡는 매너

○　　　　×　　　　×

▶ 용도별 술잔의 종류

▶ *양주 분류표*

주류 구분	명 칭	주요 내용
1. 위스키 　Whisky • 고대 그리크어 　Usque-baugh(생명의 물)에서 어원을 가짐. • 저장 보관 연수는 5년, 10년, 30년 술이 있다.	1) 아이리시 위스키 　Irish whiskey 2) 스카치 위스치 　Scotch whisky 3) 캐나디안 위스키 　Canadian whisky 　• Canadian Club 　• Seagram's V.O. 4) 아메리칸 위스키 　American whiskey 5) 버본 위스키 　Bourbon whiskey 6) 라이 위스키 　Rye whiskey	• 아이리시 위스키는 -ey로 표기. 영국 아일랜드 특산. • 영국 스코틀랜드 특산 위스키. • 스카치 위스키가 보리를 주원료로 하는 대신 Rye맥을 주원료로 사용. • 미국산 위스키의 총칭이 아니라 하나의 타입의 뜻. • 미국 켄터키주 버본군에서 시작. 현재도 켄터키주 특산, 옥수수 51% 이상 주원료 사용. • 라이맥 56% 이상의 주원료, 미국 주산지.
2. 브랜디 　Brandy • 네덜란드 Brande-Wijin-Burnt Wine(불에 태운 술)이 어원. • 포도주를 증류한 술이다. 포도 이외의 과물을 주원료로 한 것도 이 명칭을 사용한다.	1) 아르마냑 　Armagnac 2) 코냑 Cognac 3) 나폴레옹 코냑	• 프랑스의 피레네 산맥 근처 아르마냑 지방산의 브랜디. • 파리 남쪽 샤란트 지방의 코냑시에서 생산된 브랜디. 이 지방 이외의 브랜디는 코냑이라 하지 않는다. • 50년 이상 저장된 브랜디를 코냑으로 붙인 명칭. 예외적으로 상표에 붙인 한낱 문구일 수도 있음.
3. 진 Gin Juniper의 프랑스명, 지니에브르(Genievre)의 영어 약칭이 어원. 칵테일의 기주.	1) 알렉산더 칵테일 2) 부르몽 칵테일 3) 진 피즈 4) 마티니 칵테일 　(드라이) 5) 파라다이스 6) 핑크 레이디	• 진을 기주로 한 대표적 칵테일 6종. • 단 맛의 여성용. • 부인용 칵테일로 유명.

4. 럼 Rum, Rhum • 당밀이 함유된 화학주, 자메이카, 쿠바, 푸에르토리코가 주산지. • 럼주는 Light(淡)와 Heavy(濃)의 두 종류가 있다.	1) 바카디 럼주(濃) 2) 럼 네그리타 3) 캬리오카 럼 4) 타이거 럼	• 쿠바, 멕시코산 • 서인도 제도산 • 푸에르토리코산 • 서인도 제도산
5. 보드카 Vodka(보드카)	1) 스크루 드라이버 2) 블러디 마리 3) 모스코 뮬(mule) 4) 러시안 칵테일	• 보드카에 오렌지 주스를 탄 칵테일 롱 드링크. • Zubronka는 폴랜드산 보드카다.
6. 스피리츠 Spirits • 화주, 강한 술이라는 의미. • 지구상의 술을 총칭할 때 "Wines and Spirits"라고 한다.	1) 아쿠아빗(45도) 　Aquavit 2) 아미아 피콘(27도) 　Amer Picon 3) 칼바도스(43도) 　Calvados 4) 캄파리(25도) 　Campari 5) 테킬라(43도) 　Tequila	• 스트레이트는 식전주, 칵테일은 식후주다. 맥주와 같이 마신다. • 프랑스산의 식욕 증진 술. • 발포 사과주를 증류한 것. Apple car 칵테일이 있다. • 이태리의 국민주, 식전주. 캄파리 온더 럭스, 캄파리 소다가 있다. • 메시코 특산주. 메스카르라고도 한다.
7. 비터 Bitters	1) 안고스튜라 비터 　Angostura 2) 오렌지 비터 　Orange	• 맨해탄 칵테일에 들어간다. • 오렌지맛의 비터. 드라이 마티니 칵테일에 사용.
8. 리큐르 Liqueur	1) 아이리시 미스트 　Irish Mist 2) 아드보카트 　Advocat 3) 슬로 진 　Sloe Gin 4) 아프리콧 브랜디 　Apricot Brandy 5) 아니세트 　Anisette 6) 아프산(페르노) 　Absinthe, Pernod 7) 오렌지 진 　Orange Gin (이외 수종이 있다)	• 아일랜드산 • 네덜란드의 난주(卵酒)는 유명. • 진의 일종은 아니다. 리큐르 중에서도 감미가 적은 것. • 부인에 맞는 식후주. • 지중해 지방 특산. • 피로 회복의 활력소로 인기. • 진의 일종이 아니라 리큐르다.

9. 포도주 • '와인이 없는 식탁은 태양이 없는 1일'이라 할 만큼 절대 음료다. • 포도주는 기원전 4천년의 역사가 있다.	1) 보르도 　　Bordeaux	• 프랑스 최고급 포도주 생산지가 보르도 지방. 이곳 포도주의 총칭.
	2) 부르고뉴 　　Burgundy	• 프랑스의 부르고뉴 지방산. 보르도와 쌍벽을 이룬다.
	3) 라인 　　Rhein, Rhine	• 라인강 변산 독일 포도주.
	4) 모젤 　　Mosel	• 독일의 유명한 포도주.
	5) 샴페인 　　Champagne	• 250년 전 프랑스 샴파뉴 지방에서 만들어졌다. 이곳 제품에만 샴페인을 붙인다.
	6) 키안티 　　Chianti	• 이탈리아 특산.
	7) 쉐리 　　Sherry 　　Sherry Flip	• 스페인산 백포도주의 일종. 　식전술. 　부인용 칵테일.
	8) 포트 　　Port	• 포르투갈의 특산. 스페인의 쉐리와 같이 유명.
	9) 듀보네 　　Dubonnet	• 프랑스산의 세계적 유명한 식전술.
	10) 베르무트 버머스 　　Vermouth	• 대표적 식전주.
	11) 푸렌치 베르무트 버머스	• 신 맛 프랑스산.
	12) 이태리 베르무트 버머스	• 단 맛 이탈리아산.
10. 맥주 Beer	1) 라거 　　Lager	• 보통 일반 담색 비어(약한 병맥주).
	2) 흑맥주	
	3) 스타우트 Stout	• 알콜 도수가 강한(8~12도) 맥주.
	• 기니스 　　Guinness	• 스타우트 맥주로는 기니스 맥주가 대표적임.
	• 하프 & 하프 　　Half & Half	• 스타우트와 비어의 혼성.
	• 샌디 가프 　　Shandy Gaff	• 스타우트와 진저엘의 혼성.

6
복장 매너

남성 예복

1) full court dress는 연미복으로 대(大)예복이다

직역하면 궁정(court)에서 입는 정장 복장을 뜻한다. 이 복장은 형태로 보아 꼬리가 있다는 뜻에서 연미복(tail coat)이라고 부른다. 대예복에 속하는 복장으로서 훈장을 갖고 있는 사람은 훈장을 전부 패용하게 된다. 초청장에는 복장 지정을 most formal이라고 하거나 white tie (cravat blanch)라고 써 있을 경우에 착용한다. 이 복장에 대한 규정이 까다로워 그 중 어느 하나를 생략하면 실례가 된다. 그래서 같은 풀코트 드레스이지만 훈장을 패용하지 않아도 되고 중예복으로 입을 수 있는 속칭 포멀 이브닝코트가 있다.

이는 공식 만찬회·무도회·음악회·오페라·국장(상) 등에 입는다.

2) 모닝 코트는 중예복이다

모닝 코트에는 웃저고리에 맞는 조끼와 흑색과 회색 또는 흑색과 백색의 줄이 있는 바지를 입는다. 이것은 주간에 입는 중예복으로 주로 주간에 거행하는 결혼식에서 신랑과 그 일행이 입으며, 기독교 신자는 크리스마스와 부활절에 입는다. 주간 행사, 준공식 행사, 제막식과 같이 의식을 요하는 행사때 입는다.

모닝 코트의 저고리 대신 검은 신사복 저고리(sack coat)를 입는 것은 정식은 아니지만 유행하고 있다.

넥타이, 검정색 조끼, 모자

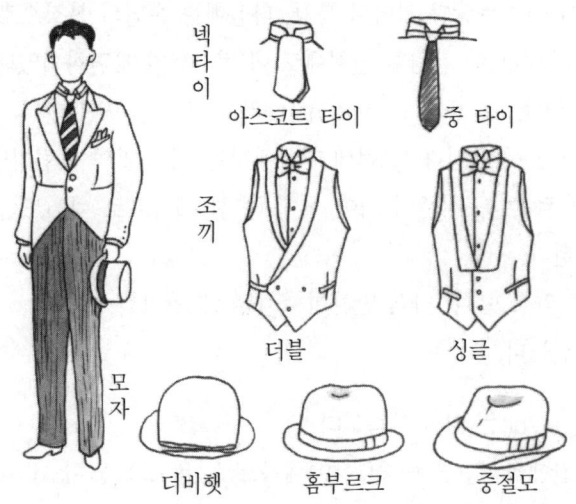

이 경우에도 바지만은 줄이 있는 모닝 코트 바지를 입는다. 모닝 코트에는 실크 햇을 쓰지만 색 코트에는 중산 모자(英 ; 볼러, 美 ; derby)를 쓰며, 넥타이는 흑색과 백색의 줄무늬 또는 회색의 보타이(나비 넥타이)나 보통 넥타이를 맨다.

주간 공식행사 · 입학식 · 개회식 · 오찬회 · 정식 방문 · 티 파티 · 낮의 결혼식 등에 입는다.

3) dinner jacket은 턱시도(tuxedo)를 말한다

디너 재킷은 원래 1700년대에 영국에서는 집에서 저녁 식탁에 나올 때 입는 복장이었으며 이를 디너 코드라고도 불렀다.

1800년대 초에 뉴욕에 있는 턱시도 호(湖)에서 떠돌아다니는 유람선의 선상 레스토랑 턱시도 클럽을 이용할 때는 연미복 대용으로 지금의 턱시도를 입었다. 당시만 하여도 레스토랑을 이용하는 손님이나 웨이터도 다같이 연미복 착용이 요구되었던 시절이었다. 그후 보다 분위기를 부드럽게 하기 위하여 웨이터복을 디너 코트로 변형하여 입게 되었다. 이런 과정에서 레스토랑의 웨이터 복장, 다음에는 손님의 복장으로 널리 전파되기에 이르렀으며 간략한 연회에도 이 턱시도가 보편화되었다.

  초청장에 black tie 또는 cravat noire라고 쓰여 있으면 디너 재킷을 입고 참석한다는 뜻이 된다. 그런데 미국에서는 7월 4일의 독립기념일부터는 공식적으로 여름 시즌이 되어 이에 준한 예복으로 턱시도의 웃도리는 백색이 된다.

  오늘날에는 약식 야회, 약식 만찬회, 선(船)내 만찬회, 무도회, 저녁의 결혼식 등에 입는다.

 4) director's suit는 약식 예복이다

  의례상 주간에만 입는 준중(準中)예복으로 용도가 넓어 director's suit를 세미 포멀 웨어(semi formal wear)라고도 한다. 검은 신사복 상의에 모닝 코트와 같은 줄무늬 바지를 착용하는 것으로 이 복장은 모닝 코트와 평상복의 중간 예복이다. 최근 업무에 쫓겨 바쁘고 각종 행사에 참가해야 하는 대다수의 외교관들이 공적 방문이나 회의·오찬회·다과회 그리고 주간 행사에 참가할 때 이 복장을 입는다.

  이 복장은 영국의 에드워드 7세가 전람회의 오프닝 등 공식 행사에 참가할 때 frock coat(무릎까지 내려오며 몸에 꼭 맞는 남자용 더블 상의, 주로 19세기에 입었다)를 입고 참가하기가 번거러워 그 대신 검은 신사복 상의에 모닝 코트의 줄무늬 바지라는 절충안에서 나온 것이다. 이 복장은 아침부터 저녁까지 업무나 각종 행사 참가에 입을 수 있는 복장으로 제2차대전 이전에 많이 애용된 바 있다. 낮에 입는 복장·결혼식장·

장례식장 등에 입는다.

여성 예복

1) robe montante(로브 몽땅)은 남성의 모닝 코트와 상응

남성의 evening coat(주간용) 내지 morning coat와 상응하는 여성 주간 의식용 예복으로 몽땅(montante)은 프랑스어로 '높다, 깃을 세우다'의 뜻이다. 외국에서는 로마 법황의 알현이나 교회의 의식에 이 복장을 입고 참석한다. 일반인들에게는 대학 졸업식에서 졸업생이 모자와 가운을 착용할 때 가운 안에 이 옷을 입는다.

2) 이브닝 드레스는 남자의 턱시도와 상응

디너 드레스, 도미 토와릿(demi-toilette)이라고도 한다. 야간에 입는 남자의 턱시도와 함께 입는 여성의 예복차림 옷이다. 이 의상은 저녁 레스토랑이나 나이트 클럽에 갈 때 사교복으로 입는데 옥외에 나갈 때에는 반드시 코트나 숄을 필요로 한다.

3) 칵테일 드레스는 칵테일 파티시 착용한다

석양 이후 칵테일 시간에 맞추어서 입는 옷으로 남자의 블랙 수트에 대응하는 복장이다. 대부분은 석양에 착용한 복장을 입은 그대로 석식으로 이어지는 경우가 많다. 칵테일 드레스는 주간복이지만 애프터눈 드레스보다 맵시(dressy)가 있어 세미 이브닝의 복장이라는 감이 짙은 여성 사교복이다.

• cocktail dress　　　　• evening dress　　　　• hostess gown
(칵테일 드레스)　　　　(이브닝 드레스)　　　　(호스티스 가운)

4) hostess gown은 가정에서 손님 접대때 착용한다

주부가 가정이나 호텔 등에서 손님을 초대할 때에 입고 손님을 접대하는 가운이다. 이 가운은 롱 드레스이나 폭이 넓지 않아 행동하기에는 편한 의상이므로 손님 접대에 기능적이다. 입은 대로 그 위에 에프런을 두르면 주방에도 곧장 갈 수 있는 복장이다.

국제 비즈니스맨의 복장

1) 남성 복장

① 신사복(business suit ; (英) lounge suit)은 스리피스가 원칙

수트는 의복 '한 벌'의 뜻을 가져 한 벌은 상의(suit jacket)·조끼(vest) 그리고 바지(trouser)로 구성되어 있고 이 셋을 한 조로 해서 말할 때는 스리피스 수트(a three-piece suit)라고 한다.

또한 수트는 어울리다, 잘 맞다, 편리하다의 뜻도 있다. 직장인이 입는 신사복은 이와 같은 뜻에서 다음 3가지 부문으로 나누어 각각 옷을 입는

매너를 찾아야 한다.

▶ *jacket(상의)의 색조는 안정감이 제일*

업무상 입는 복장으로는 흔히 신사복(business suit)이 있다. 이 재킷은 캐주얼복이 아니므로 색조가 비교적 어두운 색조(conservative color)를 쓰고 있어 안정감을 줄 뿐 아니라 직장 분위기에 조화가 된다.

최근 직장 남성들이 개성을 나타내기 위해 밝은 컬러와 무늬가 눈에 띄는 옷을 많이 입기를 좋아하고 상하복을 다르게 입는 콤비를 선호하고 있으나 이는 엄밀한 의미에서 비즈니스 수트는 아니다. 신사복 정장이 되기 위해서는 업무 후에 있을 각종 사교 행사, 특히 파티에 갈 때도 입을 수 있는 검정색 계통의 옷이 기본이다.

▶ *신사복이 검정색으로 정착하기까지의 역사*

오늘날 비즈니스 수트로 일컬어지는 이 신사복의 역사는 19세기 초로 거슬러 올라간다. 당시 유럽의 패권을 영국과 프랑스가 다투고 있을 때 나폴레옹측은 금색이나 적색(赤色)을 띠는 화려한 복장을 주로 입었다. 이에 대해 영국은 조지 4세의 섭정 시대에 있을 때였으며 당시의 유행은 조지 4세와 브란멜이 리드하고 있었다. 브란멜은 당대에 멋쟁이로 명성을 날렸던 인물로, 그는 조지 4세에게 검정색과 청색을 주제로 하는 남성 유행옷을 고안해 보였다.

이후 영국 상류 사회의 남성들은 모두가 검정색만으로 된 복장을 입기 시작하였다. 영국이 나폴레옹을 이겨 영국의 영향은 유럽 대륙으로 뻗치기 시작하였으며 그 여세로 영국 신사의 패션이 유럽을 지배하게 되었고 현대로 이어지고 있다. 영국식 신사복의 검정색(dark)은 지금도 변하지 않고 세계화되어 있다.

② 신사복을 입는 매너

신사복은 검정색 이외에 보통 브라운 계통의 색도 입는데, 브라운을 입을 때는 시골이나 지방에서는 무방하나 비즈니스나 아카데믹한 세계에서는 비전문적인 색으로 경원시되고 있다. 런던의 시티나 뉴욕의 금융가인 월 스트리트에서는 브라운은 절대 입지 않는 옷으로 상식화되어 있다.

신사복의 버튼은 앉아 있을 때는 풀고 일어서거나 걸어갈 때는 잠그는 것이 매너이며 조끼를 입었을 때는 단추를 풀어도 무방하나 조끼가 없을 때는 사람을 만나거나 대중 앞에 설 때는 단추를 잠근다. 와이셔츠는 내복이기 때문에 조끼를 입고 있는 경우를 제외하고는 드러내 보이지 않는다.

▶ *조끼의 맨 끝 단추 하나는 잠그지 않는다*

17세기 찰스 2세 시대에 입기 시작한 조끼는 지금도 맨 끝 단추 하나는 잠그지 않고 입기를 좋아한다. 당시 찰스왕이 배가 나와 맨 끝 단추를 풀어 놓은 데서 시발한 것이다.

▶ *와이셔츠는 흰색이 정식이다*

와이셔츠는 흰색이 원칙이며 최근에는 여러가지 무늬와 컬러로 된 와이셔츠를 입는 것이 유행하고 있으나 다크 수트에는 흰색 와이셔츠가 원칙이다. 상의를 입었을 때 목컬러 위로 1cm 정도, 소매깃 역시 1cm 정도가 나와 보여야 한다. 그래야만 재킷이 산뜻하게 보이며 그렇지 않으면 복장 전체의 분위기가 검정색 일색이 되어 분위기가 어두어진다. 성직자 신부복의 목가운데 컬러의 흰색이 살짝 보이게 한 것은 바로 신부복의 분위기를 부드럽게 하는 효과를 내고 있다.

▶ *넥타이로 옷 분위기를 연출한다*

복장의 분위기를 조화롭게 만들어 주는 것이 넥타이다. 같은 옷을 매일 입어도 넥타이를 바꾸어 주면 옷의 분위기가 바뀌어 다른 옷을 갈아입는 효과를 낼 수 있다. 그러나 사람을 만났을 때 상대가 자신의 얼굴을 보지 않고 넥타이에 시선을 준다면 그것은 넥타이를 잘못 선택한 것이 된다. 다시 말하면 사람의 시선을 끌 정도로 튀는 넥타이는 복장이 조화가 안된 것을 의미한다. 따라서 넥타이를 맬 때의 매너는 다음과 같다.
- □ 넥타이의 무늬는 3색 이하로 한다. 양복이 체크 무늬이면 넥타이는 심플한 것이어야 '체크 앤 밸런스'가 된다. 반대로 양복의 무늬가 심플하면 넥타이 무늬는 그 반대가 되어야 할 것이다.
- □ 넥타이 핀(tie clip)은 국제적으로 활동하는 사람은 사용하지 않는 것이 좋다. 사람을 만나면 상대의 시선이 자신의 얼굴로 모아져야 하는데 타이핀에 시선이 분산되어 마이너스 효과가 난다.
- □ 넥타이의 길이는 너무 길게 매면 단정하지 않게 보이고, 너무 짧게 매면 부자연스럽게 보인다. 그러므로 넥타이의 끝부분은 혁대 버클에 오는 것이 적당하며, 버클도 요란하게 장식된 것은 피한다.
- □ 특히 유의할 것은 넥타이를 맨 부분에 손때가 보일 정도면 곤란.

▶ *양말은 구두와 바지를 조화시켜야 한다*

바지와 구두를 자연스럽게 연결해 주는 역할을 양말이 한다. 비즈니스맨은 보통 검정색 계통의 신사복에 검정색 구두를 신는 경우가 많으므로 양말색이 회색이면 자연스럽게 연결시켜 줄 수 있을 것이다. 만약 검정색일 때 바지 역시 검정색상일 때는 전체가 검정색 일색이어서 스마트한 맛이 반감된다. 특히 남성의 멋은 자리에 다리를 꼬고 앉았을 때 양말의 목이 산뜻하게 위로 딱 붙어 바지와 양말 구도가 일직선으로 단정하게 나와 보일 때이다. 양말목이 밑으로 처져 있으면 그 분위기는 마이너스다.

▶ *구두에 멋을 내야 신사다*

구두는 검정색이어야 정장에 조화가 잘 된다. 따라서 구두는 복장을 멋있게 보이는 데 큰 효과를 주는 역할을 한다. 스포티한 복장을 했을 때는 스포츠화로, 상하가 흰색의 옷에는 검정색 구두는 어울리지 않는다. 구미 상류 사회에서의 최고 멋쟁이는 구두를 사치한 사람으로 보고 있다. 비즈니스맨은 항상 자신의 구두를 깨끗이 닦아 광택을 유지하며, 구두 뒤축이 닳아져 있지 않는가에도 신경을 써야 한다.

2) 여성 복장

① 여성은 낮과 밤에 따라 복장을 변화시킨다

남성들의 복장은 단순하여 사회 생활을 하는데 복장의 변화가 그렇게 크지 않아 편리하다. 그러나 여성들의 복장은 종류도 많을 뿐 아니라 때와 장소에 걸맞게 갈아 입어야 하기 때문에 의상에 대한 지식은 물론 그 매너 또한 중요하다. 다음에서 하나의 예를 들어 본다.

친구의 결혼 피로연에 초청된 K여사는 결혼 피로연 참석이 두 번째였다. 지난 번에 갔을 때, 백화점에서 등이 넓게 열려 있는 롱 드레스를 사서 입고 갔던 경험이 있어 이번에도 같은 옷을 입고 참석했다. 그러나 두 번째 참석한 피로연에서 자기의 모습이 다른 여성에 비하여 지나치게 화려하여 분위기에 동떨어져 어찌할 바를 몰랐다. 그 전에 참석한 피로연 분위기와는 잘 어울린 복장이어서 그대로 입고 갔던 일이 이번에는 완전 실패한 것이다.

그 이유는 양복의 예장(禮裝)에는 낮과 밤의 구분이 있다는 것을 미처 모른 데에 원인이 있다. 지난 번 피로연은 오후 6시부터였는데, 이번은 오전 11시 피로연이었던 것이다.

주간은 부드러운 감을 가진 수트나 애프터눈 드레스로 피부 노출을 적게 한 옷을 입는 반면 오후 6시 모임에는 칵테일 드레스나 이브닝 드레스가 정장이 된다.

② 여성의 장갑은 벗는 타이밍이 중요

최근 파티에 장갑을 끼고 나오는 여성을 많이 본다. 장갑을 사용할 때 그만한 매너를 익혀 둘 필요가 있을 것이다. 장갑을 벗는 타이밍은 음식이 서브되기 전이 되며, 피로연때는 좌석에 앉고부터다. 일단 벗은 장갑은 테이블 위에 놓지 않고 핸드백에 넣어 백과 같이 의자 뒤에 두면 된다. 장갑 위에 끼는 반지는 패션 링(fashion ring)을 사용하며, 약혼 반지나 결혼 반지는 끼지 않는다. 소매가 없는 이브닝 드레스에는 팔꿈치까지 올라오는 긴 장식 장갑을 끼며, 소매가 있는 드레스는 손목까지 낀다.

③ 결혼식 하객 복장은 흰색, 아이보리색은 삼간다

결혼식은 영국에서는 주간에 거행하나 미국은 오후나 저녁에 거행하는 경우가 많다. 주간 거행하는 결혼식에는 남성은 다크 수트(dark suit)가 보통이며, 여성은 보통 드레스나 수트를 입는다.

구미에서는 검정색 옷은 상복(喪服)의 이미지가 강해 축하하는 장소에서는 입지 않는 것이 좋으며, 특히 여성 하객은 흰색이나 아이보리색의 옷을 입고 참석하지 않는 것이 좋다. 하객이 신부보다 더 화려하게 보이지 않게 하기 위함이다.

저녁에 거행하는 결혼식에는, 여성은 드레시(dressy)한 검정 드레스를 입고 참석하는 것은 무방하다. 부부 동반일 때 남성은 턱시도, 여성은 롱 드레스를 입고 참석하는 것이 저녁 결혼식의 특징이다.

④ 장례식에는 진주를 제외한 액세서리는 삼간다

장례식에 조문할 때는 복장이 화려해서는 안된다는 것은 상식이다. 양장을 할 때는 광택이 나지 않고 검정색 아니면 어두운 색조의 복장에 여름이라도 긴 소매 옷을 입는다.

장갑(방한용이 아닌 것)은 양장에서는 정장(正裝)의 일부로 간주하므로 제향시에는 장갑을 낀 채 향을 올려도 무방하다. 화장에도 유의하여 슬픔에 잠겨 있는 상가에서 지나친 화장은 자연스럽지 못하므로 빨간색의 매니큐어는 생각해 볼 문제이며 립스틱도 평소보다 약하게 한다.

상복의 액세서리는 다른 액세서리는 삼가하나 진주만은 인정하고 있다. 흑색 또는 흰색의 진주를 끼는 것은 무방하다.

진주는 눈물을 상징한다는 뜻도 있어 길흉사 다 같이 차거나 끼워도 좋은 것으로 여기지만 광택이 나는 다이아몬드나 루비 같은 보석은 상가에서는 끼지 않는 것이 좋다.

3) 복장의 T.P.O.

사람을 평가하는데는 여러 방법이 있을 수 있으나 〈옷은 바로 자기를 말하고 있다(You are what you wear.)〉라는 말과 같이 사람 평가를 그가 입고 있는 복장에서 읽고 있음을 알 수 있다. 옷을 잘 입는다는 것은 때(Time), 장소(Place), 경우(Occasion)에 맞추어서 복장을 하는 것이 옷을 잘 입는 것이 된다. 다음은 복식을 갖추는데 유의해야할 사항이다.

- 복장은 누가 보아도 자연스럽게 보이게 입는 것이 포인트다. 특히 자신의 연령에 맞추어 입는 것에 유의한다.
- 사람이 자신을 볼 때 복장의 일부가 유난히 돋보여지게 입지 않도록 한다. 넥타이가 옷에 조화를 입어 사람을 만났을 때 상대의 시선이 넥타이로 먼저 가는 정도라면 곤란하다.
- 직장 남성은 계통이 전연 다른 옷을 자주 바꾸어 입고 출근하는 것을 삼가한다. 물론 적절하게 옷을 갈아 입은 것은 좋으나 직장에서 복장의 분위기가 뚜렷이 나타날 정도의 복장 변신은 자칫 신뢰감을 떨어뜨릴 수도 있다.
- 공식 장소에 갈 때는 주최측에 문의를 해서 복장을 어떻게 하고 갔으면 좋겠는가를 물어보는 것이 좋다. 다수의 참석자가 입는 복장과 전연 다른 복장이라면 분위기를 해칠 수 있기 때문이다.
- 직장 여성들은 직장의 분위기에 걸맞는 복장이 중요하다. 지나친 최신 유행복은 직장 분위기에 맞지 않으며 사치스런 복장은 동료 여직원과의 조화를 해치는 요인이 된다.

제**5**장

여행 매너

여행과 수속
호텔 매너

1
여행과 수속

해외 여행 3가지 필수 사항

해외 여행을 가려면 반드시 갖추어야 할 요건으로 여권·비자·외화가 있다.

1) 여권(passport)

여권은 여행자의 국적국에서 발행하는 이른바 출국 허가증을 의미한다. 여권의 종류는 일반·관용·외교관 여권의 3종으로 대별된다.

여권에 기재된 소지자의 성명(姓名) 영문 철자는 해외 여행 중 모든 절차에 기재할 때 동일해야 한다. 예를 들면 항공 좌석 예약을 할 때 탑승자의 성명은 여권에 기재된 철자여야 한다. 여권에 Lee Khee Hyun이라고 기재된 성명이 항공권에는 Lee Kee Hyun으로 되어 있으면 Khee와 Kee의 스펠링이 달라 본인이 아니라는 이유로 탑승이 거부될 수도 있다. 따라서 여권 첫 페이지에는 소지자의 서명난(bearer's signature)이 있으므로 여권을 발급 받으면 즉석에서 이 난에 자필로 서명하고, 이후 신용 카드·여행자 수표 사용 등 모든 서명이 이와 같도록 해 본인 여부를 둘러싼 시비가 일어나지 않게 해야 한다.

2) 비자(visa)

여권이 국적국의 출국 허가증이라면 비자는 여행자를 받아들이는 입국 허가증이 된다. 여권이 있는 여행자는 입국하고자 하는 정부가 발급하는 비자를 받는 것이 원칙이다. 다만 나라의 정책에 따라 비자를 면제해 줄 따름이다. 비자는 주재국 공관(대사관·총영사관)에서 발급한다.

비자의 종류는 입국 횟수 기준으로 정하는 단수 비자(single entry visa)와 복수 비자(multiple entry visa)가 있으며, 입국 목적에 따라 발급되는 비자로는 업무 비자(business visa)·방문 비자(visit visa)·학생 비자(student visa)·이민 비자(migrant visa) 등이 있다.

3) 외화(foreign currency)

출국 전에 원화를 미화나 일본 화폐 그리고 앞으로는 유로화폐 등 당사국 통화로 교환하는 소위 환전을 하게 된다.

여행자가 가령 출국 전 원화를 가지고 미국 화폐로 환전한다면 은행측에서 볼 때 달러를 파는(賣) 경우다. 반대로 해외 여행을 다녀와서 사용하다 남은 달러를 은행에 가서 원화로 되바꾸게 되면 이 때는 사들이는(買) 것이 된다. 따라서 은행도 장사를 해야 하기 때문에 팔 때는 비싸게, 살 때는 싸게 사므로 이 때 환차(換差)가 발생하여 은행은 이익을, 여행자는 손해를 보게 된다. 그러므로 현지 화폐를 너무 많이 바꾸었다가 다 쓰지 못하고 나머지 현지 화폐를 귀국시 재환전하면 이와 같은 환차손을 입게 되므로 한 번에 많이 환전을 하지 않고 써가면서 조금씩 하는 것이 환차손의 예방법이 될 수 있다.

항공권 구입과 좌석 예약

1) 계절별 항공료 차이

항공료는 보통 1등석이 이코노미 클래스 요금의 약 40%나 비싼 요금이 된다. 비즈니스 클래스는 이코노미 운임(economy fares)의 전액 요금이 되며, 여행객 클래스(tourist class)는 이코노미의 할인 요금이 될 것이다. 항공료는 계절에 따라 다소 차이가 나는데, 하계·동계 숄더, 춘기(春期) 숄더, 추기 숄더의 4단계로 시즌에 따라 나뉜다. 따라서 비수기(항공사 소속국의 입장에서 본 비수기)에는 적정 요금의 50%까지 덤핑 판매를 하고 있다.

항공권을 싸게 사는 요령을 소개하면 다음과 같다.
□ 항공사보다 여행사에서 살 것.
□ 하나의 여행사만 찾지 말고 여러 여행사 가격을 비교한 뒤 살 것.
□ 이민을 가지 않는 한 왕복 비행기표를 살 것.
□ 장기 여행일 때는 유람 티켓(excursion ticket)을 살 것(왕복+경유지+여행 기간에 대한 사용 제한 조건 항공표).
□ 여행 스케줄이 같을 경우 단체 관광 여행에 동행할 것(항공권만 회원으로 구입하고 현지 활동은 개별로 한다).

2) 할인 항공권의 사용 제한

정액 항공료는 항공권 사용에 제한이 없다. 예를 들면 일단 구입하면 시일의 제한 없이 사용할 수 있으며, 경유지가 어디든지 같은 요금 조건으로 내려 용무를 보고 목적지로 여행할 수 있다. 가령 뉴욕행 항공권을 사면 도중에 하와이에서 내려 2~3일간 휴양을 하고 갈 수 있다. 그러나 할인 항공권은 여러 제한이 따른다.

익스커션 요금은 '왕복+경유지+여행 기간'에 대한 제한 조건이 붙는 티켓이다. 이 조건이란 반드시 같은 항공사 비행기를 이용해서 왕복해야 하고, 경유지를 바꾸거나 또는 경유지에서 내렸다 탈 수 없으며, 일정 기간 내에 귀국해야 한다는 등의 여러 조건이 붙으므로 사전에 잘 알아서 대비한다.

3) 항공사의 연계 서비스 이용

항공사간에는 경쟁의 일환으로 여행자가 필요로 하는 서비스를 일괄 연계시켜 자사 탑승 여객에게 최대로 서비스를 한다. 예를 들면 자사 항공기를 타게 되면 목적지에서의 호텔·쇼핑·렌터 카·지상 교통수단 제공 등을 할인, 예약의 편의를 제공한다. 특별한 경우가 아니고는 탑승하게 되는 항공사 데스크를 방문하여 어떤 서비스가 있는지를 알아보아 이를 활용하면 효과적이다.

4) 항공권 사용시 유의할 점

① 좌석 예약은 출발 72시간 전에 재확인 절차를 밟아야 한다

예약한 후라도 탑승 72시간 전에 다시 항공사측에 전화로 연락을 취하여 그 예약을 재확인해야 한다. 이 확인 절차를 밟지 않을 경우 항공사측에서는 일방적으로 예약을 취소할 수 있는 권리를 약관상 보유하고 있기 때문에, 좌석이 부족하면 재확인 연락이 없는 예약부터 취소시킨다. 좌석 예약 확인시에는 I'd like to reconfirm my reservation.(좌석 예약을 재확인하고 싶습니다)이라고 한다.

② 항공권의 이서로 타항공사 비행기를 이용할 수 있다

항공권의 이서(裏書·endorsement)라고도 한다. 가령 여행 중 사정의 변경으로 구입한 A항공사 발행 항공권을 가지고 B항공사의 항공기를 탑승하려고 할 때는 발행 항공사인 A사에서 항공권 뒷면에 이서를 받으면 A항공사 항공권을 가지고도 B항공사나 기타 다른 항공사 항공기를 탈 수 있다. 이서는 발생 항공사의 타항공사에 대한 항공료 지급 확인의 효과를 갖는다는 의미다. A항공사에서 30%의 할인 항공권을 구입하였다면 그 차액을 추가로 지불해야 할 것이다.

③ 항공권의 환불은 구입시 통화로만 가능하다

항공권을 구입한 후 이를 환불받고자 할 때는 전액 받을 수 있다. 만약 항공 탑승 실제 거리가 당초 항공권 구입 거리보다 짧을 때는 여행 후 귀

국하여 미사용 거리에 대한 요금을 환산하여 다시 환불받을 수 있다. 다만 구입시의 통화로만 환불될 수 있으므로 원화로 구입했으면 원화로만 환불된다.

5) 항공 좌석 예약의 3가지 형태

항공기 예약은 탑승할 항공사와 직접 예약할 수 있으나, 여행사를 통해서도 가능하다. 항공권을 구입할 때 좌석 예약을 하지 않고 항공권 자체만을 샀을 때는 이 예약을 오픈(open)이라고 한다. 예약이 됐을 때는 항공권에 '예약필'이라는 뜻으로 OK라고 기재해 준다. 그런데 예약도 안 되고 그렇다고 예약이 된 것도 아닌 중간 예약으로 RQ라는 표기가 항공권에 있는 경우도 있다. 이는 예약은 됐지만 탑승 전에 다시 한 번 예약을 확인해야 한다는 조건부 예약을 의미하는 것으로 request의 약어다. 이와 같이 표시된 항공권을 가지고 현지에서 예약을 확인해도 당일 해당편의 항공기에 좌석이 없으면 비행기를 탈 수 없게 된다.

▶ *여행사 예약을 믿고 해외에서 곤욕을 겪은 사례*

어느 사회 단체에서 20명의 회원이 대만을 여행하게 되었다. 여행사가 항공권을 구입해 주면서 예약을 해 왔다. 서울-대만은 예약이 OK 표기가 되었으며 귀국편의 예약은 RQ로 표기되었다. 이 사회 단체측에서 "예약은 다 된 것입니까?"하고 물었다. 여행사측은 "완결됐으니 현지에서 예약을 확인만 하면 됩니다"라는 말을 듣고 이 단체 관광단은 대만 여행을 시작하였다. 돌아올 때 현지 대만 항공사에 예약 확인을 했으나 항공사측으로부터 "자리가 없다"라는 대답을 들었다. RQ는 조건부 예약이기 때문에 가용 좌석이 없으면 예약의 효력이 자동 상실된다는 사실을 뒤늦게 알았다. 무려 20명이 좌석을 잡지 못하여 5일간 발이 묶였으며 그것도 한두 사람씩 분산해서 개별적으로 자리를 잡는 대로 귀국할 수밖에 없었다. 처음부터 왕복 OK 예약을 했어야 했던 것이다.

출국 전 예약 사항

예약 없이 해외를 여행한다는 것은 일종의 모험이다. 사람과의 만남을 약속한 것은 시간 예약으로 어포인트먼트(appointment)라고 한다. 이런 약속은 미리 팩스나 국제 전화로 이루어질 수 있는 것이며, 그 중에서도 호텔과 항공 예약은 여행사를 경유하여 하는 것이 보통이다.

1) 어포인트먼트(약속)

해외에서 만날 사람과는 출국 전에 시간 약속을 한다. 그리고 시간 약속을 하는 과정에서 필요한 관련 서류들을 다시 정리해서 파일해 가지고 간다. 시간 약속을 한 지 오래되었으면 출국 전에 다시 전화 또는 팩스, 텔렉스로 재확인한다.

2) 호텔 예약

여행사를 통해서 예약을 하면 편리하다. 만일의 일에 대비하기 위하여 반드시 예약 확인서를 여행사로부터 받아 두어야 한다. 현지 호텔에 도착하여 투숙하려 할 때, 예약된 사실을 호텔측이 부인할 수도 있기 때문이다. 호텔 요금이 저렴하다는 이유만으로 호텔을 선택하면 오히려 비경제적일 수 있다. 예를 들면 명동 근처에서 주로 활동하여야 하는데 요금이 저렴하다 하여 강남의 어느 호텔에 투숙하면 시내 택시 요금의 부담이 높아져 비경제적이 되는 것이다.

3) 현지 도착 후의 예약 방법

국내에서 예약하지 않고 현지에서 호텔 예약을 하는데는 2가지 방법이 있다. 도착 공항에서 예약하는 방법으로, 일단 입국 수속이 끝나면 바로 공항 로비에 있는 관광 안내소(Tourist Information Desk)를 찾는다. 관광 안내소는 관광 안내뿐 아니라 시내 호텔 예약도 주선하고 있다. 일류 호텔의 경우에는 항상 객실이 만원이므로 가용 객실이 없을 때는 이와 같은 방식으로는 예약이 어렵다. 또 하나의 방법으로는 바로 호텔에 무작정 들어가서 수속을 밟는 방법이다. 만약 가용 객실이 없으면 호텔 종사원의 도움으로 다른 호텔을 소개받아 역시 같은 방법으로 방을 잡아야 한다. 이렇게 해서도 객실 사정이 나빠 객실을 잡지 못하면 여러 호텔을 찾아 다녀야 하는 어려움을 겪게 된다.

입(출)국 절차는 Q → I → C 순

방문국을 입국할 때나 출국할 때 반드시 거쳐야 하는 출(입)국 절차로는 다음과 같은 순서로 진행된다. 세계 여러 나라들이 공통으로 적용하고 있다. 이 절차를 CIQ라고 부르는 것도 이 때문이다.

1) 검역(quarantine) : 열대 지방 여행은 예방 접종을 한다

항공기에서 내려 짐을 찾은 후에 입국시 첫 관문이 검역 절차다. 대체로 사람에게는 이 절차가 면제되어 거치지 않는 대신 동물(애완 동물 포함)·식물(과일 포함) 등을 반입하고자 할 때는 검역을 거쳐야 한다. 애완 동물은 일정 기간 세관검역소에 두었다가 전염병 유무를 체크받고 이상이 없을 때 인도받는다.

2) 입국(immigration) 절차 : 비자가 있어도 입국 심사관이 거부할 수 있다

입국 심사를 받을 때는 여권과 소정 입국 신고서(비행기 안에서 작성)를 제시하여 입국 사열대에서 입국 허가를 받아야 한다. 비자를 받았다 하더라도 입국 여부를 최종적으로 결정하는 당국은 이 입국 심사관의 권한에 속한다. 하나의 예로 일본 입국 비자를 받아 도쿄 나리타 공항에서 입국 심사를 받은 한 한국인이 입국 거부를 받아 되돌아오는 사건이 발생했다. 그 이유는 소지한 외화가 200달러였으며 관광비자였던 관계로

심사관은 '관광객으로의 입국'을 의심하고 관광 여행을 위장한 불법 취업자로 판단해서 입국을 거부한 것이었다.

입국은 영어로 immigration이나 출국은 emigration이다. 심사관의 입국 목적 질문 사항은, What's the purpose of your visit?(방문 목적은?)라고 물으면 For sightseeing(관광입니다)라는 식으로 대답한다.

3) 통관(customs) : 고액 휴대는 신고하는 것이 안전하다

입국 절차 중 마지막 관문이다. 이 과정에서 반입품의 과세 또는 면세가 결정된다. 일반적으로 여행자의 개인 용품(personal belonging)은 나라에 따라 면세 범위가 다를 수 있으나 일반적으로는 다음과 같다.

① 개인 용품(personal belongings)
의복 · 카메라 1대, 세면 용구 · 상비 약품 · 적절한 품목 양의 선물 등.
② 면세 허용품량(duty-free allowance)
양주 1~2병, 담배 1~2보루, 향수 2온스(향수병 5개 정도).

4) QIC 절차가 끝나면

다음 그림에서 보는 바와 같이 비행기에서 내리면 일단 luggage claim 회전대로 가서 자신의 짐이 나오기를 기다렸다가 짐을 찾으면, 바로 입국 사열대 앞의 줄에 서서 자기 차례를 기다려야 한다. 심사가 끝나면 이어서 세관 검사대로 간다.

입국 절차가 끝나면 완전 입국이 된다. 따라서 다음에 해야 할 사항으로는 먼저 환전을 위하여 출구 주변에 있는 은행 창구로 가서 환전을 하는데 Where can I change money?(환전은 어디서 합니까?)라고 물을 수 있다.

환전이 끝나면 공항내에 있는 관광 안내소에 가서 필요한 관광 안내 팸플릿과 시내 지도를 입수한다. 안내소는 모든 것을 무료로 제공하고 있다. 그렇지 않으면 시내로 들어가는 교통편을 선택하게 된다.

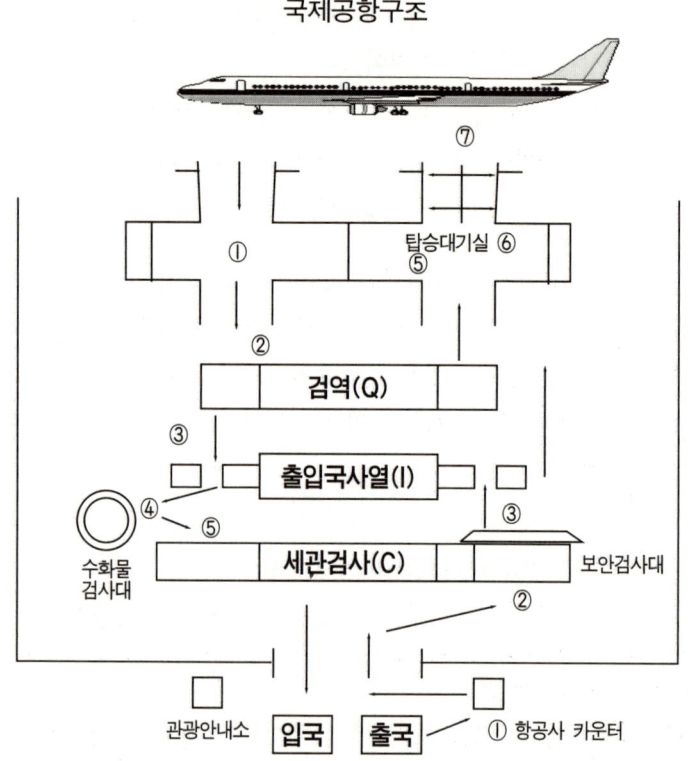

항공기 내에서

1) 기내 좌석의 3클래스

과거에는 1st class, economy class로 항공 좌석을 2등급으로 했으나, 최근에는 1st class, business class, tourist class의 3등급으로 구분되어 있다. 따라서 종래의 이코노미 클래스는 상대적으로 3등급으로 밀리게 셈이다.

그 이유는 할인 항공권으로 탄 단체 관광객이 늘어난 반면, 회사 출장으로 탑승하게 되는 비즈니스맨들은 정액 항공권 탑승자이므로 할인 손님(단체객)보다 상대적으로 좋은 서비스를 제공할 필요성이 있게 되어 종래의 일등석과 이코노미 중간에 비즈니스 클래스를 신설하게 된 것이다.

2) 기내 주류 서비스의 유·무료 제공

모든 비행기는 기내식으로 보통 1일 5식(시차를 고려하여)을 제공하는데, 술은 항공사에 따라 유·무료로 구분된다. 무료로 제공하는 항공사의 비행기를 타면 비싼 샴페인, 심지어 코냑까지도 무료로 마실 수 있다. 하지만 유료 제공 항공사 비행기라면 식사시 제공하는 것만은 무료이나 그 외 마시고 싶어 주문하면 이들은 다 돈을 내고 마셔야 한다. 유료로 제공하는 항공사는 보통 구미 선진국가의 항공사들이며, 무료로 제공하는 항공사는 아시아 중진국 등의 항공사다. 대한항공을 비롯하여 타이 에어라인, 싱가포르 에어라인, 말레이시아 에어라인 등이 이에 속하나 일본항공은 유료다.

3) 기내식과 여객선 내의 식사

기내식은 항공사마다 자국의 개성을 살린 식단으로 승객에게 제공하고 있다. 메뉴는 레스토랑에서 제공되는 양식의 체계를 유지하나, 한 가지 다른 점은 코스별이 아니라 동시에 서브된다는 점이다. 즉 애피타이저·샐러드·생선 요리·스테이크·디저트의 코스 음식이 나오나, 이것들이 한꺼번에 나오는 것이 기내식이다. 물론 음식에 곁들여 칵테일도 서브된다.

한편, 선상에서의 식사는 기내식과는 다르다. 호텔 식당의 화려한 음식보다 더 사치스럽고, 어떻게 보면 거추장스러울 정도로 격식을 따지는 것이 선상에서의 식사다. 단조로운 항해를 즐기기 위해서, 좁은 선내 생활을 극복하기 위해서도 선상에서의 식당은 화려하고, 요리 그 자체도 세계 여러 나라에서 조달된 재료로 만든 것이므로 매우 호화롭다. 옛날에는 그것도 제2차 대전까지만 해도 선상 식당을 출입할 때는 남자는 턱시도와 같은 예장을 해야 할 정도로 별나게 격식을 차렸다.

지금도 대서양 횡단 항로의 일류선에서는 여전히 이와 같은 예장의 착용을 요구하고 있으나, 그 밖의 선상 식당은 많이 간소화되었다. 그러나 배 안에서 식당을 이용할 때는 예복까지는 아니더라도 드레스 업(盛裝)한다는 점에 유의한다. 식사는 차임과 같은 신호로서 알린다. 차임은 두 번 울리며 첫 번째는 옷을 입으라는 준비 신호, 두 번째가 식당을 여는 신호가 된다. 식사 시간은 3등, 2등, 1등 순으로 하며, 등급이 높을 수록 식사 시간이 늦어진다.

수화물의 종류

항공기 탑승시에 알아야 할 지식으로 수화물에 대한 규정이 있다. 승객이 직접 휴대하여 기내에 가지고 갈 수화물은 carry on baggage라고 하며 일명 핸드 캐리는 원칙적으로 하나만을 인정하고 있다. 이 수화물은 보통 핸드백·코트·우산·카메라, 그리고 적정한 규모의 부피, 즉 비행기내 좌석 밑에 들어갈 정도의 부피를 가져야

한다. 이외는 탑승시 짐을 부쳐야 하는데 이런 수화물을 checked baggage라고 한다. 1등석은 중량 30kg, 그외는 20kg까지 무료로 부칠 수 있으며, 1kg 초과시에는 성인 1등 좌석 편도 요금의 1%가 가산된다.

위 항의 checked baggage는 본인과 짐이 같은 비행기로 가는 경우이나, 짐을 먼저 부치고 본인은 다른 비행기로 여행할 때 먼저 부친 짐을 별송품(unaccompanied baggage)이라고 한다. 국제 비즈니스맨들이 해외 출장 중 각종 서적이나 견본 등 무게가 나가는 물품을 별송품으로 본사에 부치면 경제적이다. 수취인 명은 반드시 본인 명의로 해서 부쳐야 별송품으로 인정된다. 본국에 도착 후 세관에서 체크되므로 검사받기 쉽게 미리 마련해서 짐을 줄여야 할 것이다.

2. 호텔 매너

호텔의 기능과 의미

호텔은 단순한 숙박 시설이라기보다 사교장으로 비즈니스맨에게는 해외 비즈니스의 '베이스 캠프'로 그 활용도가 높다. 뿐만 아니라 과거에는 호텔은 일부 고소득층만이 이용하여 왔으나 국민 소득의 향상으로 호텔은 국민의 일상생활과 관계가 가까워져 가고 있는 것이 오늘의 현실이다.

따라서 호텔을 알아야 호텔이 제공하고 있는 서비스를 충분히 이용할 수 있으며, 호텔 생활을 품위있게 할 수도 있다.

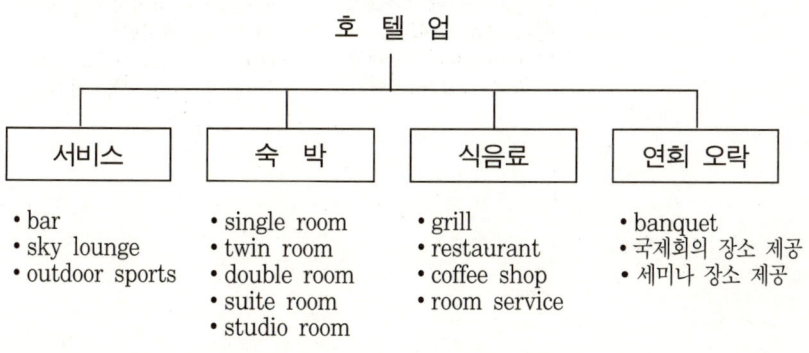

호텔은 숙박(宿泊)을 주상품으로 하고 이를 보완하기 위하여 투숙자에게 음식을 팔며, 외부 인사가 연회(宴會)를 할 수 있도록 시설과 식음료를 준비 조달하는 이른바 캐터링(catering) 서비스를 하는 곳이다.

호텔의 서비스 체계

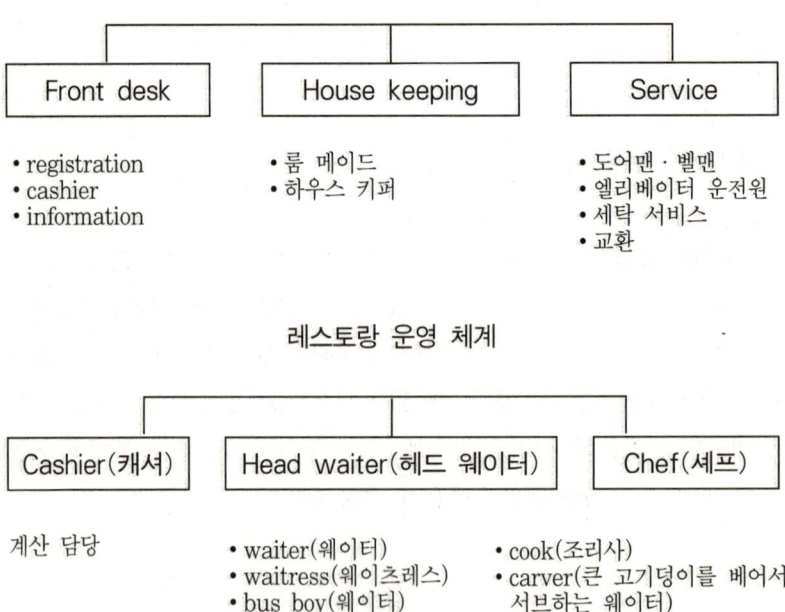

1) 객실(room)

① suite room(수트 룸)

두 개의 방이 결합되어 하나의 객실 단위를 이룬 방이다. 방 하나는 침실로 투윈 룸이 놓여 일반 객실과 같고, 다른 하나는 응접 세트가 있어 응접실로 사용하며 침실과는 문으로 연결되어 있다. 일명 특실로 일반 객실은 105호, 106호식으로 호칭하나 특실은 '프린스 룸'식으로 고유명사가 붙는다.

② connecting room

conjunction room이라 부른다. 서로 독립된 2개의 방 사이에 문을 설치하여 평소에는 독립된 방으로 사용하고 필요시에는 문의 열쇠를 풀어서 같이 사용할 수 있게 한 방이다.

③ adjoining room

같은 층에 서로 이웃해 붙어 있는 방을 지칭한 것. 프런트에서 객실을 선택할 때의 대화는 다음과 같다.

　손님 : Are the rooms next to each other?(방들이 모두 나란히 위치하고 있나요?)

　클럭 : Two are next to each other and one is across the hall. (방 둘은 나란히 있으나 하나는 떨어져 있습니다.)

　손님 : That's too bad. I prefer adjoining rooms.(안되겠는데요. 방들이 나란히 있으면 좋겠습니다.)

④ studio bed room

최근 도심의 상용 호텔에서 주간에는 소파로 사용하고, 야간에는 펼쳐서 침대로 사용할 수 있는 방으로 객실료가 저렴하다.

2) 식당(restaurant)

① restaurant(레스토랑)

정식(定食)의 식사와 서비스가 수반된 호텔의 주요 식당으로 복장은 넥타이를 맨 정장이 요구된다. 음식값이 제일 비싸다.

② dining room(다이닝 룸)

식당을 이용하는 시간이 제한되어 있고 호텔의 경우 아침식사 시간은 영업을 하지 않고(커피 숍에서는 아침식사 가능) 점심과 저녁을 제공하면서 주로 정찬(Table d'hote)을 판매한다.

③ grill room(그릴 룸)

일반적으로 일품 요리(a la carte)를 취급하며, 특별 요리(주로 스테이크 등 고기류)를 제공하는 식당으로, 아침·점심·저녁 구별 없이 영업한다. 음식값은 다이닝 룸보다 저렴하다.

④ snack room(스낵 룸)

이는 경식당으로 간단한 음식·음료·주류 등을 취급한다.

⑤ coffee shop(커피 숍)

커피와 음료수와 간단한 음식 등을 취급한다. 비즈니스맨들은 아침식사는 여기서 간단히 먹는다.

⑥ cafeteria(카페테리아)

셀프서비스 식당. 준비되어 있는 음식물을 고객이 셀프서비스해서 먹는다.

객실 예약 체킹

1) 객실 예약 요령

호텔 생활에서 호텔이 고객에게 제공하는 서비스를 적절히 이용하면 편리하다. 그 주요 내용은 다음과 같다.

예약시 숙박 일수는 night(s)를 쓴다. 예약은 주로 전화·팩스·편지로 하게 되는데, 이 때 "I'd like to make a resevation for this Friday(이번 주 금요일 예약을 하고자 합니다)"라고 하거나, 룸 타입을 지정해서, 가령 "I want to reserve a single room for tonight(오늘 밤 잘 싱글 하나를 예약하고 싶습니다)"라고 한다. 이 때 3박 4일과 같이 숙박수를 말할 때는 night를 써서 three nights가 된다. 숙박 일수를 영어로 표현할 때는 다음과 같이 한다.

클럭 : What day would that be for?
(며칠 예약하시고자 합니까?)
손님 : Ⓐ For the night of octorber 2nd.(10월 2일(저녁)입니다.)
Ⓑ I want to stay(**3nights**) from May 1st through May 3rd, 3 nights.(5월 1일부터 5월 3일까지(3박) 묵고 싶습니다.)

위 Ⓑ의 표현에서 만약 3nights를 말하지 않으면 5월 3일에 호텔을 떠나는지 3일에도 숙박을 할 것인지 분명치 않게 된다.

2) 객실의 위치 선택 요령

프런트 데스크에서 체크 인할 때 객실의 위치를 잘 물어서 선택한다. 객실 위치가 도로변에 있는지, 후원에 있는지, 도로변에 있는 객실은 경우에 따라서는 시끄러울 수도 있으나, 전망이 좋을 수도 있어 상황에 따라 선택한다. 이 때 영어로는 We'd like a room at the front(at the back / facing the mountains / the sea / the street.) (방은 호텔 건물 앞쪽(뒷쪽 / 산을 바라보는 쪽 / 바다를 볼 수 있는 쪽 / 도로쪽) 것으로 주시오)라고 한다.

3) check-in 절차

호텔 정문에 도착하여 체크 인한 후 객실로 들어가는 과정에 종업원은 다음 순으로 손님을 맞이하며, 그 밖에 서비스를 겸해서 한다.

① doorman(도어맨)

손님을 현관에서 차문을 열어 제일 먼저 맞이하고, 투숙 손님에 택시를 불러주며, 가지고 온 차를 적당한 장소에 주차시키며, 나가는 손님에 주차시킨 차를 페이징해 주는 서비스를 한다.

② bellman(벨맨)

차가 정문에 도착하자마자 벨맨은 손님에 다가와 짐을 받아 프론트 데스크까지 안내한다. 객실이 지정되면 이어서 객실까지 안내하고, 객실 안의 시설 이용법을 손님에게 설명한다. 손님이 체크 아웃(check-out) 할 때도 객실에 있는 짐을 로비까지 운반해서 차를 타고 떠날 수 있도록 짐을 실어 준다. 메시지 전달(페이징) 등 로비에서 잔심부름을 한다.

③ 프런트 데스크

front clerk (프런트 클럭) : 프런트 데스크에서 손님의 체크인(cheek-in : 숙박 등록)을 담당한다. 객실 예약 여부의 확인, 객실료를 손님과 상의해서 정하여 객실의 룸 넘버가 정해지면 룸 키를 벨보이에게 넘겨 주면 곧바로 지정된 객실로 간다.

cashier (계산) : 프런트 클럭 옆에 위치하며, 환전·숙박값 계산을 담당하고 있다.

information (인포메이션) : 안내부다. 유럽에서는 concierge(콘시에어지)라고 하며, reception이라고도 부른다. 호텔내 시설의 안내는 물론, 관광 안내, 심지어 시내 유명 극장의 표 구입, 식당 예약도 해준다.

요금 체계

1) 싱글 레이트(single rate)

호텔 객실 요금은 2인용 객실에 1명만이 숙박하더라도 2인용 객실 요금을 청구하는 것이 원칙이다. 다만 싱글 룸을 예약한 고객에게 싱글 룸이 판매되어 없는 경우는 더블 룸이나 트윈 룸을 제공하고 싱글 룸의 요금을 적용한다.

2) 컴플리멘터리(complimentary)

　호텔과 특별한 관계가 있는 손님에게 대하여 접대하는 차원에서 객실을 무료로 제공하는 제도. 식음료는 제외하고 객실료만 무료 제공하는 것과 모든 숙식을 다 제공하는 2가지 종류가 있다.

3) 가족 요금(family plan)

　가족이 숙박하는 경우 자녀의 요금을 무료로 하는 경우이며, 보통 6세 미만에는 cot(아기 침대)를 룸에 넣어 준다. 숙박시에는 "Could you put a cot / an extra bed in the room?(코트를 방에 넣어 주십니까?)이라고 묻는다.

4) 비수기 요금(off-season rate)

　계절 중 한 업기에 정상 요금보다 싸게 할인 요금을 적용한 제도다.

5) 추가 요금

① 미드나이트 차지(midnight charge)

　예약 손님이 당초 예약일 다음 날 새벽에 호텔에 도착했다면 전 날 저녁에 객실을 사용하지 않아도 하루의 객실료를 계산, 청구한다.

② 홀드룸 차지(holdroom charge)

　객실을 실제 사용하지 않지만 체크 아웃 절차를 밟지 않고 있을 때 적용하는 요금. 가령 호텔 투숙 중 며칠간 잠을 자지 않고 짐을 둔 채 비워 두는 경우가 있을 것이다.

③ 시간당 사용료(party day rate)

　객실을 시간당 사용에 따라 구분해서 계산한 요금 제도다. 가령 주간에 객실에서 회의를 3~4시간 해야 할 경우가 이에 해당하게 될 것이며, 체크아웃 시간이 12시라면 이전에 퇴실 수속을 밟지 않고 1~2시간 더 머물고 있었다면 이 레이트가 적용될 것이다.

④ 취소 요금(cancellation charge)

예약 취소에 따라 부과되는 요금이다. 객실을 예약한 후 취소하면 그간 객실 판매에 제약 요인이 되어 그에 상당한 요금을 호텔측에서 청구한 것이다.

제 **6** 장

국제화 시대의 문서 작성 요령

영어 문서 작성 요령
이력서 쓰기

1. 영어 문서 작성 요령

영문 편지의 5가지 형식

영문 편지는 타이핑 형식에 따라 다음 5종으로 대별할 수 있다. 다음 각항(結句)에 따른 편지 모형은 다음 장에서 볼 수 있다.

full-block style letter : 모든 문장, 즉 주소로부터 본문, 그리고 결구에 이르기까지 일체가 좌측선을 기준으로 통일된 형식의 편지다.

block style letter : full-block 편지 체제에서 날자는 우측, 그리고 서명란은 끝 줄 인사말과 같은 줄에 맞추는 형식.

semiblock style letter : block style 서식에서 각 본문, 절의 첫 줄을 띄어서 시작한다.

official style letter : semiblock 서식을 기본으로 하되, 수신인 및 주소만이 좌측 밑줄로 옮겨진다.

simplified style letter : 첫 인사말과 끝 경구가 생략되며, 모든 절이 block 형태로 이루어진다.

1) 형식별 편지한 스타일

① full-block 스타일

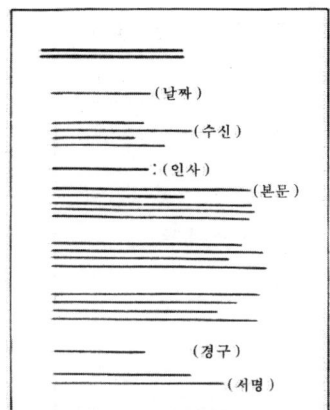

- 모든 기재 사항의 첫 줄을 좌측선에 맞추고 있다.

② block 스타일

- full-block형에서 날짜와 敬具, 서명난을 우측으로 옮기고 있다.

③ semiblock 스타일 : 모형(영문 편지 기본 참조)

Block 스타일에서 본문 각 절의 첫순이 떨어져 시작하고 있다.

④ official 스타일

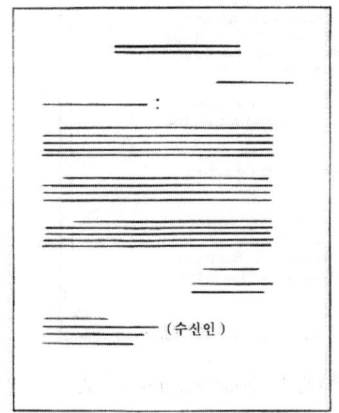

- semiblock을 기본으로 수신인 난을 밑줄로 옮겼다.

⑤ simplified 스타일

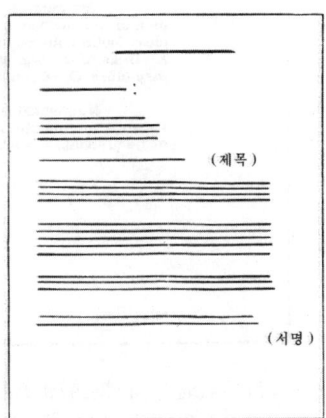

- 인사말과 경구(敬具)가 생략, 본문은 블록 스타일

2) 영문 편지 기본 구성

이 서한은 semiblock 스타일로 형식을 갖춘 것이다.

new hampshire college
2500 North River Road
Manchester
New Hampshire ······①
03104
Tel. 603-668-2211

July 16, 19-- ······②

Ms. Paula Anderson
The Modern School for Secretaries
12 Harrington Place ······③
Greenpoint NJ 07201

Dear Ms. Anderson: ······④

　　　　　Thank you for your letter requesting a semiblock style letter to add to your correspondence manual. Most companies have a definite preference in letter style. Some leading business corporations prefer that all letters be typed in semiblock style. This style combines an attractive appearance with utility. Many private secretaries, who are not usually concerned with mass production of correspondence, favor it.

　　　　　This style differs from the block form in only one respect--the first line of each paragraph is indented five or ten spaces. In this example the paragraphs are indented ten spaces. As in all letters, there is a double space between paragraphs. ······⑤

　　　　　The dateline is flush with the right margin, two or four spaces below the letterhead. The complimentary close begins slightly to the right of the center of the page. All lines of the signature are aligned with the complimentary close. Open punctuation is used in the address.

　　　　　No identification line is used in this example. Because the dictator's name is typed in the signature, his or her initials are not necessary.

　　　　　　　　　　　Very sincerely yours, ······⑥

　　　　　　　　　　　Nancy Davis
　　　　　　　　　　　Chairperson, Business ······⑦
　　　　　　　　　　　Education Department

cf ······⑧

(주) ① letter head(레터 헤드) ② date line(편지 작성 날짜) ③ inside address(수신인 성명, 주소) ④ salutations(인사) ⑤ body of the letter(본문) ⑥ complimentary close(경구) ⑦ signature(서명) ⑧ miscellaneous parts(기타)

▶ *영문편지 봉투의 예*

```
Prentice-Hall, Inc.
Englewood Cliffs, N.J. 07632




              PERSONAL

              MR. R. S. JACKSON
              NORTHERN MANUFACTURING COMPANY
              25 WEST 79 STREET
              MILWAUKEE WI 12345
```

영문 편지 구성 및 내용

1) 주소난(inside address)

주소난은 수신인의 성명·직책·회사명·주소를 기재하는 난으로, 봉투에 기재된 수신자의 것과 동일하게 하는 것이 기본이다. 서한 본문은 봉투 없이 파일되어 후일에 서류로서 역할을 하기 때문에 봉투 기재와 본문 내용이 다르면 정확성을 결여하기 때문이다. 다음 항의 기재 요령을 소개한다.

2) 인사말(salutations)

편지 작성자와 수신자와의 친소 관계 여부를 떠나서 인사말난의 표기는 My dear Mr. Jones 보다는 그저 Dear Mr.○○로 사용하며, My dear Sir라고도 하지 않는다. 또한 인사말 이하에는 아무런 명칭을 붙이지 않으며 그 앞에도 직책은 생략한다. My가 앞에 있을 때는 dear는 소문자로 한다.

Dear Mr. Bond:로 콜론이 오면 미국식, Dear Mr. Bond,로 코마가

오면 영국식 표기다(밑줄친 부분이 잘못된 것이다).

바른 표기	틀린 표기
Dear Mr. Roberts: Dear Mr. Adams: Dear Mr. Secretary: (장관을 의미할 때)	Dear Mr Roberts C.P.A. : Dear Secretary(business firm) : Dear Secretary Ames:

▶ *기타 용법*
- □ 관계자 제위   To Whom It May Concern:
- □ ○○부인 앞   Dear Mr. and Mrs. ○○:
- □ 남녀 구성 단체 앞   Ladies and Gentlemen:
- □ 부부 박사   Dear Drs. Marsh:

3) 본문난(body of the letter)

본문 타이핑 요령은 싱글 스페이스를 원칙으로 하나 본문이 너무 짧을 때에는 예외로 한다. 각 절 사이는 2스페이스를 유지하고 서신의 기본 종류, 즉 block style이냐의 여부에 따라 첫 행의 간격이 기본 서신 형식에 맞도록 한다.

일반적으로 날짜 표시는 March 5로 표기하나 날짜가 달(月) 앞에 올 때에는 그 날짜를 풀어 쓴다. fifth of March 또는 5th of March로 한다.

서신이 2페이지 이상으로 계속될 때에는 첫 페이지는 letterhead가 있는 것으로 하나 다음 장은 이것이 없는 보통 A4 용지에 첫 장과 같은 규격과 질의 종이를 사용한다.

다만 수신인 명, 페이지 수, 날짜를 다음 장 상단 왼쪽에 써 넣어 주어 앞장의 계속임을 알 수 있게 한다. 그러나 첫 장 하단에 '계속'이란 뜻으로 continued는 쓰지 않는다. 왜냐하면 앞 장 밑에 서명이 없으면 계속한다는 뜻이 있기 때문이다.

4) 경구난(complimentary close)

본문 끝에 쓰는 경우는 편지를 쓰는 사람의 마음을 간단히 표현하는 부분이다. 미국에서는 Yours truly, Very truly yours, Sincerely yours, Sincerely와 같은 표현을 써서 친한 사이를 나타내며, 사교적 편지는 Respectfully yours를, 특히 수신자가 사회적 지위가 자기보다 높을 때 이 형식을 쓴다. 영국에서는 Yours faithfully, Yours(very) truly를 많이 쓰고 있다.

5) 서명난(signature)

Letterhead에 상호가 적혀 있을 때에는 서명난에 다시 회사명을 넣지 않는 것이 보통이다. 그러므로 업무용 편지는 서명난에 회사명을 중복되게 기재하지 않고 이름과 직책만이 있게 된다. 서명은 다음과 같은 요령으로 한다.

① 서명은 타이핑 이름 스펠링대로 사인이 되어야 한다.

바른 표기	틀린 표기
Richard P.Miller Richard P.Miller President	*Richard P.Miller* R.P.Miller President

② 미혼 여성은 자기의 이름 앞에 Miss를 표시하여 준다.

바른 표기	틀린 표기
Eleanor Davis (Miss) Eleanor Davis	*Eleanor Davis* Eleanor Davis

③ 비서가 대신 서명할 때는 그 바로 밑에 자기 이름의 이니셜을 표기한다.

Hiram R. Jones
M.G

Hiram R. Jones
President

6) 그 밖의 기재 사항

① 날짜난

날짜난(dateline)은 레터헤드로부터 2~4스페이스 아래에 적는다. 날짜는 타이핑하는 날을 기준으로 하지 않고 지시를 받은 날을 적는다. 날짜가 달 앞에 있기 전에는 ― d, nd, rd 또는 ― th로 쓰지 않는다. 달을 표시하는 단어는 약자로 하지 않고 정자로 하나, 공식 국가 문서가 아닌 한 년 월 일을 풀어 쓰지 않는다.

바른 표기	틀린 표기
September 15, 19_____	September 15th, 19_____

② 유첨물, 사본 송부 표시법

유첨물이 있을 경우에는 Enclosure 또는 Enc.의 표시를 2행 아래, 편지 왼쪽 1, 2행을 띈 자리에 적는다.

만약 사본(carbon copy)을 다른 관계인에게 송부하였음을 알리고자 할 때에는 편지 왼쪽 하단에 다음 예와 같이 표기한다.

　　　Copy to Mr. S. A. williams　　　Enclosure : 유첨물명
　　　또는 c. c. Mildred Parsons　　　End. : 유첨물명

③ inside address의 수신인의 성명과 타이틀

직위 표시는 생략하지 않으며 그 직책이 짧으면 성명 뒷쪽에 곧바로 오게 하고, 그렇지 않고 길면 다음 줄로 옮겨 한 줄이 되도록 기입한다.

성명 앞 Mr. Mrs. Miss 또는 Ms.는 개인 성명에 붙인다.

짧은 직책	표기상 긴 직책
Mr. James E. Lambert, <u>President</u> Lembert & Woolf Company 1005 Tower Street Cleveland, OH 44900	Mr. George Fl Moore <u>Advertising Manager</u> Price & Patterson 234 Seventh Avenue New York, NY 10023

(밑줄친 부분이 직책이다)

④ 경칭을 붙일 때

다음의 가이드 라인은 영문 편지 작성시에 경칭을 어떻게 표기할 것인가를 정하는 기준이 될 것이다.

  a. 타이틀(Mr., Mrs., Ms., Miss, Dr. 등)은 모든 성명 앞에 표기하며, 회사 직책 또는 Sr., Jr., Ⅱ, Ⅲ, 등을 성명에 표기하고 있어도 타이틀은 유지한다.

바른 표기	틀린 표기
Mr. Ralph P. Edwards, Ⅲ, President	Ralph P. Edwards, Ⅲ, President

  b. 학위나 다른 명예를 표기할 때는 이름 뒤에 붙이고 성명 앞에 이중으로 다른 경칭을 붙이지 않는다.

바른 표기	틀린 표기
Dr. Robert E. Saunders Dr. Ralph Jones Professor Robert E. Saunders	Robert E. Saunders, A. B., Dr. Ralph Jones, M. D. Professor Robert E. Saunders. Ph. D.

  c. Esquire 또는 Esq. 이것은 저명한 변호사나 기타 사회 저명 인사 남녀가 다른 명예 호칭이 없을 때 붙여 주는 경칭으로 영연방 제국

에서 널리 사용하고 있다. 따라서 Mr.와 같은 경칭을 붙일 때는 이 경칭은 쓰지 않는다.

바른 표기	틀린 표기
Honorable Richard P. Davis	Honorable Richard P. Davis, Esq.
Allison D. Wells, Esquire	Mr. Allison D. Wells, Esquire
Nathan Rogers, Jr., Esq.	Mr. Nathan Rogers, Jr., Esq

⑤ 회사명과 주소

회사 이름은 그 회사의 공식 명칭으로 적혀진 대로 기입한다. 즉, 회사로서의 영어는 Company가 되지만 그 약자인 Co.로 표시되었다면 그대로 약자로 타이핑한다. 객실 번호나 가로명 앞에는 어떠한 부호도 붙이지 않는다.

바른 표기	틀린 표기
70 Fifth Avenue	No. 70 Fifth Avenue
	#70 Fifth Avenue
70 Fifth Avenue, Room 305	Room 305, 70 Fifth Avenue

영문 편지 작성 요령 10가지

서신을 작성하기 직전에 다음과 같은 사항을 염두에 두고 전달하고자 하는 내용을 구상한다.

☐ 받은 서신을 주의 깊게 읽고 붉은 펜으로 요점 부분을 표시해 놓는다.
☐ 자신에게 편지 작성의 목적을 마음속으로 물어 본다.
☐ 작성하고자 하는 편지에 포함시킬 것을 골격만이라도 적어 본다.
☐ 그 요점에 따라 내용을 풀어 쓴다.

- 작성된 편지를 받아 볼 사람의 입장에서 생각해 본다.
- 강조하기 위하여 같은 낱말을 중복 사용하지 않는다.
- 필요 이상의 친절한 표현은 삼간다.
- 단어가 긴 말(big words)은 사용하지 않는다.
- 문장은 짧게 하도록 한다.
- 부정적 표현보다 긍정문으로 한다.

작성 때 지켜야 할 에티켓

1) 보기에 깔끔하게 작성한다

편지를 쓴다는 것을 to write a letter to…라고도 하며, to compose a letter to라고도 한다. 이 compose는 '시 · 글 따위를 짓다' '작곡하다' '인쇄시 활자를 짜다'의 뜻이 있다. 이는 단어를 편지 작성에 쓰는 것을 보면 편지도 시나 작곡을 하듯이 창작적이며, 글자 배열을 잘 해서 내용상 · 외형상 깔끔하게 편집해야 한다는 의미가 포함돼 있다고 봐야 할 것이다.

2) 하나의 편지에 하나의 안건

편지를 깔끔하게 만들기 위해서는 '하나의 편지에 하나의 안건'으로 작성하는 것이 요령이다. 하나의 편지 내용으로 여러 용건을 쓰게 되면 초점이 흐려질 뿐 아니라 파일을 한 후 건별로 찾아볼 때 불편한 점도 있다. 다시 말하면 하나의 편지에 각기 별개로 취급해야 할 안건을 섞어서 작성하지 않는 것이 좋다는 의미다. 복잡한 사안이라면 각기 분리해서 제목마다 나누어 작성하도록 한다.

3) 편지지는 많아도 2장을 넘기지 않는다

편지는 1장으로 끝나는 것이 깔끔하게 보일 수 있으며, '1편지 1건'이면 충분하다. 그러나 불가피한 경우에도 2장을 넘지 않도록 한다. 더 필요한 내용이 있다면 유첨 형식으로 편지 뒤편에 부치는 것이 요령이다.

4) 본문은 최초 2~3행에서 취지를 분명히 한다

특히 비즈니스 레터는 본문에 안부 내용은 불필요하며, 수신인이 첫 2~3행에서 취지를 알 수 있도록 쓰는 것이 중요하다. 서론·본론·결론 식으로 편지 내용을 구성하면 편지가 요령부득이 된다.

5) 내용은 짧을 수록 좋다

편지 내용이 길면 받아 읽는 사람에게도 불편하다. 짧게 하기 위해서는 'point by point'로 문장을 짧게 하고, 하나의 문장이 평균 20단어를 넘기지 않게 하여 타이프를 치면 2~3행 정도의 길이가 될 수 있다.

6) 정감있게 쓰는 요령

비즈니스계에서 편지는 타이핑을 하여 보내게 되는데, 그 타이핑도 비서가 쳐서 본인은 서명만으로 발송한다. 개인간의 친밀성을 나타내는 데는 타이핑보다 본인이 손으로 직접 쓰는 것 이상은 없으나, 그렇지 못할 때는 차선책으로 편지의 본문 바로 위에 쓰는 인사난(salutation)을 타이핑하지 않고 본인이 직접 친필로 쓴다. 타이핑으로 작성된 편지일지라도 인사란과 서명란 두 곳만 친필로 쓴다면 친필 형태의 편지 형식이 될 것이다.

2 이력서 작성법

이력서의 의미

영문 이력서는 영어로 personal history(statement), A currículum vítae(커리큘럼 바이티) 그리고 résumé(레주메이)로 표기한다. 그 중 미국에서는 후자를 주로 사용한다. 이 단어는 적요(摘要)·요약·개요·이력서의 뜻을 갖고 있다.
다음은 이력서를 작성할 때 유의할 사항이다.

① 이력서의 역할을 생각해 본다
이력서는 A4용지 1장 또는 2장 범위에서 자신의 이력을 일람표식으로 나타내는 데 의미가 있다. 이 말은 이력서가 자신의 이력을 압축시켜서 읽어서 알 수 있기보다는 시각적 효과를 높여 간단하고 명료하게, 그리고 누구나 읽기 쉽게 씌어져야 한다는 뜻이다. 따라서 내용 구성을 일람표식으로 만든다.

② 어떻게 쓰면 자신의 매력을 전할 수 있는가
자신의 커리어를 잘 정리해서 요령있게 표현한다. 자화자찬식이어서

는 안되며, 사실을 객관적으로 요점주의로 쓰는 것이 포인트다.

③ 용어나 약자 사용

오해를 가져올지도 모를 약자나 용어의 사용은 하지 않는다. 자신은 알고 있는 약자·용어지만 누구나 알 수 있다고는 할 수 없다. 약자는 풀어서 쓰며 용어는 불가피할 때만 쓰도록 한다.

④ résumé는 cover letter를 붙인다

가령 어느 회사에 이력서를 보낼 때 이력서만 달랑 보내는 것이 아니라 이력서를 보내는 인사말을 적어 그 편지에 이력서를 첨부하는 식으로 보낸다. 이것을 커버레터라고 한다.

⑤ 미사여구는 피한다.

자신의 경력 사항을 기재할 때 가령 근무했던 공장을 큰 공장, 유명한 회사식으로 자찬식 형용사는 불필요하다.

⑥ 영문 이력서의 학력·경력

우리 나라 이력서는 과거 사항부터 기재하여 현재 경력이 끝부분에서 밝혀진다. 그러나 영문 이력서는 정반대로 현재의 직위가 먼저 기재되고 이후 과거순으로 기재하여 가장 오래된 과거가 가장 나중에 위치한다.

résumé는 14개 항목으로 구성한다

① name and address(성명·주소)

이름과 주소 기재와 병행해서 전화 번호를 기재하되 줄을 달리해서 그 밑에 적는다. 자신의 이름이 뚜렷이 부각되도록 한다.

② personal data(개인 신상 명세)

개인 신상에 관한 사항은 한 라인(line)씩 쓴다. 기재 내용은 생년월일

· 건강 · 신장 · 체중 · 결혼 여부 등이 포함된다.

③ summary of experience(경력의 요약)

약 50단어 이내로 하나의 경력 사항을 기재하는 것이 좋다.

자신의 경력 사항에서 구체적으로 어떤 일을 어느 직급으로 얼마간 했는지를 요점만 적는다. 가령 'A회사 근무' 하는 것 보다 좀더 구체적으로 '경리과에서 5년간'식으로 한다.

④ occupational objective(희망 직종)

자신이 희망하는 직종을 명시한다. 그래야만 회사측에서 사내의 적절한 부서를 고려하여 인력 수요를 맞추는 데 참고가 된다. 가령 희망 직종을 경리직, 판촉 부서와 같이 기술한다.

⑤ experience records(경력 사항)

과거 근무했던 회사 · 직급 · 업무 내용을 구체적으로 기술한다. 기재 순서는 직전의 퇴직 직장에서부터 먼저 쓰고 이후 과거의 순으로 적는다.

⑥ education(학력)

학력란으로 졸업 학교명은 물론, 학위 · 전공학과 등을 기재한다.

⑦ military service(군복무 사항)

군복무도 이력서에 기재하는 사항이 된다. 군복무시 복무했던 직종이 현재 구직하는 직종과 관련이 있으면 유리한 입장이 된다.

⑧ professional licences(자격증)

국가 자격증 등 각종 자격증이 있으면 기재한다.

⑨ professional affiliation(가입 단체)

자신의 전문직과 연관된 협회 · 학회 등에 가입하였으면 그 가입 단체를 기입한다. 가령 건축사라면 건축협회에 가입한 사항이 이에 포함된다.

⑩ literary accomplishment(저술물 등)

가령 가신이 저술한 책이 있거나, 논문 기타 발표한 것이 있을 때는 적는다. 이것은 주로 전문직에 지원할 때 효과가 있다.

⑪ early background(성장 과정)

가정 환경, 성장 과정, 어렸을 때 특기할 만한 사항이 있으면 기재한다. 이러한 내용은 구직하는 데 간접적으로 관련이 있다면 좋은 참고가 된다.

⑫ personal interests(개인 취미)

개인 취미·소일거리·흥미 사항 등을 기재한다.

⑬ outside activities(사회 활동)

가령 직장인이지만 정치·사회단체·학회 등에서 구성원으로 활동한 업적을 적거나 현재의 직위를 적는다.

⑭ references(신원보증인)

우리 나라 이력서와 다른 점이 바로 신원보증인(references)이다. 이력서 끝에 자신의 신원을 보증할 사람 2, 3명의 이름과 주소를 적는 경우와, 또 하나의 방법으로 요구가 있으면 보증인을 내세우겠다는 뜻으로 on request를 기재한다.

⟨Résumé 사례 : 홍보직 지원자의 경우⟩

RÉSUMÉ OF
   Louise J. Hall
   1 Main Street
   Fort Lee, NJ 07024
   Date:
   Phone: (201)546-7892

PERSONAL DATA
   Born: 19 . . .
   Single
   Excellent health
   Height: 5′ 5″
   Weight: 120 lbs.
   Willing to relocate, if
     position merits

OBJECTIVE
   A position in which my formal training in communications will be used, and where my potential can be realized.

WORK RECORD
   . Summer, 19 . . .
   Time Magazine, New York, NY.
   Promoting new subscribers, Circulation Division

   Summer, 19 . . .
   Time Magazine, New York, NY.
   Assistant, Rewriting Division

   Summer, 19 . . .
   Hill & Knowlton, Inc., New York, NY
   Assistant, News-Releases Dept.

   Part-time employment
   Hill & Knowlton, Inc., New York, NY
   Evening and Christmas vacations during last year in college

EDUCATION
   Columbia College, Columbia University, New York, NY. B.S. in communications, 19 . . . Scholastic honors; on the Dean's List during the last three years of college.
   Columbia University. Currently attending evenings, working toward a master's degree in public relations.

INTERESTS
   Writing, reading and ship-model building. Enjoy tennis swimming, golf.

MEMBERSHIP
   Public Relations Society of America.

SALARY
   In the $15,000s—open to negotiation.

REFERENCES
   On request.

이 책을 집필하는 데 참고로 한 도서

- Esquire's Guide to Modern Etiquette, by the editors of Esquire Magazine, published by J. B. LIPPINCOTT COMPANY
- Traveler's Guide to European Customs & Manners, by Nancy L. Braganti and Elizabeth Devine, distributed by Simon and Schuster, New York
- Do's and Taboos Around the World, edited by Roger E. Axtell, pubished by John Wiley & Sons
- International Restaurant English, by Leila Keane, published by Prentice Hall International(UK) Ltd.
- Language and Life in the U.S.A., by Gladys Doty, published by Harper & Row Singapore.
- Speaking and Social Interaction, by Susan M. Reinhart, published by Prentice Hall Regents, Englewood Cliffs, NJO\07632
- CHINESE for travellers, edited by BERLITZ
- JAPANESE for travellers, edited by BERLITZ
- RUSSIAN for travellers, edited by BERLITZ
- Complete Secretary's Handbook, by Lillian Doris and Besse May Miller, published by Prentice Hall, Inc.
- エチケットの 文化史, 春山行夫著, 平凡社刊
- 東南アジアの 生活文化入門, 猪原英雄著, 日本生産性本部刊
- 異文化に 橋を架けっ, 國弘正雄著, ELEC出版部(社團法人 英語教育協議會)
- 國際ビジネス感覺養成講座, ロバート A. ヒルキ著, 日本生産性本部刊
- 西歐文明の 原像, 林村尚三郎著, 講談社刊
- 多文明世界の 構圖, 高岩好一著, 中公新書刊
- 體驗的・日米摩擦, 文化論, 志村史夫著, 丸善株式會社刊.
- 男の作法, 板坂元著, PHP文庫刊
- エチケットの,「なぜ?」教えます, 板坂元著, KKベストセラーズ刊
- 作法心得, 林實著, 東京YMCAホテル學校刊
- 양주의 상식과 칵테일(진로칵테일 가이드북), 주식회사 진로刊
- 東洋의 思想〈荀子〉, 尹五榮편, 良友堂刊
- 음식으로 본 서양문화, 임영상, 최영수, 노명환 편, 대한교과서 간
- 호텔 케터링 槪論, 吳政煥著, 南營文化社刊